U0686961

从0到1——创新型创业实践方法

主　编　孙桂生

中国出版集团公司
现代教育出版社

图书在版编目(CIP)数据

从 0 到 1:创新型创业实践方法/孙桂生主编 . —

北京:现代教育出版社,2017.4

ISBN 978-7-5106-5073-4

Ⅰ.①从… Ⅱ.①孙… Ⅲ.①大学生—创业—研究—

中国 Ⅳ.①G647.38

中国版本图书馆 CIP 数据核字(2017)第 066304 号

从 0 到 1——创新型创业实践方法

孙桂生/主编

责任编辑	王春霞	
封面设计	王玉峰	
出版发行	现代教育出版社	
地　　址	北京市朝阳区安华里 504 号 E 座	
邮　　编	100011	
网　　址	http://www.chinamep.com.cn	
电　　话	010-64251036	
传　　真	010-64251256	
印　　刷	廊坊市海翔印刷有限公司	
开　　本	787mm×1092mm　1/16	
印　　张	16.25	
字　　数	334 千字	
版　　次	2017 年 4 月第 1 版	
印　　次	2017 年 4 月第 1 次印刷	
书　　号	ISBN 978-7-5106-5073-4	
定　　价	36.00 元	

从 0 到 1——创新型创业实践方法
编委会

主　编　孙桂生

副主编　许德才　秦立栓

编　委　赵绍全　刘立国　张晓琳

习近平总书记指出："实施创新驱动发展战略，是应对发展环境变化、把握发展自主权、提高核心竞争力的必然选择，是加快转变经济发展方式、破解经济发展深层次矛盾和问题的必然选择，是更好引领我国经济发展新常态、保持我国经济持续健康发展的必然选择。我们实施'互联网＋'行动计划，带动全社会兴起了创新创业热潮。""大众创业、万众创新"，就是要激发出全社会的潜力、活力和创造力，打造发展新引擎，这是国家实施创新驱动发展战略的重要组成部分。伟大者即时代者，时代者即创业者。

顺应时代潮流所倡导的创业创新教育，应该有别于传统的知识传授教育，更加强调激发学生的学习兴趣和培养学生的创新精神、实践能力和创业意识，深刻把握创业创新教育的核心内涵，是高校转变教育理念、深化教育教学改革的重要抓手，对促进高校把握现代教育改革的新趋势、提升人才培养质量具有重要意义。2015 年起，中国已进入全面深化高校创新创业教育改革的新的发展阶段；到 2017 年，中国的创新创业教育要取得重要进展，形成科学先进、广泛认同，具有中国特色的创新创业教育理念，形成一批可复制可推广的制度成果，普及创新创业教育，实现新一轮大学生创业引领计划预期目标；到 2020 年建立健全高校创新创业教育体系，人才培养质量显著提升，学生的创新精神、创业意识和创新创业能力明显增强，投身创业实践的学生显著增加。

面对创新创业教育发展的朝气蓬勃的形势，北京联合大学商务学院高度重视大学生创新创业工作，通过课程教学、大赛活动、实训实践等载体构建了结合商务专业教育的创新创业人才培养体系，形成了一定的工作规范，取得了一定的工作成果。依据商务专业大学生的特点，结合创业教育最新理念与发展趋势，为引领大学生创业与专业结合，熟悉创业之道，走上创业成功之路，我们以体验式创业教育教学为根本方法，以"精益创业"和 Design Thinking 为核心理念，以提升创业意识、厘清创业认识、领悟创业规律、掌握创业方法、探索创业实践、解决创业过程中的核心难题等为基本思路，设计了本书的框架体系：

第一章　创业基本认知

第二章　创新与设计思维

第三章　创业团队组建与管理

第四章　创业机会识别与评估

第五章　目标市场与用户分析

第六章　项目价值定位与论证

第七章　项目运营论证与模拟

第八章　商业模式设计与论证

第九章　产品设计与验证

第十章　产品开发与融资

第十一章　创业计划制订

第十二章　创办新企业

本书采用模块化结构设计，每章设有：

【创业新知】结合主题，精选最新创业案例，突出"互联网＋"时代创业机会。

【创业基础】介绍创业的基本理论与方法，构建系统的创业基础理论知识。

【创业思维】介绍创业的基本流程和方法，提升创新创业思维和创业能力。

【创业技能】通过互动体验式创业训练活动，让学生在体验中感悟成长、积累经验和掌握创业基本技能。

【创业实践】通过作业和实践活动拓展的体验，加强创业感知与实操能力。

【创业榜样】以不同专业学生的真实创业故事，丰富创业思想和智慧。

【创业资源】进一步拓展创业认知，提供创业学习与实践的现实资源。

本书第一章、第二章和第三章均由孙桂生老师负责编写；第四章由许德才老师负责编写；第五章由赵绍全老师负责编写；第六章、第七章由秦立栓老师负责编写；第八章由许德才老师负责编写；第九章、第十章由张晓琳老师负责编写；第十一章和第十二章由刘立国老师负责编写。

编委会在编写过程中也借鉴、参考了国内外大量创业指导与创业教育研究方面的文献资料，以及一些专家教授的理论和观点，还收集整理了大量应用型高校大学生的创业案例，在此，一并表示感谢。

全体编委对书稿进行了反复研讨修改，但由于编者水平有限，书中难免有疏漏、不当之处，敬请读者指正。

编者

2017 年 3 月

目　录

第一章　创业基本认知 ·· 1

【创业新知】这是创业最好的时代 ··· 1

【创业基础】 ··· 2

　　一、创业不仅仅是开公司 ·· 2

　　二、创业，人生路上最美的风景 ·· 3

　　三、创业者都是冒险家 ··· 5

　　四、欲成创业者，要练就十八般武艺 ··· 6

【创业思维】 ··· 9

　　一、伟大创业者的特质 ··· 9

　　二、创业与就业 ·· 10

【创业技能】 ··· 12

　　技能训练一　创业选择的 SWOT 分析 ······································ 12

　　技能训练二　创业者的神话 ·· 12

【创业实践】参加创业者经验分享沙龙活动 ····································· 14

【创业榜样】宁帅豪：O2O 卖水果 ··· 14

【创业资源】大学生创业基础精品示范课程 ····································· 16

第二章　创新与设计思维 ··· 17

【创业新知】爱因斯坦靠什么实现人生逆袭 ····································· 17

【创业基础】 ··· 18

　　一、创新就是打破思维的禁锢 ·· 18

　　二、创新才能更好的创业 ··· 21

　　三、提升创新能力的五个途径 ·· 25

　　四、设计思维 ·· 28

【创业思维】 ··· 31

　　一、创新与创造 ·· 31

　　二、创新型人才的特征 ·· 33

【创业技能】 ··· 34

　　技能训练一　画桥 ··· 34

　　技能训练二　纸飞机竞赛 ··· 35

【创业实践】像艺术家那样创造 …………………………………………………………… 36

【创业榜样】一只行李箱 24 小时众筹完成率达 701% ……………………………… 37

【创业资源】创新者的密码：未来企业家必备的 6 大技能 ………………………… 38

第三章　创业团队组建与管理 ………………………………………………………… 39

【创业新知】没有烂 Idea，只有不会执行的团队 ……………………………………… 39

【创业基础】 ………………………………………………………………………………… 40

一、一个好汉三个帮 …………………………………………………………………… 40

二、寻找创业合伙人 …………………………………………………………………… 41

三、第一支创业团队 …………………………………………………………………… 43

【创业思维】 ………………………………………………………………………………… 44

一、大学生创业团队与一般创业团队 ……………………………………………… 44

二、创业团队应该民主还是独裁 …………………………………………………… 45

【创业技能】 ………………………………………………………………………………… 46

技能训练一　挑选谁加入创业团队 ………………………………………………… 46

技能训练二　开发你的创业人脉 …………………………………………………… 47

【创业实践】组建最佳团队 ……………………………………………………………… 49

【创业榜样】一位 90 后创业者的自述 ………………………………………………… 50

【创业资源】团队合作能力训练 ………………………………………………………… 52

第四章　创业机会识别与评估 ………………………………………………………… 53

【创业新知】互联网＋带来的创业机会 ………………………………………………… 53

【创业基础】 ………………………………………………………………………………… 56

一、创业行业怎么选 …………………………………………………………………… 56

二、创业模式与过程 …………………………………………………………………… 63

三、创业机会识别与评估 ……………………………………………………………… 65

四、把激情发展到创意或技术 ……………………………………………………… 72

【创业思维】 ………………………………………………………………………………… 73

一、寻找创业项目 ……………………………………………………………………… 73

二、创业优惠政策知多少 ……………………………………………………………… 74

【创业技能】 ………………………………………………………………………………… 75

技能训练一　激情正方体 ……………………………………………………………… 75

技能训练二　创业选择的 SWOT 分析 …………………………………………… 76

【创业实践】挑战“白手起家” ………………………………………………………… 76

【创业榜样】大学生黄琛培的寻梦之旅 ………………………………………………… 76

【创业资源】大学生创业网 ……………………………………………………………… 78

第五章　目标市场与用户分析 ·· 79

【创业新知】三个创业案例告诉你，什么才是用户"痛点"？ ········· 79

【创业基础】 ·· 81

一、对市场进行细分 ··· 81

二、选择登陆市场 ··· 83

三、确定最终用户 ··· 84

四、估算登陆市场规模 ··· 86

五、刻画用户形象 ··· 87

【创业思维】 ·· 88

一、如何与潜在顾客沟通 ··· 88

二、市场调查的方法 ··· 89

【创业技能】 ·· 90

技能训练一　逐步升级的市场测试 ··································· 90

技能训练二　刻画典型顾客 ··· 90

【创业实践】制作你的用户形象展示图 ······························· 91

【创业榜样】陈兆飞：不断精准定位目标市场 ························· 91

【创业资源】创业营销：创造未来顾客 ······························· 93

第六章　项目价值定位与论证 ·· 94

【创业新知】大数据时代的蓝海战略 ································· 94

【创业基础】 ·· 95

一、构建产品使用全程案例 ··· 95

二、"可视化"产品 ··· 95

三、定位产品的价值 ··· 96

四、找到 10 位前期顾客 ··· 97

五、定义核心价值 ··· 98

六、描述竞争地位 ··· 99

【创业思维】 ·· 100

一、如何处理负面反馈 ··· 100

二、如何看待新企业间的竞争 ······································· 100

【创业技能】 ·· 101

技能训练一"构思"核心价值 ······································· 101

技能训练二　案例分析：可乐的较量 ······························· 102

【创业实践】设计并展示你的产品宣传册 ····························· 103

【创业榜样】周伟：乐行天下 ······································· 103

【创业资源】腾讯方法：一个市值 1 500 亿美元公司的产品真经 ······ 106

第七章　项目运营论证与模拟 ·················· 107

【创业新知】客户体验决定商业未来 ·················· 107

【创业基础】·················· 109

　　一、影响顾客采购的角色 ·················· 109

　　二、分析付费顾客采购流程 ·················· 110

　　三、估算后续市场规模 ·················· 111

【创业思维】·················· 111

　　一、政府采购的特点 ·················· 111

　　二、拓展市场的战略 ·················· 112

【创业技能】·················· 116

　　技能训练一　案例分析：谁影响了采购 ·················· 116

　　技能训练二　观察顾客流 ·················· 116

【创业实践】绘制付费顾客采购流程图 ·················· 117

【创业榜样】野农优品——探路农业 O2O ·················· 117

【创业资源】如何采购货物—创业加油站 ·················· 118

第八章　商业模式设计与论证 ·················· 119

【创业新知】2015 年代表性的创新商业模式案例 ·················· 119

【创业基础】·················· 122

　　一、设计商业模式 ·················· 122

　　二、确定定价策略 ·················· 124

　　三、估算顾客终身价值 ·················· 126

　　四、绘制销售流程图 ·················· 128

　　五、估算顾客获取成本 ·················· 129

【创业思维】·················· 131

　　一、确定顾客终身价值时需要考虑的问题 ·················· 131

　　二、降低顾客获取成本的方法 ·················· 132

【创业技能】·················· 133

　　技能训练一　评估商业模式 ·················· 133

　　技能训练二　模拟销售流程 ·················· 133

【创业实践】设计并描述你的商业模式 ·················· 134

【创业榜样】"饿"出来的传奇 ·················· 134

【创业资源】商业模式观察网 ·················· 137

第九章　产品设计与验证 ·················· 138

【创业新知】精益创业改变一切 ·················· 138

【创业基础】·················· 139

　　一、确定重要假设条件 ·················· 139

　　　二、测试假设条件 ··· 140

　　　三、定义最小可行商业产品 ·· 140

　　　四、验证顾客会付费使用产品 ·· 141

　　【创业思维】 ·· 141

　　　一、为什么创业者专注做一个产品最好 ······························· 141

　　　二、移动创业者该如何面对 BAT 三座大山 ························· 142

　　【创业技能】 ·· 144

　　　技能训练一　产品调查问卷 ·· 144

　　　技能训练二　案例分析：微信的成长史 ······························· 146

　　【创业实践】设计你的最小可行商业产品 ································· 147

　　【创业榜样】中意斯正装的诞生之路 ·· 147

　　【创业资源】新产品开发从入门到精通实战指南 ······················ 148

第十章　产品开发与融资 ··· 149

　　【创业新知】大众创业创新的融资新途径 ································· 149

　　【创业基础】 ·· 151

　　　一、开发产品方案 ··· 151

　　　二、了解融资 ··· 152

　　【创业思维】 ·· 161

　　　一、做好融资准备 ··· 161

　　　二、延续创业活动还需要做的工作 ·· 161

　　【创业技能】 ·· 162

　　　技能训练一　案例分析：万达的发展战略 ··························· 162

　　　技能训练二　完美的演讲 ·· 162

　　【创业实践】制定你的产品开发方案 ·· 163

　　【创业榜样】融资就像第 101 次求婚 ·· 164

　　【创业资源】创客 ··· 165

第十一章　创业计划制订 ··· 166

　　【创业新知】创业大赛的制胜诀窍 ··· 166

　　【创业基础】 ·· 167

　　　一、创业有计划，成功更把握 ·· 167

　　　二、撰写计划有规律 ··· 167

　　　三、展示计划有技巧 ··· 170

　　　四、参加大赛有帮助 ··· 171

　　【创业思维】 ·· 172

　　　一、创业一定要准备创业计划吗 ·· 172

　　　二、投资人最看重的是什么 ·· 173

【创业技能】 ……………………………………………… 175
　技能训练一　创业计划书的目录 ………………………… 175
　技能训练二　百万横财游戏 ……………………………… 176
【创业实践】制作路演PPT ………………………………… 176
【创业榜样】从计划开始创业的大学生 …………………… 177
【创业资源】创业计划书：从创意到方案 ………………… 178

第十二章　创办新企业 ……………………………………… 179

【创业新知】十大创业新政 ………………………………… 179
【创业基础】 ………………………………………………… 180
　一、企业创立有条件 ……………………………………… 180
　二、选择企业的组织形式 ………………………………… 182
　三、初创企业的生存法则 ………………………………… 186
　四、管理企业要学会解决问题 …………………………… 187
　五、了解企业的生命周期 ………………………………… 189
【创业思维】 ………………………………………………… 192
　一、创办企业必须考虑的法律问题 ……………………… 192
　二、新企业的选址策略与技巧 …………………………… 193
【创业技能】 ………………………………………………… 194
　技能训练一　模拟注册企业 ……………………………… 194
　技能训练二　描绘企业的成长曲线 ……………………… 194
【创业实践】反思创业体验活动 …………………………… 195
【创业榜样】"伏牛堂"湖南米粉——实践互联网＋销售 … 195
【创业资源】创业邦 ………………………………………… 197
参考文献 ……………………………………………………… 198

第一章　创业基本认知

> 　　每个人都想得到社会的认同，得到别人的尊重，都想展现自我价值，那么创业无疑是一条最好的道路。
>
> ——海尔集团　张瑞敏

创业新知 >>

这是创业最好的时代

　　李克强总理在公开场合发出"大众创业、万众创新"的号召，最早是在 2014 年 9 月的夏季达沃斯论坛上。当时他提出，要在 960 万平方公里土地上掀起"大众创业""草根创业"的新浪潮，形成"万众创新""人人创新"的新态势。此后，他在首届世界互联网大会、国务院常务会议和各种场合中频频阐释这一关键词。每到一地考察，他几乎都要与当地年轻的"创客"会面。他希望激发民族的创业精神和创新基因。

　　2015 年李克强总理在政府工作报告又提出："大众创业，万众创新。"政府工作报告中如此表述：推动大众创业、万众创新，"既可以扩大就业、增加居民收入，又有利于促进社会纵向流动和公平正义"。在论及创业创新文化时，强调"让人们在创造财富的过程中，更好地实现精神追求和自身价值"。

　　创业创新是人类文明进步的不熄引擎，是植根于每个人心中具有顽强生命力的"种子"。推动发展，不仅要解放社会生产力，更要解放社会创造力。我国是世界上人口最多的国家，13 亿勤劳智慧的中国人民中间，蕴藏着无穷的创造力。试想一下，如果 13 亿人的创新创造潜能充分释放出来，那将给经济社会发展带来什么样的变化。

　　当今世界，新一轮科技革命和产业变革浪潮席卷而来。信息、能源、材料、医药、环保等领域技术不断取得激动人心的突破，催生了新的制造模式和商业模式，也催动着一场全人类走向智能生产、绿色生活的新迁徙，其中蕴含的诸多革命性变化，将对国家竞争力和世界经济政治格局产生重大深远的影响。顺应这一潮流，我们只有加快创新和建设创新型国家，才能扎实推进经济转型升级和提质增效，抢占国际竞争的战略制高点。

　　党的十八大以来，中央以简政放权为突破口，推动经济转型、释放社会活力，社会投资和创业创新热情迸发。2014 年，全国新注册企业在上年大幅增长的基础上又新增加了

1200 多万户，其中首次参与投资创业的自然人多达 291 万人。在此背景下，以信息网络技术为支撑的"创客"更是如同雨后春笋，迅速成长。一大批热衷于创意、设计、网络的年轻人，紧跟数字技术改造传统制造的潮流，用自己的"桌面工厂"生产出一大批令人目不暇接、惊叹不已却又接地气、有市场的新型产品，颠覆着传统的制造和消费模式，乃至产业布局和投融资方式。目前，北京已形成亚洲规模最大的"创客空间"，深圳的华强北已被视为"创客圣地"。韩国《中央日报》最近刊文称，去年中国新的风险创业者是韩国的 100 倍，吸引的创业基金是其 15 倍以上，中国的"创客风潮"已成为韩国一大威胁。这是否危言耸听姑且不论，但中华大地涌动的"创客风潮"显然加速推开了互联网与制造业融合发展的新工业革命大门，正在引领着大众创业、万众创新时代的到来。

从发展阶段看，现在我国经济发展进入新常态，传统增长动力在减弱，资源环境约束在加剧，要素成本越来越高，必须走转变发展方式、提质增效升级之路。中国要在世界新技术革命和产业变革的新格局中占据主动，必须靠创新。世界上资源有限，而人的潜力无穷，这就是更大范围、更高水平的大众创业、万众创新。

从时代趋势看，中华大地正在兴起新的创业创新热潮，出现了以大学生等 90 后年轻创业者、大企业高管及连续创业者、科技人员创业者、留学归国创业者为代表的创业"新四军"，草根创新、蓝领创新、创客、众创空间等新的形式层出不穷。创业创新正在成为一种价值导向、一种生活方式、一种时代气息。从客观条件看，人们消费需求多层次、多样化，需要更多的解决日常生产生活难题、形成新产业新业态的产品和服务。

这是一个鼓励创业、呼唤创新的时代。特别是在中央提出的"大众创业、万众创新"的政策指引下，越来越多的企业在创新中谋转型，越来越多的人变身创客走上了创业之路，这是时代潮流。

创业基础 》》

一、创业不仅仅是开公司

创业不仅意味着可以创造出更丰富的产品、服务，为我们自身和社会创造财富，还可以让创业者施展才能，实现自身价值和人生理想。我国《就业促进法》规定："国家倡导劳动者树立正确的择业观念，提高就业能力和创业能力；鼓励劳动者自主创业、自谋职业。"创业的本质在于开拓新事业，但创业并不仅仅只是指创办新企业。因为创业有狭义和广义之分。

狭义的创业通常指"创建一个新企业的过程"。新创建一个企业一般需要符合以下几个方面的条件：企业的创办必须符合法定的程序；企业能够提供满足市场需求的产品和服务；新创企业需要确定适合于产品或服务的营销模式；新创企业需要一个创业团队，并能根据企业发展的需要进行有效的管理，包括技术管理、财务管理、营销管理、人力资源管理等。

广义的创业通常指"创造新的事业的过程"。换言之，所有创造新的事业的过程都是创业。无论是创建新企业、企业内部创业，还是在工作岗位上创造性地发挥自己的聪明才智，通过发现机会、整合资源实现自己的价值和抱负，都可以称为创业。所以从广义的角度去理解，创业既包括创立营利性组织，也包括创立非营利组织；既包括运行政府设置的部门和机构，也包括运行非政府组织机构；既包括从事大型的事业，也包括从事小规模的个人或家庭事业。在一定意义上讲，人生就是创业的过程。

当前，我国进入了一个大众创业，万众创新的新时代，飞速发展的经济和不断宽松的商业环境，为创业者们提供了前所未有的好机会。不管是继承创业、主动创业，抑或是"被创业"，越来越多的人正在积极进行创业实践。

二、创业，人生路上最美的风景

选择创业，就是选择一种与众不同的生活方式。创业者，往往能领略到人生路上最美的风景。

（一）创业缔造别样人生

中学阶段努力学习——高考时考个好成绩——进入一所好的大学深造——找一份体面的工作，这样的一种路径，是大多数学生和家长的选择。而无数事实也表明，这种路径是切实稳妥的。但当绝大多数人"遵照执行"时，总有一部分人做出了不同的人生选择。

就业，进入企事业单位，在自己的岗位上发挥自己的才干；创业，开创一番属于自己的事业，为更多的人提供就业的机会。每种选择都无可厚非，都值得尊重。今天的社会，为创业者们提供了极好的发展空间，正是那些有志于开创一番事业的青年人大展拳脚的好时候。

创业的过程充满挑战和风险，同时也充满克服种种挑战的无穷乐趣。在创业过程中，可以感受到无穷的变化、挑战和机遇，这是一个令人兴奋的过程。创业者可以通过征服创业过程中的重重困难来丰富自己的人生体验。

（二）创业彰显自我价值

许多上班族之所以感到厌倦，积极性不高，重要原因之一是给别人"打工"，个人的创意、想法往往得不到肯定，个人的才能无法充分发挥，愿望得不到实现，工作缺乏成就感，行事有诸多约束。而创业则完全可以摆脱原有的种种羁绊，摆脱在行为上受制于人的局面，充分施展自己的才华，发挥最大潜能，使自己的人生价值得到更好的体现。现实中，正是由于对理想的追求，和对自我价值实现的渴望，很多大学生走上了创业的道路。

一项针对中关村创业者的调查显示，创业者为了"实现自我价值"而创业的比例高达67.5%。在"实现自我价值""遇到好的项目机会"前两大创业原因之外，"大公司内部发展限制"成了中关村创业者创业的第三大原因。"因大公司内部发展限制而创业的，2014年所占比例为31.8%，比2013年的30%上升了大约2个百分点，这也从侧面印证了大公司离职创业升温、创新创业持续活跃的态势。"

（三）创业带来财务自由

工薪阶层的收入有高有低，但都是有限的，没有太多提升的空间。而摆脱这些烦恼的最佳途径就是，开创一份完全属于自己的事业，它提供的利润是没有极限的，可任你想象。根据资料统计，在美国福布斯富人榜前四百名富人中，有 75% 是第一代的创业者。而在中国富豪榜中，以创业起家的也不在少数。

创业是制造财富、实现财务自由的最佳途径。创业不仅使创始人收获个人财富，还为社会带来大量就业岗位，是社会总体财富的增值。阿里巴巴上市，一夜涌现数百名千万富翁，就是股份流动、员工套现的结果。即便公司没有选择上市，很多创业者通过卖出公司便实现了财务自由。WhatsApp 被 Facebook 以 190 亿美元收购，这 190 亿美元落入WhatsApp 仅 32 人团队的手中。一些最优秀的创业公司把握了时代，以非凡的产品和服务实现了垄断，他们通过盈利享受自己智慧的果实。

徐小平：创业对我们的意义[①]

当年我在美国的时候，认识一个买了一辈子彩票的老太太，当人家问她是否赢了，她说从来没赢过，但是很喜欢它。确实，无论是创业者还是投资人，这种心态非常重要，这样我们的创业人生、投资人生，我们的人生才能有意义。

第一，金钱。很少有人旗帜鲜明地说我创业是为了创造财富，但创业就是要创造财富。2006 年新东方上市，老虎基金、纳斯达克的人问为什么要上市，大家说增资、发展、为了更加好地服务于公众。其实上市的一个简单的目标就是创造财富，但是很多创业者并不能正视这个问题。

第二，自我实现。自我实现是创业者最高境界的人生奋斗。在某种意义上，科研、协作本身就是一个创业，把某种东西从无到有做起来。自我实现，实际上就是马斯诺的五层论的最高层面，通过创业，无论你做的事情大小，几个人跟着你一起做，毫无疑问这是人生的最高境界。雷军曾跟我说过，这么多年参与了金山的创建，卓越网的创建，也卖给了亚马逊，做投资也做得很不错，但是心灵中依然有某种未曾满足的渴望，这个渴望其实就是自我实现。这种渴望，无论是已经刚刚毕业的大学生还是已经取得一定成绩的人士，想做一点事、成就一点事业，可以说是一模一样的。

第三，自由。所谓创业，一个人创造企业，无论是一个人、两个人还是一万、两万人的时候，你的世界里面你是最高的权威，你不听从于任何人，你做的事，按照自己的意愿，按照团队的利益，按照社会的价值在追求一种东西，这是创业的最高境界，也是这个时代创业的一个重要的探索价值。

国家的发展、中国的未来取决于政府的进步、改革开放，但是只有创业是国家鼓励、社会需要、个人能够参与中国伟大复兴的一个努力。据说中国已经复兴了 62%，如果每一个人创业，在 62% 就增加到 62.1%、62.2%。设想一下，如果中国没有那些民营企业，比如没有三大物联网，那中国可能只实现了 61%；如果多几个企业，再多几个新东方，可

---

① 本文节选自徐小平在创新中国 2012 总决赛上的演讲，有删减；原标题《真格基金徐小平：赚钱不可耻　创业贵在坚持》，来源：网易科技报道，http://tech.163.com/12/0823/12/89JHF47N000915BF.html 2012-08-23.

能就变成了 62.5％，所以创业承载着伟大的社会责任。

在当今时代，当你具备了事业基础进行创业的时候，你就为推动中国进步做了重要贡献。我想这是中国的最大主题，所谓"国退民进"。这个时候的年轻人我们能够做的就是用我们的努力、智慧、才华、精力以及我们想追求财富、实现自我的这么一种最伟大的动力，来创造一个梦想，而这个梦想，我们就能够为中国的"民进国退"，为中国的市场经济、社会进步做出一些重要的贡献。所以创业绝不仅仅关乎个人，创业实际上就是社会的进步。

三、创业者都是冒险家

创业的过程绝不可能是一帆风顺的，如果没有无与伦比的创业精神，是无法在激烈的竞争中胜出的。只有经得起环境考验的人，才算是真正的强者。创业过程中，一定存在压力和困难，重要的是你能不能以一颗坚强的心去面对。创业之路实际上很残酷，就如马云所说："对所有创业者来说，永远告诉自己一句话：从创业的第一天起，你每天要面对的是困难和失败，而不是成功。我最困难的时候还没有到，但那一天一定会到。困难是不能躲避的，也不能让别人替你去扛，任何困难都必须你自己去面对。"

创业者在采取行动之前都冒着巨大的风险，有风险才有回报，风险越大，得到回报的机会也就越高。换言之，选择成为创业者，必然是勇敢的冒险家。盲目的冒险没有好结果。有4种方法，可以让你在冒险的时候走正确的路。

（一）不要害怕失败

失败是必需的。社会告诉我们要害怕失败，但是在我们还没有失败之前，绝对不要害怕失败。犯错在所难免，关键是我们如何看待失败。失败给我们制造了机会，让我们吸取教训，让我们可以避免下一次的失败。而且成功路上没有失败，那么成功的取得也变得没有意思了。与其说害怕失败，不如开心地面对失败，因为它帮助你走向目标。

（二）不要惧怕成功

很多时候，不仅仅失败会把创业者吓跑，来自成功的压力也会让创业者感到恐惧。从小，父母就教育我们成功来之不易，不是所有人都可以成功，成功也意味着更多的责任和义务。不少人因为这样或那样的原因，不愿意接受挑战，对出人头地感到害羞。但是请注意，所有人都应该成功。当你下一次想躲避风险的时候，想想那些没有躲避的人，他们创业都快要成功了。

（三）不要被别人的质疑干扰

当你选择创业的时候，必定会有人对你的行为表示质疑，有时还会把你自己也绕进去。有些人的质疑只是单纯的嫉妒，但更多的是他们做不到，他们也害怕。你最好先验证一下他们所言是否属实，再做决定。但是绝对不要让质疑爬进自己的脑子里，不要让质疑的思想侵蚀你成功的欲望。

（四）计算风险

其实盲目冒风险的情况很少见，误打误撞的事也时有发生。就像做选择题，蒙对的概率也很大。但是如果你在做选择的时候多加思考，你选对的概率会更大，这跟创业是一个道理。创业确实有风险，但是如果你仔细计算风险，并且合理地规避风险，出错的概率就会小很多。

四、欲成创业者，要练就十八般武艺

人是创业成功的第一要素，而创业者则发挥核心作用。创业活动是由创业者主导和组织的商业冒险活动。要成功创业，不仅需要创业者富有开创新事业的激情和冒险精神、面对挫折和失败的勇气和坚韧，以及各种优良的品质素养，还需要具备解决和处理创业活动中各种挑战和问题的知识和能力。

（一）创业的激情与创业意识

创业的激情所指的不是一时冲动，而是持久的追求与不懈的努力。创业需要百折不挠、坚持不懈的意志。创业是一个长期努力奋斗的过程。立竿见影、迅速见效的事是极少的。在方向目标确定后，创业者就要朝着既定的目标一步步迈进，纵有千难万险，迂回挫折，也不轻易改变，半途而废。保持创业的激情，是创业者成功的关键因素之一。

创新意识是创业者的一个重要素质，能在瞬息万变的市场环境中不断推陈出新是创业生存的一个重要环节。许多创业者都是依靠在市场竞争中，不断推出新产品、新服务、新方法来获得企业生存与发展的空间，最终创业成功的。创新的方式与途径通常来源于创业者对产品服务的认识、开放式的思考、市场触觉和多样化的资料信息。

要想取得创业的成功，创业者必须具备自我实现、追求成功的强烈的创业意识。强烈的创业意识，能帮助创业者克服创业道路上的各种艰难险阻，将创业目标作为自己的人生奋斗目标。创业的成功是思想上长期准备的结果，事业的成功总是属于有思想准备的人，也属于有创业意识的人。

（二）自信、自强、自主、自立的创业精神

自信就是对自己充满信心。自信心能赋予人主动积极的人生态度和进取精神。不依赖、不等待。要成为一名成功的创业者，必须坚持信仰如一，拥有使命感和责任感；信念坚定，顽强拼搏，直到成功。信念是生命的力量，是创立事业之本，信念是创业的原动力。要相信自己有能力、有条件去开创自己未来的事业，相信自己能够主宰自己的命运，成为创业的成功者。自强就是在自信的基础上，不贪图眼前的利益，不依恋平淡的生活，敢于实践，不断增长自己各方面的能力与才干，勇于使自己成为生活与事业的强者。自主就是具有独立的人格，具有独立性思维能力，不受传统和世俗偏见的束缚，不受舆论和环境的影响，能自己选择自己的道路，善于设计和规划自己的未来，并采取相应的行动。自主还要有远见、有敢为人先的胆略和实事求是的科学态度，能把握住自己的航向，直至达到成功的彼岸。自立就是凭自己的头脑和双手、凭借自己的智慧和才能、凭借自己的努力

和奋斗，建立起自己生活和事业的基础。

（三）一定的创业知识素养

创业知识是进行创业的基本要素。创业需要专业技术知识、经营管理知识和综合性知识三类知识。创业实践证明，良好的知识结构对于成功创业具有决定性的作用，创业者不仅要具备必要的专业知识，更要掌握必备的现代科学、文学、艺术、哲学、伦理学、经济学、社会学、心理学、法学等综合性知识和管理科学知识。

（四）优秀的创业人格品质

创业人格品质是创业行为的原动力和精神内核。在创业人格品质中，使命责任、创新冒险、坚韧执着、正直诚信等这些意志品质与创业成败息息相关。创业是开创性的事业，尤其在困难和不利的情况下，人格品质魅力在关键时刻往往具有决定性的作用。

1. 使命责任

使命感和责任心是驱动创业者勇往直前的力量之源。成功的创业者具有高度的使命感和强烈的责任意识，创业活动是社会性活动，是各种利益相关者协同运作的系统。只有对自己、对家庭、对员工、对投资人、对顾客、对供应商以及对社会拥有高度的使命感和负责精神的创业者，才可能赢得人们的信任、尊重和支持。

2. 创新冒险

创新是创业精神的核心要素，创新意识和冒险精神是进行创业的内在要求。创业机会的发现和创意的形成需要进行创造性思维，发挥创造力。同样，机会的发现、资源的整合、商业模式的设计更是创新能力的集中体现。创业的开创性需要有冒险精神，需要有胆略和胆识。同时，在创业实践中也要有风险意识，要注意冒险精神和风险意识的平衡，保持理性思维，降低风险损失。

3. 坚韧执着

创业是对人的意志力的挑战。面对险境、身处逆境能否坚持信念，承受压力，坚持到底常常决定创业的成败。最后的成功往往就在于再坚持一下的努力之中。

4. 正直诚信

正直诚信是创业者必备的品质，它体现了成功创业者的人格魅力：讲信誉，守诺言，言行一致，身体力行，胸襟广阔，厚人薄己，敢于承担责任，勇于自我否定，尊重人才，以人为本，倡导团队合作和学习，帮助团队成员获得成就感，坚持顾客价值、公司价值和社会价值的创造。具有良好口碑的人格魅力可以帮助创业者凝聚人心，鼓舞士气，赢得更多合作者的信任和支持。

（五）强烈的竞争意识

竞争是市场经济最重要的特征之一，是企业赖以生存和发展的基础，也是立足社会不可或缺的一种精神。人生即竞争，竞争本身就是提高，竞争的目的只有一个——取胜。随着我国社会主义市场经济从低级向高级发展，竞争愈来愈激烈。从小规模的分散竞争，发展到大集团集中竞争；从国内竞争发展到国际竞争；从单纯产品竞争，发展到综合实力的竞争。因此，创业者如果缺乏竞争意识，实际上就等于放弃了自己的生存权利。创业者只有敢于竞争，善于竞争，才能取得成功。创业者创业之初面临的是一个充满压力的市场，如果创业者缺乏竞争的心理准备，甚至害怕竞争，就只能是一事无成。

（六）良好的人际关系

在创业的道路上，人际关系具有重要的促进作用。良好的人际关系可以帮助创业者排除交流障碍，化解交往矛盾，降低工作难度，提高客户的信任度，从而提高办事效率，增加成功的机会。并且良好的人际关系还会有助于创业者在遇到困难时及时得到朋友的帮助。

（七）良好的创业心理品质

在市场经济中，机会与风险共存。只要创业，就必然会有风险，事业的范围和规模越大，伴随的风险也就越大。没有承担风险的意愿与能力，创业时就会缩手缩脚，裹足不前，创业的理想也就会成为空谈。愿意承担风险是创业者对事业追求的一种积极的心理状态。

创业是摸着石头过河，没有什么严格与统一的规范。创业者不可能凭借教科书的理论或他人的成功经验一蹴而就，而是需要在创业的过程中不断探索与实践，面对复杂的市场环境需要清醒的头脑与果断的决策。但是失误与挫折总是难以避免的，能够冷静面对挫折是创业者走向成功的重要条件。

创业之路，是充满艰险与曲折的。自主创业就等于是一个人去面对变化莫测的激烈竞争以及随时出现的需要迅速正确解决的问题和矛盾，这需要创业者具有非常强的心理调控能力，能够持续保持一种积极、沉稳的心态，即有良好的创业心理品质。它是对创业者的创业实践过程中的心理和行为起调节作用的个性心理特征，它与人固有的气质、性格有密切的关系，主要体现在人的独立性、敢为性、坚韧性、克制性、适应性、合作性等方面，它反映了创业者的意志和情感。创业的成功在很大程度上取决于创业者的创业心理品质。正因为创业之路不会一帆风顺，所以，如果不具备良好的心理素质、坚忍的意志，一遇挫折就垂头丧气、一蹶不振，那么，在创业的道路上是走不远的。宋代大文豪苏轼说："古之成大事者，不唯有超世之才，亦必有坚韧不拔之志。"只有具有处变不惊的良好心理素质和愈挫愈强的顽强意志，才能在创业的道路上自强不息、竞争进取、顽强拼搏，才能从小到大、从无到有，闯出属于自己的一番事业。

（八）创业者的经营管理能力

当今市场经济社会中，小企业要生存、要发展，创业者必须具有良好的经营管理能力。俗话说"麻雀虽小，五脏俱全"，小企业虽小，但它也和大中型企业一样，天天与人、财、物打交道。如何把现有的人、财、物，通过管理，赚取最佳的效益；如何调动每一位雇员的积极性使之全力以赴为企业工作；如何使自己的产品或服务项目被社会认可，受用户欢迎，这些都需要通过创业者良好的经营管理来实现，需要依靠创业者所建立起来的高效的管理体系。

世界"钢铁大王"卡耐基生前曾说过："将我所有的工厂、设备、市场、资金全部夺去，但只要保留我的组织和人员，四年以后，我将仍是一个钢铁大王。"由此可见经营管理体系和经营管理能力的重要性。

（九）创业者的专业技术能力

创业者是以自己的服务和产品为社会做贡献的，这需要以精通专业操作为基础。一个具有丰富经验和较高水平的经营管理者，如果不熟悉、不了解某一专业或职业的特殊性，就无法施展和发挥其经营管理的能力或综合能力。只有掌握了某一专业技术能力，才能对症下药，因事制宜，采取适当的经营管理方法。从这层意义上讲，专业技术能力是一种最基本的创业能力。

（十）创业者的综合性能力

在创业活动中，综合性能力是一种最高层次的能力，具有很强的综合性特征。主要包括：把握机遇的能力、信息的获取加工处理能力、交往公关能力、创新能力等。这些特殊能力一旦与经营管理能力相结合，就从整体上全方位地影响和作用于创业实践活动，使创业实践活动的方式和效率发生显著的改变。

例如，在日本某店铺有一个店员，名叫岛村芳雄。一天，他在街上散步时，发现女性们除了手上拿着自己的皮包以外，还都提了一个纸袋，这是买东西时商店赠给她们装东西用的。他经过认真思索认为纸袋一定会流行起来，接着他又参观了做纸袋的工厂，工人非常繁忙。他毅然决定大干一番。你猜猜，他选择了什么，是纸袋加工？还是纸袋印刷？都不是。他想："将来纸袋一定会风行一时，做纸袋绳索生意是错不了的。"这样，他辞去了原来的店员工作，立即注册创立了一个小公司，开始了经营绳索的业务，靠着他那善于把握机遇、捕捉信息的能力以及良好的经营管理能力，他获得了成功，成为日本著名的企业家。

（十一）领导与决策的能力

创办一个企业，不仅需要处理大量的事务性问题，还要为企业建章立制，即便是只有一两个人的小店铺或家庭企业也不能例外。企业虽小，但面临的环境以及经营发展的变化却不小。因此，创业者还需要具备相当的领导与决策能力，能把企业的人员与业务安排得井井有条，并能及时处理所遇到的一切问题。

创业思维 >>

一、伟大创业者的特质

问题：搜集创业者的创业故事，感受伟大的创业者具备哪些共同的特质。

参考观点：

特质一：不屈不挠

创业是一场距离超长的马拉松赛，过程中充满了不确定性，只有排除艰难险阻才能取得最后的胜利。创业者不会因为比别人有更好的机会而赢得市场，也躲不过一些不可避免的错误。不屈不挠是创业最重要的品质。许多人创业都会遭遇到许多次失败，甚至每周都会遇到好几次。当失败发生时，就要重新开始。

特质二：激情

可能有些人会下意识地认为钱是成功创业者创业的动力，但实际上绝大多数创业者创业是出于他们对新产品、新服务的热情，或抓住了一些解决难题的机遇。他们这样做不仅可以让消费者买到物美价廉的产品，还能让人们过上更加舒适、安逸的生活。大多数创业者都有一种改变世界的信念。激情是支持创业的内在驱动力，它也是让创业者愿意不断付出的基础。

特质三：能承受不确定性

这种经典的特质如果用通俗的话来说，就是对风险的承受能力——能够承受不确定性带来的恐惧，并且能够承受潜在的失败。对恐惧的控制能力也是一项最重要的创业者特质。在恐惧中你可以选择放弃，也可以战胜它继续前行。

特质四：远见

有预测未知机遇的能力，同时也能预测他人不能预知的事情，这是创业者必备的特质之一。创业者的好奇心会帮助他们辨识出一些被忽略的市场机遇，这种好奇心会使其走在创新和一些新兴领域的前列。创业者能想象出另一个世界，把自己的远见有效地转化为一种切实可行的业务，随之就会吸引到投资人、客户和员工。创业者会碰到许多唱反调的人，为什么？因为创业者看到的未来和他们不一样，在未来还没有呈现之前创业者就已经预见到了。

特质五：自信

自信也是创业者的关键特质。创业者必须坚信自己的产品是全世界需要的，发现市场机遇然后开拓新市场，在创业的过程中还要不断推翻现有的、普遍认可的东西。研究者将这种特质称为一种源自特殊使命的自信。有了这种信念，就算世界充满风险，创业者也可以做好充分的调查，有足够的信心完成任务，并把风险减到最小。

特质六：灵活性

实际上，创业的生存规则也像生命物种一样，都是建立在适应周围环境的基础上的。公司最终推出的产品或服务很可能不是你最初的计划，因此，灵活性会有助于创业者适应市场环境，应对大众多变的喜好。创业者必须心甘情愿地忠于自己，告诉自己"这是不可以的"，必须围绕着市场的变化进行调整。

特质七：打破常规

创业者存在的意义之一即否定已有的传统智慧。实际上，简单来说，创业就是打破常规。据柏森商学院的一项报告显示，只有 13％的美国人最终可以进入到创业者的行列。做别人没有做过的事情，是创业者的一种天性，也是他们内在动力的源泉。

二、创业与就业

问题：填写这个表格，体会大学生创业与就业的差别。

表 1－1　大学生创业与就业的差别

	创业	就业
担当的角色		
要求的技能		
收益与风险		
成功依赖的因素		

参考观点：

所谓大学生创业，是指大学生在学习期间创办事业或毕业后不选择就业而直接成立公司创业，是大学生主动参与社会竞争的一种尝试。

大学生创业的方式主要表现为，大学生利用自己的知识和技能，以自筹资金、技术入股、寻求合作等方式创办企业，面向市场，面向社会，为社会创造价值的同时，使自己的价值得到充分体现。

就业与创业，是大学生选择出路的两种完全不同的方式，主要有以下几个方面的差别：

（一）担当的角色差异

两者在企业中的地位、肩负的责任和使命均有较大差异。创业者通常处于新创企业的高层，在企业实体的创建过程中，创业者始终是负责人，始终参与其中；而就业者通常处于中低层，到达高层需要一个过程，也不需要对企业的成长负责，只需要做好本职工作就可以了。

（二）要求的技能差异

创业者通常身兼多职，既要有战略眼光，也要有具体的经营技能，从而要求其具备相当全面的知识和技能；就业者通常具备一项专业技能即可开展自己的工作。

（三）收益与风险差异

就业的主要投入是数年的教育成本，而创业除了教育成本外，还包括前期准备中投入的人力、物力和资金成本。一旦失败，就业者并不会丧失教育成本，但创业者会损失在创业前期投入的几乎一切成本；而一旦成功，就业者只能获得约定的工资、奖金及少量的利润，创业者则会获得大多数经营利润，其数额理论上没有上限。

（四）成功依赖因素的差异

就业很大程度上依靠企业实体，但创业更多的要考虑自身的经验、学识与财力，以及各种需求和各种资源占有等条件。

在人力资源管理中，有职业生涯规划的相关理论。该理论主要阐述的是，如果所选择的行业和工作，与个人性格、兴趣、特长相匹配的话，会比较容易获得成功。创业做老板也是一样，如果是如下的个性，而且也并不打算花大力量去改变它，那么就不适合自己创业做老板。

第一，想到自己要管理别人，就会感觉到紧张和胆怯；第二，喜欢保持现状和一切顺其自然；第三，总认为自己是个很稳重的人，对某种生意没有十分把握，绝对不去尝试；第四，除非事先有一个周密的计划，否则不会贸然行动；第五，热情来得快，去得也快，做事没恒心，常常凭自己的兴趣去工作。如果具有上述五种个性，基本上就不适合创业。但具有类似个性特征者也不必灰心，如果着手改变，一切都有希望。要知道展现创业的才能，有很多种形式，即使不能自己创办并带领一个企业，还可以通过与人合作，来弥补自己的弱项，同样也可以成为创业者。

创业技能 >>

技能训练一　创业选择的 SWOT 分析

利用 SWOT 分析方法，对自己进行 SWOT 分析，分析自己创业选择的优势与劣势，并给出相应的策略与应对办法。

技能训练二　创业者的神话

某些创业神话总是一再地得到人们的关注和青睐。但这里有一个问题：普遍规律虽然对某些特定类型的创业者和情况适用，但创始人的多样性却向普遍规律提出了挑战。

你相信下面这些"神话"吗？搜集一些创业者的案例，证明或否定这些神话！

神话 1——创业者无法塑造，而是天生的。

现实情况——即使创业者天生就具备了特定的才智、创造力和充沛的精力，这些品质本身也只不过是未被塑形的泥巴或未经涂抹的画布。创业者是通过多年积累的技术、技能、经历和关系网后才被塑造成功的，这当中包含着许多自我发展历程。

神话 2——任何人都能创建企业。

现实情况——创业者如果懂得识别真正的商机，思路开阔，他们创办企业成功的机会就比较大。即使运气在成功中很重要，充分的准备仍是必要条件。创办还只是最简单的一部分，更困难的是生存下来，持久经营，并把企业发展成最终可以使创办者喜获丰收的企业。

神话 3——创业者是赌博者。

现实情况——成功的创业者会预期风险，小心翼翼。在有选择的情况下，他们通过让别人一起分担风险、避免或最小化风险来左右成功优势的倾斜方向。他们常常把风险分割成可接受、可消化的小块。那时，他们才肯付出时间和资源，看哪部分的风险—收益划得来。他们不会故意承担更多的风险，不会承担不必要的风险，当风险不可避免时，也不会胆怯地退缩。

神话 4——创业者喜欢单枪匹马。

现实情况——想要完全拥有整个公司的所有权和控制权，只会限制企业的成长。单个创业者通常只能做到维持生计。想单枪匹马地发展一家高潜力的企业是极其困难的。高潜力的创业者会组建起自己的团队，自己的组织，然后是自己的公司。

神话 5——创业者是他们自己的老板，他们完全独立。

现实情况——创业者离完全独立相差很远，他们需要为很多人服务，其中包括合伙人、投资者、顾客、供应商、债权人、雇员、家庭以及其他社会和社区义务的相关方。但是，创业者可以自由选择是否、何时以及做些什么响应。

神话 6——创业者比大公司里的经理工作时间更长，工作更努力。

没有证据证明，所有创业都比公司里与他们地位相当的人工作得更多。有一些可能是工作的多一些，而有些则不是。事实上，一些研究报告说，他们工作得更少。

神话 7——创业者承受更多的压力，付出更多。

现实情况——做一个创业者是有压力的、是辛苦的，这一点毫无疑问。但是没有证据证明，创业者比其他的无数高要求的专业职位承受更大的压力，而且创业者对他们的工作往往非常满意。他们有很高的成就感，他们更健康，而且不太容易像那些为别人工作的人那样轻易退休。创业者中说自己"永远也不想退休"的人是公司经理的 3 倍。

神话 8——创立公司比较冒险，经常以失败告终。

现实情况——有才能、有经验的创业者，由于他们追逐的是有吸引力的商机，而且能够吸引到使企业顺利运作的合适人才、必要资金及其他资源，所以他们带领的往往是成功的企业。而且，即使企业失败了，也并不能说创业者失败了。失败常常是对创业者的学习经验和技能淬火的过程。

神话 9——钱是创立企业最重要的组成要素。

现实情况——如果创业者已经具备才能和其他资源，钱自然随之而来；但是如果有足够的钱，创业却不一定会成功。钱是新企业成功因素中最不重要的一项。钱对于创业者而言就像是颜料和画笔对于画家那样，他是没有生命的工具，只有被适当的手所掌握，才能创造奇迹。钱同样只是保持得分的一种方式，其本身并不是最终归宿。创业者因为乐于体验追求创业带来的兴奋而获得自身的成长和成功；事情总是这样，当一个创业者赚了几百万，甚至更多时，他还是会无止境地工作，憧憬着创建另一家公司。

神话 10——创业者必须年轻并且精力充沛。

现实情况——这些特征虽然会对成功有帮助，但年龄绝不是障碍。创立高潜力企业的创业者其平均年龄是 35 岁左右，六十几岁才开始创办企业的创业者也为数甚多。关键是要掌握相关的技术、经验、关系网，它们非常有助于识别和捕捉商机。

神话 11——万能的金钱是创业者唯一的驱动因素。

现实情况——追求高潜力企业的创业者更多是被创建企业、实现长期的资本收益所驱动，而不是为高额薪水、奖金这样立即可以获得的报酬。个人的成就感、对自己命运的把握、实现他们的期望和梦想也是强有力的动机。金钱只是保持得分的工具和方式。

神话 12——创业者追求权力，喜欢控制别人。

现实情况——成功创业者的驱动力量来自对责任、成就和结果的追求，而不是为了权力本身。他们因获得的成就和超越竞争对手而显得神采奕奕，而不是为了满足主宰和控制他人的个人权力欲。由于他们的成就，他们可能变得有权力、有影响力，但这些只是创业过程的副产品，而不是隐藏其后的驱动力。

神话 13——如果创业者是有能力的，只需 1～2 年，他们就会成功。

现实情况——风险投资家有一句古老的格言：柠檬只要两年半就成熟了，但珍珠需要 7～8 年才能孕育成功。几乎没有一家新企业可以在少于 3～4 年的时间里打牢基础。

创业实践 》》

参加创业者经验分享沙龙活动

根据学校情况，积极参加创业者经验分享的讲座、沙龙活动。在参加活动过程中，注意理解创业者对于企业创立与发展的有关感悟，还可以重点询问创业者你关心的问题，以获得直接的经验信息。

创业榜样 》》

宁帅豪：O2O 卖水果

如今，在 O2O（线上到线下）商业模式的席卷下，"手机、电脑下单，在家收货"成为越来越多市民购买水果的首选。北京财贸职业学院毕业的大学生宁帅豪也和同伴一起加入了"O2O 卖水果"的创业大军。他们创办的电商平台"果乐乐"，通过网站和微信公众号接受订单，每天的营业额最高超过千元。在激烈的市场竞争中，这群羽翼未丰的大学生创业者遇到了巨大的挑战。宁帅豪说，他们会尽全力坚持自己的梦想——把水果"卖"到纳斯达克。

追逐创业梦

宁帅豪从高中开始就"不务正业"。那时候某品牌的智能手机正在流行。不少中学生都渴望拥有一部手机，但又苦于囊中羞涩。宁帅豪瞅准商机，联系省城的大批发商，批量进货，以远低于当地销售商的价格把手机卖给自己的同学。赚到的一万多元，成为他人生的第一桶金。

上大学后，宁帅豪的能力得到了充分展现。大一时他创办了创业社团——大学生创业就业协会。三年间，协会从一个人发展到最多两百多人，还作为北京唯一的专科院校代表参加了北京高校创业型组织峰会。带领着协会里的同学，宁帅豪把商业实践发挥得淋漓尽致。愚人节，他们组织了假面舞会，出售门票、酒水；又用所得收入向学校的春季运动会赞助了 1000 瓶矿泉水，免费供同学饮用。此举令协会全校闻名。

起航创业早

2013 年初，微信公众号刚刚开始流行。宁帅豪注册了一个公众号，命名为"北小财"，开始提供校内外商家的打折促销信息。这个类似 O2O 的雏形，得到了同学的追捧，公众号粉丝人数突破了 1000 人，占到了当时宁帅豪所在分校区全校人数的六成以上。

这一年的暑假，宁帅豪和同学搬回了校本部。陌生的周围环境让他起初颇不适应，不知道哪里可以聚餐、购物。这时他突然意识到商机来临，"我不知道，同学也不知道，何不制作一个 APP 软件，打造一个吃喝玩乐的平台？"他很快找到了附近另一所大学软件专业的学生，寻求技术上的支持。

一番讨论下来，对方给宁帅豪泼了一盆冷水。做一个好的 APP 软件，前期投入的费用就得好几万，一旦定位不准，很容易血本无归。这时宁帅豪才意识到市面上那些五花八门的 APP 软件，其实都是靠风险投资在支撑。他暗下决心，也要找到风投。

宁帅豪给这个吃喝玩乐的平台做了详细的商业计划书，计划书将水果作为销售内容。他们的方案很快获得了投资人的青睐。一位投资人给予了 20 万元的风险投资，另一位投资人则答应提供网站、微信公众号销售的技术支持。

2014 年 7 月，宁帅豪和伙伴们创立了北京创锐时光信息科技有限公司，并入驻中关村创业大厦。公司旗下建立了生鲜电商平台"果乐乐"，该平台基于网站、微信公众号，为用户提供鲜果当天下单、当天送达服务。

艰辛创业路

"果乐乐"最先进入的高校是对外经济贸易大学。宁帅豪找到了靠近学生宿舍楼的水果店，和老板谈判后商定：学生下单付账，平台向水果店派单，水果店送货至宿舍楼下，学生收货，水果店获得货款和提成。

这一模式的好处是送货时间飞快，通常学生下单后一个小时内就能收到水果。但问题也很快出现，由于水果是由水果店采购，"果乐乐"无法控制其品质和价格，一些反映水果质量的投诉开始出现。宁帅豪和伙伴意识到这一问题后立即对营销模式进行了纠正，改为自营采购、自主送货。这样一来，虽然学生客户的收货时间从一个小时延长为"当天内"，但水果的品质大大提高。

为了保证水果有最低的价格、最优的品质，宁帅豪和伙伴跑遍了当地多家水果批发市场，一样样品尝，从西瓜到榴莲，从苹果到杨桃，从捂着嘴吃完了吐，到最后吃出了经验。在他们的努力下，"果乐乐"逐渐在高校站稳了脚跟。除了对外经贸大学，"果乐乐"还进入了中国农业大学、北京航空航天大学等高校，收到师生的普遍好评。生意最好时，平台每天收获超过 300 份订单，营业收入上千元。

"果乐乐"在高校的发展很快引来了竞争对手的关注。去年下半年，各路风险投资人纷纷选择进入高校水果、零副食销售领域，一些 APP 软件应运而生。与那些 APP 软件相比，"果乐乐"的资金实力完全不在一个档次，他们只有 20 万元的风投支持，对手的风投资金则是数百万甚至千万元。

价格战很快打响。之前宁帅豪和伙伴们通过精耕市场，少量进货快速销售，水果的平均价格能比水果店便宜 20% 到 30%，但是"果乐乐"的竞争对手直接打出了"买一斤送一斤"的招牌，竞争最激烈时甚至是"买一斤送两斤"。"这样的价格战我们实在耗不起。"宁帅豪说，去年下半年是他从高中有创业行动以来最艰难的一段时光，"每天晚上都睡不着，盘算着自己的资金还剩多少，还能撑多久。"

除了深陷"价格战"。宁帅豪还发现自己的"果乐乐"品牌在被一家大型果蔬物流企业使用。虽然宁帅豪之前已经申请了商标专利。但当他上门试图和这家企业的负责人进行沟通时，"财大气粗"的对方似乎并未把这个大学生创业团队放在眼里，宁帅豪甚至都没有见到具体负责的人。

执着创业心

为了节省成本，"果乐乐"在今年初关闭了校园送货点，改为专攻大型居民社区，送货方式也从上门送货改为小区自提。既保证了水果的新鲜，也减少了企业的物流成本。

如今，宁帅豪和创业伙伴们每天都会驾驶着一辆金杯面包车去批发市场进水果，然后根据互联网以及微信公众号上的订单情况进行送货。一有闲暇，他就会钻研市场行情的最新变化，及时判断调整销售思路。

目前，一大批百万元级别风投的水果销售项目都已经死了，但"果乐乐"还活着。宁帅豪坦言，现在明白了创业不是小打小闹，除了靠谱的项目之外，必须具备极其强大的抗压能力、永不放弃的精神，以及缜密的分析判断能力，加上良好的团队支持，和一些好的运气，才有可能不断向前发展。

在创业之初，宁帅豪的梦想是把水果"卖"到美国的纳斯达克股市。现在他仍然说自己不忘初心。即使是重新回到起点，从一家小水果店起步，自己也会全力坚持走下去。他说，无论创业的过程如何艰辛，无论项目最终能否走向纳斯达克，创业者永远都在痛中快乐前行。

创业资源 >>

大学生创业基础精品示范课程

视频课程：《大学生创业基础》精品示范课程：http://cyvideo.cydedu.com/v1/play−1−1.html

资源介绍：中创教育独家录制的精品示范课程，内容包括创业基本认知、创业团队组建与管理、创业机会识别与评估、创业资源整合、商业模式开发与评价、新企业开办与计划制订六部分。

第二章　创新与设计思维

可持续竞争的唯一优势来自于超越竞争对手的创新能力。

——美国管理顾问　詹姆斯·莫尔斯

创业新知 >>

爱因斯坦靠什么实现人生逆袭

"我们探测到了引力波。我们做到了。"2016 年 2 月 11 日，美国"激光干涉引力波天文台"（LIGO）执行主任戴维·赖茨在华盛顿举行的记者会上宣布。接下来，是长久的欢呼、掌声和泪水……科学家们欣喜若狂，"科学粉丝"手舞足蹈，各大网上科技论坛等一片沸腾。

爱因斯坦又对了：科学家发现引力波，人类终于听到"宇宙的声音"！这是在爱因斯坦提出引力波的预言百年之后，美国科学家宣布，人类首次直接探测到了引力波。

艾尔伯特·爱因斯坦是一个拥有奇思妙想，为物理学带来革命性发展，同时又擅长小提琴演奏的科学怪才，发明过冰箱，有希望担任以色列总统，大家也都知道他是通过一个又一个巧妙地思维实验最终得出那些惊人的理论。然而，爱因斯坦在孩童时期，学习进度非常慢，而且他学说话也很迟。爱因斯坦曾经高考失利，复读了一年。爱因斯坦的记忆力出了名的糟糕，他记不清人名、日期和电话号码。

研究表明，爱因斯坦取得的伟大成就，在很大程度上依赖于他独特的思维方式。总观其思维方式，大体表现出美学思维、直觉思维、辩证思维，以及逻辑简单性原则等四个特点。

一、美学思维是爱因斯坦科学发现的内在动力

爱因斯坦认为，科学的目的就是追求宇宙的和谐。这种美学思维方式体现了爱因斯坦的唯物主义自然观。他一方面承认科学内容具有客观性——美的规律，认为自然界存在于人的意识之外，同时，也强调人在其意识的支配下通过科学来发现和揭示大自然的奥秘和美的规律，并按美的规律改造自然，造福于人类。爱因斯坦从事的科学研究的目的也正在于此。

二、直觉思维是爱因斯坦科学发现的基本途径

直觉思维是直接领悟的思维，是人脑对于突然出现在面前的新事物、新现象、新问题及其关系的一种迅速识别，敏锐而深入的洞察，直接的本质理解和综合的整体判断。他提出了科学的发展主要是通过思维自由创造概念的途径实现的命题。1918 年，爱因斯坦在柏林物理学会举办和麦克斯·普朗克六十岁生日庆祝会上的发言中谈到，物理学家的最高使命是要得到那些普遍的基本定律，而"要通向这些定律，并没有逻辑的道路，只有通过那种以对经验的共鸣的理解为依据的直觉，才能得到这些定律。"

三、辩证思维是爱因斯坦科学发现的主要方法

爱因斯坦是具有辩证思想的科学家。没有辩证思维，就不会有相对论和量子论的科学发现。狭义相对论关于时间和空间的观点，广义相对论中关于时空与场的观点，量子论中关于能量与质量的观点，都体现了爱因斯坦的辩证思维方式。

四、逻辑简单性原则是爱因斯坦科学发现的理论依据

爱因斯坦对逻辑简单性原则曾作过科学解释。他认为，所谓的逻辑简单性，并不是指学生在领会这种体系时困难最少，而是指这个体系所包含的彼此独立的公理、假设或概念最少。

可以说，爱因斯坦主要靠创造性思维，成功实现了人生的逆袭！创造性思维是一种积极的心态，凡成大事者都有超出常人的创造性思维。在残酷的竞争面前，创造性思维会给当事人带来生机和活力。我们必须要保持一种创新思维，用新思维突破常规观念，超越自己的过去，才能立于不败之地。

创业基础 »

一、创新就是打破思维的禁锢

有这样一道测试题：一位公安局长在茶馆里与一位老头下棋。正下到难分难解之时，跑来了一位小孩，小孩着急地对公安局长说："你爸爸和我爸爸吵起来了。"老头问："这孩子是你的什么人？"公安局长答道："是我的儿子。"

请问：这两个吵架的人与公安局长是什么关系？

据说有人曾将这题对 100 人进行了测验，结果只有两人答对。你是不是已经从婚姻、抚养和血缘等角度开始推测他们之间的关系，感觉是不是很复杂？

其实答案很简单：公安局长是女的，吵架的一个是她的丈夫即小孩的爸爸，另一个是她的爸爸即小孩的外公。为什么我们刚才把他们之间的关系想得很复杂呢？因为"公安局长""茶馆""与老头下棋"这些描述，使我们从以往的经验判断出发，为公安局长预先设定了一个男性身份，这样就把简单的问题想得复杂了。这种预先设定的心理状态和惯性的思维活动就是思维定式。人们根据以往的知识和经验积累，逐渐形成一种判断事物的思维习惯和固定倾向，从而形成"思维定式"。

其次，"创新思维"这个叛逆的小孩，天生就不服"思维定式"妈妈的管教，时刻想挣脱她的束缚远走高飞，因而"创新思维"和"思维定式"又是一对生死冤家和宿敌。创新思维需要打破常规，而思维定式是一种固定的思维模式和思考习惯，常常对形成创新思维产生消极的作用。

思维定式可能都是在过去某一阶段的经验总结，是经过成功的经验或失败的教训验证的"正确思维"。但是当事物的内外环境变化时，仍然固守"正确的"定式思维却行不通了，甚至要吃大亏。

可见，不突破思维定式，就只能被原有的框架所束缚，就不可能激发出创新思维和取得新的成功。

怎样才能克服习惯性思维对创新的影响呢？主要方法有如下四种：

（一）排除"以往经验"的束缚

人们在日常的生活、学习和工作中，随着时间的推移会积累很多经验。凭借这些过去的经验，就可以轻松地解决一些问题。凭经验办事已成了人们处理问题时的一个习惯。这个习惯对从事创造活动的人来说是不利的。因为这个习惯使人的大脑一遇到以往经历过的事情，就会处于一种"有经验可循，不必多思"的僵化状态，使人在问题面前思路闭塞、束手无策、难得其解。

例如水的表面张力能浮起一根缝衣针这个实验，如果思路被经验束缚住就很难成功。经验告诉我们，做实验时应尽可能地把针轻轻地放在水面上。但是想方设法借助各种工具来操作时，稍不留心，针还是沉下去了。然而，思路若能摆脱经验的束缚，想到先把水冻成冰，把针放在冰上，再让冰慢慢地融化，这样问题就很容易解决了，这个例子说明以往的经验有时会阻碍解决问题的思路。

问题不仅如此，凭以往的经验办事，有时甚至会导致错误的产生。因为有些经验在某种情况下，实际成了一种假象，它在我们的心理上形成了一个"盲点"，使我们对事物产生错误判断。例如，由于发现青霉素而获得 1945 年诺贝尔医学奖的英国细菌学家弗莱明，他之所以成功就是因为研究事物能摆脱经验的束缚，把熟悉的事物有意识地看作是陌生的，并不轻易放过它。他在 1928 年研究各种葡萄球菌变种时，在实验桌上留置了一些培养皿，以备不时检查，由于时时打开盖子，培养液不免被空气中的微生物所污染。一天，他突然发现在培养皿边沿生长了一堆奇特的霉菌，在这堆霉菌的周围，葡萄球菌不仅不能生长，而且离它较远的葡萄球菌也被溶解了。对于这一很容易凭经验被认为是污染引起的一般现象，弗莱明却给以应有的重视。他摆脱了经验的束缚，认为它可能是不同于一般污染的特殊现象，继而深入细致地研究，结果发现了青霉素，为人类做出了伟大贡献。然而，早在弗莱明以前，日本科学家古在由直在实验室里也同样观察到了葡萄球菌被污染的霉菌所吞噬的现象。可是他却凭经验看成是一种普遍熟悉的污染现象，放弃了进一步的深入研究。这一念之差，得与失却是科学界最高的成果奖赏——诺贝尔奖。通过这个例子说明了一个道理：经验丰富固然很好，但是动用经验来解决问题必须与时间、条件、地点等具体情况相结合，若不加思索，想当然地凭经验生搬硬套，就势必会犯错误，这样一来经验反而成了解决问题的绊脚石。因此，我们在解决问题时要多利用"以往的经验"，但是，在思考问题时切不可被"以往的经验"束缚住头脑。

（二）不要受学术权威"结论"的束缚

我们在研究工作中，如果发现其中某一个问题已有专家的定论，往往就会终止探讨，而以专家的结论为准。然而，这样做是不严格和不科学的，有时会使整个研究工作走入歧途。因为，专家的有些结论，不一定正确。这时，我们应该针对问题深入研究下去，得出自己的研究结果，然后再跟专家的定论相比较。如果我们的研究结果与专家的定论有出入或者相悖之处，这时切不可盲目迷信权威，而放弃自己的研究成果。正确的做法应该是严格地、仔细地检查自己的研究过程，看是否有哪个环节或步骤出现了错误。如果没发现错误，重复研究考证仍然与自己的结论相一致时，就绝不能被专家的"结论"束缚住，而必须树立勇气，敢碰权威。在这方面著名的意大利科学家伽利略就是人们学习的榜样。科学界的"教皇"亚里士多德认为：落体的速度和它的重量成正比。年轻的数学家伽利略却怀疑它的科学性。他经过反复实验，确信亚里士多德弄错了。于是在比萨斜塔的顶上做实验，向亚里士多德的学说提出挑战，结果证明亚里士多德的理论是错的。要作为一个具有创造性能力的人才，就要像伽利略那样敢想、敢干、敢说，思维不受学术权威的"结论"的束缚。对待权威的态度应该是尊重，而不是迷信。

（三）用"搁置法"摆脱习惯性思维的束缚

这主要是对于已经形成习惯性思维的人而言的。一些有经验的科学家，在写完了他们的论文以后，往往把它搁置起来"忘掉它"，过了一段时间以后再来读它，把自己设想成一个带有怀疑眼光的、挑剔的读者，这样往往就能发现从前没有发现的新问题。习惯性思维的形成和影响都是具有时间性的，人们通过实验证明：习惯性思维的痕迹就像记忆的痕迹一样，时间久了也会淡薄和消失。人们往往以为成功在于不倦地思考、在于最后坚持一下。事实上，从思维定式的角度来说，把问题放一放有好处，有利于消除习惯性思维痕迹的影响，有利于得到新的思路、新的方法。

（四）依靠别人帮助摆脱习惯性思维的影响

现在的成才的活动，越来越趋向于互相合作，一方面是由于知识激增，每个人的知识都有些方面不足，合作可互相补充。更重要的一方面是，合作可以互相帮助，克服各自的习惯性思维的影响。科学研究扎根于讨论。为什么呢？根源也在于讨论可以打破习惯性思维，了解他人的思路会给你带来启发和灵感。讨论不仅可以找同行，而且可以找一些聪明的外行，向他们讲述自己的工作及碰到的问题。和一窍不通的外行们进行讨论，看起来好笑，其实不妨试一试。采用琼脂作固体培养皿，就是柯赫的同事赫西的妻子建议的。为什么可以和聪明的外行人讨论呢？因为外行人的思维方式和思路跟你是肯定不同的，思路差异越大，越有助于克服习惯性思维，可以帮助你在认为没问题的地方发现问题。现在如果外行人提出问题和建议，就可以打破你的习惯性思维，找到解决问题的新方法，或者看到两个或两个以上的现象或设想之间的新联系。

萧伯纳说过："倘若你有一个苹果，我也有一个苹果，而我们彼此交换这个苹果，那么，你和我仍然是各有一个苹果。但是，倘若你有一种思想，我也有一种思想，而我们彼此交流这种思想，那么，我们每个人将各有两种思想。"把这句话引申下去，由于打破了习惯性思维的影响，我们还会因为对方思想的启发而产生新的第三种思想，这些新思想对于解决问题，做出新发现是极为有利的，这样的好事，我们何乐而不为呢？

二、创新才能更好地创业

德鲁克认为，企业家精神中最重要的就是创新。他认为，创业者不仅仅单纯指在经济活动中从事创新活动的人，无论他是做什么的，无论他是工人、农民、政府高官或者就仅仅是学生，只要他在创新，那么我们都可以称之为创业者。这种对于创业者的理解虽然有些夸大，但是这正是德鲁克在强调创新的意义。

纵观当代企业，唯有不断创新，才能在竞争中处于主动，立于不败之地。创新是带有氧气的新鲜血液，是企业的生命。在全球经济一体化、信息化、网络化大的趋势下，科学技术日新月异，人类知识总量5年就将翻一番，经济生活瞬息万变，每一个企业和每一个企业家，都应当学会用世界的眼光从高处和远处审视自己，衡量自身，随时发现自己的弱点和缺点，通过改革和开放，迅速成长，以求赶上和超越。否则，随时都有被淘汰的可能。

（一）企业的技术创新

技术创新是企业创新活动的核心内容，它为组织的实施和过程管理提供必要的支撑和保障，越来越多的公司认识到其重要性。世界上大的跨国企业每年的研发投入都高达数十亿美元，主要用于支持自己的强大研发机构和团队的创新实践，使企业保持旺盛的创新活力，在国际市场竞争中成为赢家。近些年来，我国的华为、海尔、联想等公司也加大了研发投入。更令人惊奇的是中小企业也锐意技术创新，在市场竞争中获取高效益回报。技术上的创新在产品的生产方法和工艺的提高过程中起着举足轻重的作用。一方面技术创新提高物质生产要素的利用率，减少投入；另一方面又通过引入先进设备和工艺，从而降低成本。在企业的竞争中，成本和产品的差异化一直都是核心因素，技术的创新可以降低产品的成本，同样，一种新的生产方式也会为企业的产品差异提供帮助，如果企业能够充分利用其创新的能力，就一定能在市场中击败对手，占据优势地位。当然技术创新本身具有高投入、高风险性，因此在技术创新的过程中，必须通过建立良好的市场环境和政策条件，才能充分激发企业创新的内在动力，为企业创造最大价值。

技术创新也逐渐成为企业一项极其重要的无形资产，而企业作为利益分配主体，就意味着在照章纳税后，企业有权对技术创新收入进行自主分配。这样企业不仅可以有效补偿技术创新投入，而且还可以有效地激励研究与开发人员，尤其是对技术创新有突出贡献的人员实行特殊的报酬机制。再者，企业可以根据有效的经济原则，组建有效的研究和开发组织，按要素、贡献分配报酬，激励研究与开发的有效增长。

（二）企业的管理创新

管理创新是企业为了更有效地运用资源以实现目标而进行的创新活动。管理创新就是要引入新的管理思想、方法、手段、组织方式而实现的创新。美国管理学家哈梅尔（Hamel）将管理创新定义为：对传统管理原则、流程和实践的明显背离或对常规组织形式的背离。管理创新就是指以价值增加为目标，以战略为导向，以各创新要素（如技术、组织、市场、战略、管理、文化、制度等）的协同创新为手段，以培育和增强核心能力、提高核心竞争力为中心，通过有效的创新管理机制、方法和工具，力求做到人人创新、事事创新、时时创新、处处创新的创新活动或过程。管理上的创新可以提高企业的经济效益，降低交易成本，可以开拓市场，从而形成企业独特的品牌优势。

（三）企业的制度创新

企业制度创新是企业创新系统中的重要组成部分，是指一种更有效的约束本企业职员行为的一系列规则的产生过程，为企业技术创新的组织实施和过程管理提供支撑和保障。它通过激发企业职员的积极性和创造性，促进企业资源的合理配置利用，从而推动企业进步。企业之间的制度及相关知识基础的差异，使得企业很不容易模仿。

兰斯·戴维斯（Lance Davis，1971）和道格拉斯·C.诺思（Douglass.C.North，1989）认为制度创新的全过程包括五个主要的阶段，即形成"初级行动集团"阶段。"初级行动集团"提出制度创新方案的阶段、"初级行动集团"对已提出的各种创新方案进行比较和选择的阶段、形成"次级行动集团"阶段。"初级行动集团"和"次级行动集团"协作实施制度创新并将其变为现实的阶段，并认为这个过程是动态变化和发展的过程。同时，制度创新存在时滞效应，具体表现在以下几个方面：一是认识与组织的时滞，即从认识外部利润到组织初次行动团体所需要的时间；二是发明的时滞；三是"菜单选择"时滞，即搜寻已知的、可替换的菜单和从中选定一个能满足初级行动团体利润最大化的创新的时间；四是启动时间时滞，即可选择的最佳创新和开始旨在获取外部利润的实际经营之间存在的时滞。

（四）企业的营销创新

营销创新是企业提升顾客价值、获得并维持竞争优势的有效途径。

营销创新是一个非常艰苦的活动过程，需要经营者有强烈的创新意识和坚韧不拔的创新精神以及系统的创新理论的指导。从目前我国企业营销实践看，受市场对接环境的影响，许多企业已具备了紧迫的创新意识，但其中大部分企业却不知从何做起、如何努力。笔者认为，我国企业在创新过程中可选择的创新策略很多，宜结合自身特点以及市场环境等多种因素灵活运用。通常，可供选择的创新策略主要有：观念创新、市场创新、产品创新、服务创新和组织创新等。

所谓观念创新就是企业适应新的营销环境的客观变化而形成正确的认识或看法。由于它是企业开展营销活动的指导思想，或者说它支配着企业市场营销活动，所以，它是企业营销创新的灵魂。营销创新最终目的是通过更好地满足消费者需求获得更大的市场份额和更多的经济效益，可以说，营销创新有较强的目的性。正因为如此，消费者需求（即市场）的变化为企业营销创新指明了方向。

市场创新除了选择企业有能力进入并获得收益的目标市场这一内容以外，还包括新市场的进占与拓展等内容，因为新市场能给企业带来创新收益。

一个企业是否具有生命力，其重要的标志就是它的产品是否能够不断创新。不断地满足消费者不断变化的需求是企业营销创新的直接目的，为此，企业产品需不断创新，产品创新是营销创新的核心内容。

面对营销形势的新变化，企业必须着手建立战略联盟、调整营销机构、开展网络营销、强化营销沟通，实现营销组织的不断创新。因此，调整企业组织结构，消除部门之间的隔膜，提高营销效率和创新效率，相关职能部门共同致力于市场需求的满足就显得尤为必要。特别是，营销部门必须与研究开发等部门密切配合，及时沟通信息，这是在市场竞争日趋激烈的环境下企业制胜的关键。

（五）企业的文化创新

企业文化创新是指为了使企业的发展与环境相匹配，根据本身的性质和特点形成体现企业共同价值观的企业文化，并不断创新和发展的活动过程。企业文化创新的实质在于企业文化建设中突破与企业经营管理实际脱节的僵化的文化理念和观点的束缚，实现向贯穿于全部创新过程的新型经营管理方式的转变。面对日益深化、日益激烈的国内外市场竞争环境，越来越多的企业不仅从思想上认识到创新是企业文化建设的灵魂，是不断提高企业竞争力的关键，而且逐步深入地把创新贯彻到企业文化建设的各个层面，落实到企业经营管理的实践中。

企业文化是企业制度和企业经营战略的要求在员工价值理念上的反映，反过来，企业文化也会对企业制度的安排以及企业经营战略的选择有一种反作用，因为人的价值理念支配人的选择及行为。正是因为如此，所以企业文化的创新，必然会带来员工价值理念的创新，而这种价值理念的创新，会推动企业制度和经营战略的创新。由此可见，企业文化在企业制度和经营战略的创新上，是具有非常重要的意义的。

对企业来说，创新既是机遇，也是挑战。企业应该在国家政策的引导下，从企业的实际出发，进行大胆创新，把握创新的主动权，把握市场机会和技术机会，做出适合本企业的创新决策，不断提高创新水平，真正成为技术创新的主体，从而走上一条适合企业自身发展的创新之路，使企业始终保持旺盛的生机，不断取得新的发展。

【案例】

将创新进行到底的大学生

刘哲在创业之初，之所以将公司命名为"魂世界"，是因为其在上大学期间曾经开发过一款同名的桌面游戏。也正是从那个时候，毕业于清华大学建筑系的刘哲坚定了自己投身游戏之路的决心。彼时，刘哲不仅兼修了数字娱乐设计的双学位，还创建了一个小型的独立游戏工作室。这为其后来正式担当游戏制作人打下了坚实的基础。

毕业之后，刘哲曾先后任职于游卡和 Zynga，分别设计桌游和手游。然而，很多创新理念由于受限于公司体制而不能完全实现，于是刘哲萌生了自主创业的念头。2012年 6 月，在拿到了第一轮的天使投资后，魂世界信息技术有限公司正式成立了。从成立公司的第一天起，刘哲就坚定不移地将"创新"确立为公司最为核心的企业文化。

自立门户无疑为"创新"增添了更广阔的施展空间，然而创业之路的艰辛也是不言自明的。魂世界的前三款产品涵盖战旗、卡牌、策略等多种类型，在游戏玩法上力求突破并且得到了一定认可，但其市场表现却不尽如人意。随之而来的是维持公司生存的资金压力与日俱增，然而刘哲对于当时的处境却始终保持着乐观的态度。事实证明，这种乐观并不是盲目乐观，而是基于对创新品质的绝对自信。在充分总结了前三款产品的经验教训后，魂世界开发出了第四款集大成之作《天降》。这款产品也正如刘哲所期待的一样收获了成功，最终在海外和国内都卖出了大价钱。这款"从天而降"的及时雨不仅缓解了公司的生存压力，对于公司未来的发展更是具有里程碑意义。按照刘哲本人的定义，正是由于《天降》的启示，公司从凭借个人兴趣进行玩法设计的第一阶段过渡到了针对付费模型进行产品研究的第二阶段。

为什么要经历这种转变？刘哲对此的回答仍然回归到了"创新"这个原点。游戏行业始终强调创新，呼唤创新，但为什么真正能做到让人眼前一亮的创新产品却越来越少？实际上，尝试创新的开发者大有人在，然而很多产品最终没能得到市场和资本的认可，沦为了倒在创新之路上的尸体。这种不具有可持续性的创新显得并无价值，只有那些"叫好又叫座"的产品才能引起业内的重视，才能真正体现创新的价值。而这正是刘哲长久以来的愿望——努力地让创新可以成功。

想要实现这一点，就必须合理地利用"商业化"这个武器将"创新"有效地保护起来。这也正是魂世界要转攻付费模型研究的原因所在。事实证明，这种转型是必要且正确的。继《天降》之后，魂世界所开发的第五款产品《萌面星球》同样表现不俗。该作在台湾地区上线仅两周，就取得了远超预期的成绩。这款消除类的休闲游戏首创了技能系统，并结合养成和收集等要素进行了巧妙的付费点设计，堪称魂世界迈入第二阶段后的一次突破性尝试。

伴随着成熟产品的不断涌现，刘哲对于自己的创新方法论，也愈加拥有了绝对的自信。在保证每一款立项产品都能"叫好"的前提下，如何同时实现"叫座"，成了公司如今面临的最大课题。为了解决这个课题，在进入 2015 年后，魂世界在两个方面采取了新的举措。

第一点是尝试用新思路改造重度付费模型，公司目前正在开发的一款 SLG 游戏正是按照这个思路进行打造。刘哲将其定义为一种品类创新，旨在颠覆玩家对于策略游戏，对于重度游戏的传统理念。该游戏目前刚刚做出第一版测试版本。刘哲计划再用 3 个月左右的时间进行细节优化和反复调试。

第二点是成立一个专门的小组去做苹果推荐。近几年，用户成本成指数级上升，相比于安卓渠道，iOS 的生态环境更好。在这个更为公平的平台，存在着潜在的降低推广成本的可能。苹果向来青睐具备创新元素的新产品，而这一点恰恰是魂世界所擅长的。目前，公司已经递交了自研的多款产品，均获得了苹果方面的积极反馈。在未来，魂世界还将致力于发行业务，力争帮助更多的国内优秀产品获得苹果推荐。

就在前不久，魂世界刚刚度过了自己的3周岁生日，而且公司也完成了新一轮的融资，拥有足够的资源储备来迎接未来更为激烈的竞争。3年来尝尽酸甜苦辣的刘哲如今看着自己的孩子羽翼渐丰步入正轨，难免感慨良多。在一封名为《我们为何而来》的内部邮件中，刘哲向全体员工表达了自己的长远愿景。他希望魂世界能成为业内的下一个Valve，不仅能做出优质的游戏，而且能做出可以改变整个行业的事情。

三、提升创新能力的五个途径

（一）注重创新个性

人没有个性，就没有创造性，就没有发展。个性，是指人的个性在后天活动中逐步形成的习惯和行为方式，它包括一个人的处事原则、对事物的态度和活动方式三个基本要素。创新个性就是在对待事物的态度方面，能具备从事创新活动所必需的、正常的、健全的心理。创新人才应具备以下个性心理品质：（1）有高度的自主性和独立性，不肯雷同；（2）富于幻想，敢于大胆假设，勇于冒险，善于抓住机遇不放；（3）思维灵活、敏捷；（4）有旺盛的求知欲和强烈的好奇心，兴趣广泛；（5）具有坚韧不拔的毅力和科学的探索精神等。

要做到以上五点，大学生可以从以下方面努力：

一要树立远大理想和抱负，提高创新欲望。大学生要胸怀远大理想，要有立志为国家、社会做贡献的创新渴望。创新欲望越强烈，越利于激发创新激情与创新意识，活跃创新。

二要坚信自己具有创新能力。培养提高创新能力的首要心理条件，就是充分坚信自己具有创新潜能。坚定的创造信心，有利于增强锐意进取、百折不挠的意志，促进创新思维和创新想象的活动。

三要培养探索问题的敏感性。大学生要培养自己对新生事物的好奇心和观察问题的敏锐性，逢事多问几个"为什么"，不要对什么事都习以为常，安于现状。要能及时发现和抓住新生事物的苗头，把握创新机会。

四要善于开动脑筋，保持思维的独立性，养成独立思考问题、解决问题的习惯。一个缺乏独立思考能力，习惯于附和多数，人云亦云的人，是很难有创新意识和创新作为的。爱因斯坦曾指出："发展独立思考和独立判断能力，应当始终放在首位，而不应当把获得专业知识放在首位。"可以说，没有独立思考，就没有爱因斯坦的"相对论"，没有独立思考和对"地心说"的批判，就没有哥白尼的"日心说"。

五要保持良好的竞争心态，积极参与竞争，在竞争中进行自我激励。

（二）消除主观障碍

影响大学生创新思维发展的障碍包括：受传统观念的束缚、不加批判的学习和固执己见等。这些都是大学生需要克服和消除的。

传统的理论、观点和方法，往往束缚人们思想，如果大学生在思考问题时，总是过于轻信教科书和迷信学术权威的观点，不敢超越前人半步，常纳入别人的思维轨道，就会阻碍自己创造性思维。大学生在学习探索活动中，要突破传统观念的束缚，敢于对传统学术观点大胆提出质疑。

任何创新都是在继承基础上进行的，广博的知识基础能促进人的创新思维活动。但是，如果大学生在学习过程中，只继承不批判，机械地照搬别人的知识，就不利于创造性思维的发展。因此，大学生应保持思维的批判性，在学习前人的知识时做到批判地汲取。批判就是否定，而否定就意味着创新活动的开始。

固执己见、偏见和过于依赖、谨慎、谦虚、病态的安全感等不健康心理，都会阻碍大学生创造性思维的发展，应加以克服。

（三）优化知识结构

知识是人类进行观察、思考和想象的基础。没有丰富的知识支持，就不可能有丰富的想象力，而想象力在创新能力的内在形成机制中起着十分重要的作用。虽然知识的多少和创新能力并不成正比关系，但有着内在的关联，必要的知识储备是创新活动的重要前提。因为任何创新都是对旧的水平、理论、方法、规范的突破，如果一个人对前人的知识、技能不能很好地继承，达到融会贯通，就很难有所"突破"，提出自己新的思想、观点和方法。著名的生理学家巴甫洛夫曾对青年们说："你们要在攀登科学顶峰之前，务必把科学的初步知识研究透彻。"因此，大学生就应注重知识结构的建构与优化，应做到：

首先，努力学习和掌握渊博的基础理论知识，力求融会贯通、化知为智。

其次，努力拓宽知识面的同时，强化知识的系统性和整体效应。大学生除了要学好专业知识，还应对社会、经济、政治、人文、管理等方面的知识有所了解，掌握与专业相关的学科知识和技术要领，并注重各学科知识间的交叉、渗透与综合。

再次，不断进行大容量的新知识储备。大学生要注重对最新理论、最新技术和最新信息的了解，不断探求新的知识，努力掌握社会、文化、科技发展的最新动向。

（四）掌握创新方法

学习和掌握一些科学的创新理论和方法，是培养提高大学生创新能力的关键途径。科学的创新理论和方法是科学家们在长期的科学创造实践中探索总结出来的，对大学生创新能力的培养提高具有很强的指导意义。对大学生来说，一要掌握辩证唯物主义世界观和方法论，遵循辩证唯物主义的认识路线，用正确的认识论指导自己的实践，避免在创新活动中走弯路、误入歧途，否则，真理可能从自己的鼻子底下逃走；二要学习有关创造学原理，掌握创新活动的内在机制、基本过程和内容，学会如何进行创新，同时还应掌握从事学科研究的一般方法、技能和规律，以提高科研能力；三要学会用创新思维方法，如求异思考、求同思考、反向思考、联想思考、类比思考等创新思维方法；四要掌握创新技法，如移植创新法、逆向创新法、外向创新法和极端化创新法等一些科学的创新技法。

（五）参加创新实践

社会实践是人类能动地改造自然和社会的活动，人类的实践活动具有能动性、客观性和创造性等特点。可以说，一切创新的内容都来源于社会生活，来源于社会需求。在校大学生应充分认识社会实践对创新活动的重要性，多途径参加社会实践活动，如积极参加社会调查活动、社会实习活动、课外兴趣小组活动，以及亲自参与科研课题的研究工作等。大学生通过参加社会调查活动，有助于了解和掌握现实生活中出现的新问题、新情况和新需求；通过社会实习，有助于发现现有的理论、观点和研究方法在现实条件下遇到的新挑战，为寻找"创新点"，确立"创新选题"创造条件；通过亲自参加科研课题的研究，有助于大学生对学过的知识进行综合与深化，在科研中提升知识。

另外，在实践方法上，一方面要坚持实践内容和形式的多样性，以实现多侧面、多领域锻炼；另一方面要强调实践的创新性，提高实践的层次，每一次实践不能只简单地重复过去，只有在内容和形式上都比过去有所发展、有所突破，才能有所创新。同时，大学生还应注意提高对每次实践活动的利用率，注重在群体实践活动中相互学习、取长补短，提高自己。

【案例】

王健林的"首富成功学"：创新、胆子大、敢闯敢试

"哈佛耶鲁不如敢闯敢干""清华北大不如胆子大"，从哈佛大学的演讲台到中欧国际工商学院的演讲台，王健林一再重复这样的句子。

最新的2014年华人富豪榜显示，他仍是大陆首富。"王健林成功学"里，"创新，胆子大，敢闯敢试"排名第一，这是他的人生信条和价值观中最重要的一部分。

26年前，34岁的大连市西岗区人民政府办公室主任王健林接手了万达集团的前身——大连市西岗区住宅开发公司，这份闯劲为今天的万达商业帝国拉开了序幕。

他说自己不唯上、不唯书、不唯外国，怎么敢想就怎么敢做，"这是最重要的，没有这一点可能什么事都不行"。

光有胆量还不够，还要有坚持精神。王健林说，所有的创新都面临失败，都会有完善的过程，很多人经过一次或者几次失败就放弃了，只有执着地坚持最终才能成功。

在王健林看来，中国现在缺生产资料等很多要素，但最缺的是企业家。而对于中国大学生的创业率，他显得忧心忡忡："不到1%，是世界平均水平的十几分之一。而美国大学生有30%多，全世界平均百分之十几。这么低的创业率怎么可能出企业家？怎么可能成就梦想？"

王健林想告诉现在的年轻人，光有梦想不够，还要勇敢地迈出创业的第一步，正如他经常提到的一句话，"清华北大不如胆子大""你如果去试了，也许一半成功一半失败，但不试成功的机会是零"。

四、设计思维

设计思维作为一种思维的方式，被普遍认为具有综合处理能力的性质，能够理解问题产生的背景、能够催生洞察力及解决方法，并能够理性地分析和找出最合适的解决方案。在当代设计和工程技术当中，以及商业活动和管理学等方面，设计思维已成为流行词汇的一部分，它还可以更广泛地应用于描述某种独特的"在行动中进行创意思考"的方式，在21世纪的教育及训导领域中有着越来越大的影响。在这方面，它类似于系统思维，因其独特的理解和解决问题的方式而得到命名。

（一）设计思维的内涵

1. **设计思维是人的知能结构的重要组成部分，它倡导通过与现实问题的联结来促进人们完善知能结构。**

一方面，教师传授给学习者的东西就像一个工具箱。在日常生活中，学习者要想使用这个工具箱来解决现实问题，就需要懂得工具箱中每个工具的使用说明，并知道什么时候使用什么工具，这时就需要对学习者进行知识与技能的训练。另一方面，在我们惯常的教学行为中，人们也会以现实问题来帮助学习者理解所学内容。但这里强调的现实问题往往是一个充满各种复杂性的问题，它需要学习者综合运用已有的知识与技能，并围绕特定的问题情境不断建构新的知识与技能。

2. **设计思维是由设计与思维构成的双螺旋结构，注重设计与思维的相依关系。**

虽然我们日常的教学也会组织学习者进行设计和思维训练，但这些过程大都是相对独立的，而设计思维更加强调通过对思维的不断激发来促进灵感的生成，从而支持设计的创新，还强调对设计自身的不断颠覆与重构以促进思维的发展，以及强调设计和思维的相互依存和彼此促进。

3. **设计思维是生成性的，可以通过问题的解决过程得到不断强化。**

与一般的学习活动相似，设计思维也离不开特定的问题情境，并在问题的具体解决过程中才能够得到体现。设计思维更加强调从发现问题到构思问题的解决方案，直到形成最终的问题解决方案。具体而言，设计思维更加强调设计者如何对问题进行系统分析，如何综合使用自己的已有知能，以及如何在权衡与对比中达成对问题设计思维的概念内涵与培养策略的最佳解决路径，进而丰富和完善自身的设计思维层次。同时，这个生成性的过程通过多种多样的形式（如视觉语言的表达）可以被记录下来，同样设计者的思维变化轨迹也可以通过这些过程记录被观察到。

4. **设计思维是创造性的，可以通过设计者的设计制品等进行度量。**

设计思维的最终结果往往通过设计者创建的设计制品来体现。这种制品区别于学习者的一般性作业的标志在于其具有清晰的问题解决思路和方案，而且强调设计制品应建立在满足人的基本需求的基础之上，并能从应用转化的角度来考察制品的质量。

综上分析，我们认为设计思维是指人们在遭遇复杂的现实问题时，能够综合运用自己的已有知能，通过设计与思维双螺旋结构的相互依赖与促进，不断生成新的问题解决策略，进而创造性地形成解决问题的思路与方案。

（二）设计思维的培养方法

1. 设计思维培养依赖特定的知能和现实问题而存在

设计思维既不是学习的中心，也不是学习者某种单一的能力，它和知识与技能一样，都是用于帮助学习者呈现个人能力的基础力量，并通过学习者处理外部世界各种复杂事件时表现出来的行为所体现。培养学习者的设计思维，就是要帮助学习者学会理解概念，并通过对概念之间关系的自我建构，形成逻辑自洽的学习制品。

2. 设计思维培养在对象、过程和结果方面的判断依据

国外的实践者更加注重在教育实践中如何借助设计思维培养学习者的元认知意识和创新等高阶思维能力。国内对设计思维的研究则更多集中在设计教学领域，且偏重于对设计思维重要性的关注，在具体培养策略方面相对欠缺。在实践领域，我们常常看到教师组织各种类型的思维活动，引导学习者组成学习小组，通过一系列探索过程逐步形成一些结论，并将其呈现出来。这些活动在一定程度上改变了师生之间的关系，促进了学习者主体学习意识的养成。但是，人类在生产与生活实践中无时无刻不在经历思维活动，我们的学校教育不能仅仅是引导人们从事简单的思维活动，而是要建立高级思维活动，以不断丰富和改进人类的生活。因此，培养学习者的设计思维，需要从多个方面展开，并以此作为建立设计思维的判断依据：

（1）从设计目的的对象看，是否指向现实世界的实际需求

许多教育实践者可能认为自己的教学活动已经十分关注思维了。在日常教学中，教师会抛出各种各样的问题，要求他们学会分析和解决问题，这虽然满足了一般思维能力的培养要求，但这种思维是否让学习者产生了某种变化，并借助于这种变化改善了他们的学习行为呢？另一种常见的现象是，教师会组织学习者完成一些面向生活的学习任务，但这种任务又常常独立于学科体系或课程标准之外，成为学校教学过程中的装饰品。强化培养设计思维的关键在于，帮助学习者积累解决复杂书本问题的能力，促进学习者应对解决真实世界中复杂问题的能力。

书本知识源自相关学科的课程标准，而标准本身亦来源于人们对真实世界的认识，就此意义而言，书本知识的习得可以为学习者解决复杂真实的问题奠定基础。但是，书本知识作为抽象的知识体系，唯有融入真实世界，才有利于学习者建立两者之间的关联，即既能通过书本知识理解外部世界，亦能通过外部世界了解书本知识的局限性，进而提升人们认识世界的能力。

（2）从设计思维的过程看，是否将概念关系与设计过程相结合来促进创新

学科知识体系的建立，旨在帮助学习者借助前人的经验来认识世界，以期减少学习过程中的低效与重复性投入。但是，如果在学科知识的学习过程中，仅仅满足于帮助学习者识记或者简单应用这些知识体系，却不能促进学习者进一步思考其中的逻辑，以及引导学习者通过不断思维以建立新的认知，学习必然会止步于人类对世界的已有认识。思维不是简单的想想而已，更不是天马行空，它需要建立在学习者深度思考的基础之上。深度思考可以有不同的表征方式，既可以是学习者对于知识与技能等关系结构的自我构造，也可以

是学习者运用所学知识与技能等解决新的复杂问题的策略等。

对于一个完整的学习过程而言，当学习者习得新的知识与技能以后，深度思考可以从诸多方面切入，譬如：从新习得的知识与技能出发，引导学习者思考其对认识和融入现实世界的价值所在；对现实世界中可能遭遇的问题进行挖掘，引导学习者综合运用自身的知能体系解决问题；引导学习者置身于现实世界，思考问题解决过程中可能存在的诸多困难，创造性地建立对世界的新认识或问题解决的新路径。这些方面有利于促进学习者的深度思考，引导学习者建立符合逻辑的概念关系。

创新需要有引导工具，设计思维就是这样一个促进学习者深度思考的创新工具。斯坦福大学倡导的设计思维培养过程包括移情、定义、设想、原型和测试五大步骤：移情指学习者通过观察用户行为以及参与其中来获取用户体验；定义指移情过程之后学习者结合自己的体验提出用户可能的所有需求；设想指通过头脑风暴等多种途径提出多样化的解决方案；原型指利用一些粗略的工具制作出解决方案的原型，并通过讲故事的形式，将设计的思想展示出来；测试指在获取反馈后修改和完善原型。这五大步骤是一个不断迭代的过程，同时又是动态、非线性的，通过这个循环过程来促进学习者对现实世界的深度思考。

（3）从设计思维的结果看，是否形成符合生态的持续创新

设计思维应成为学习者的一种内在属性，并能将其外在的行为展现出来。在以往的学习过程中，教师经常会安排各种各样的练习活动，并通过学习者的练习结果来判断其学习状况。这种基于学习结果的评价更多是在判断学习者是否理解了课程中的知识点，以及能否运用这些知识去解决一些复杂的题目。就夯实学习者的基础这一层面的意义而言，适度为学习者提供一些练习以巩固其知识与技能是可行的，但是这种做法容易出现的负面效应是，教师可能会不再精心设计练习项目，学习者也会重复做一些虽形式不同却又无法体现个人才智的题目，进而可能会降低整体学习效能。

强化学习者的设计思维培养，就是要让教师充分理解并尊重学习者的学习现状，从学习者成长的角度设计适度的练习活动，引导学习者以更多样化的方式来展示学习情况。要对学习者做出精准判定，仅仅依赖于人工的方式是无法实现的，教师可以借助一些技术工具来收集和分析数据，并投入大量时间对数据的合理性进行解读，从学习者多样化的制品中读准学习者，为其完成高质量的设计制品提供智力支撑。

3. 设计思维培养需要引导学生建立设计和思维双螺旋结构的应用迁移

学校教育阶段是一个人在一生中接受教育最为系统、最为完整的阶段，这一阶段获得的许多知识与技能，为人接受终身教育奠定了基础。将设计思维的培养纳入学校教育的体系当中，一方面可以帮助学习者理解学校教育与真实世界的关系，学会思考如何通过一些类似于真实世界的任务来感知学习的价值；另一方面可以帮助学习者借助简单的设计思维学习体验，逐步将已经形成的设计思维相关知能迁移到更加复杂的场景中，促进设计思维知能的螺旋式上升与发展。

设计思维培养需要确立其未来指向性，我们可以通过如下途径帮助学习者在学习过程中不断进行自我反思，以促进其形成设计思维的迁移能力。一是引导学习者建立制品意

识，将习得的知识与技能通过制品可视化，帮助其展示学习效能。二是引导学习者建立依附意识，理解好的制品常常依附于某些特定的项目来实现，在项目实战中体验过程，习得新知，巩固技能。三是引导学习者建立实境意识，强调好的项目应当立足当下、指向未来。四是引导学习者建立推理意识，能够从学科领域出发，规划项目及其制品并通过视觉语言的形式描绘出来，准确反映其制品设计过程中的思维轨迹。五是引导学习者建立团队意识，避免因为个人的单打独斗陷入思维困境，以团队合作为纽带，透过不同的观点激发新的灵感，促进集体智慧的生成。六是要引导学习者建立需求意识，能够从不同的用户需求出发，促进设计的系统性与全面性。通过多方面的引导，最终使学习者形成富有创造性的制品。

设计思维的培养目的是指向创新人才能力的需求，培养过程需要建立清晰的评判标准，培养结果应能促进能力的迁移。具体而言，要培养学习者的设计思维，既可以将设计思维融入课程教学中来提高教学效率，也可以通过设计思维的过程培养学生解决问题、设计创造性制品的能力。这二者并非相互独立。设计思维培养需要处理好目的、过程和结果三者之间的关系：即关注设计思维的对象是否指向现实世界的实际需求，过程是否有助于学习者组织概念形成自洽的逻辑关系，结果是否有利于生态的持续创新等。另外，设计思维培养需要帮助学生建立制品意识、依附意识、实境意识、推理意识、团队意识以及需求意识。

创业思维 ≫

一、创新与创造

问题： 如何理解创新与创造的相同和不同？

参考观点：

在 20 世纪以前，"创新"是一个普通词。到 1912 年，美籍奥地利经济学家约瑟夫·熊彼得把创新概念引入经济学，他在"经济发展理论"这本书里首先提出了"创新理论"，他当时提出来的定义是：企业家对生产要素的组合，包括开发一种新产品，采用一种新方法，开辟一个新的市场，获得或者控制原料或半成品的一种新来源，以及实行一种新的组织形式。

随着时代的发展，如今创新已经是一个涵盖十分广泛的概念，主要是指提出新理论、发明新技术、采用新方法、建立新制度、制定新政策、组建新组织、构成新机制、提供新产品、获得新原料、开辟新市场、组成新文化、创造新艺术，等等。

学术界对"创新"至今尚未有一个统一的定义，但普遍认为它是属于经济学的概念。在此，我们选择一个适用于更广泛意义上的"创新"含义，即：创新是指能先于他人，为人类社会的文明与进步获得新发展、新突破，创造出有价值的、前所未有的物质产品或精神产品的活动。创新过程是创造性劳动的过程，没有创造性就谈不上创新。

《辞海》上讲：创造——首创前所未有的事物。创造，就是"首创""前所未有"。是指能先于他人，见人之所未见，思人之所未思，行人之所未行，从而获得新发现、新发明、新突破。创造强调的是第一次的首创，它在"首创"或"第一"问题上是绝对的。而创新则是相对的概念，"创新"要比"首创""前所未有"的"创造"更宽泛，它既包含了"前所未有"，也包含着对先前原有创造的"重新组合"和"再次发现"。所以，"创新"的概念包含着"创造"，但"创造"并不包含"创新"。

另外，发明创造既有促进社会发展的积极发明创造，也有阻碍社会发展的消极"发明创造"，如计算机的发展是积极创造，而电脑算命、计算机病毒则是消极创造；核科学和技术的发展是积极创造，而核武器的发展则是消极创造。但是，创新则不同，创新必须要能促进社会的发展。

我们可以通过两个案例来进一步说明创新和创造发明的区别和关系：

【案例 1】

我们都知道新经济时代的代表人物比尔·盖茨，其起家的 BASIC 语言并非自己发明的，其当家产品 DOS 是从其他公司买来的，Windows 是借用了施乐公司和苹果公司的技术，IE 浏览器则来源于网景公司的创意，Office 办公系统的多数组件均出于微软收购的公司。微软公司的成功就在于他敏锐地发现了别人的创造，然后通过"集成"，把别人的创造重新组合成更为"精进"的产品。例如 Office 办公系统就是由 Word、Excel、Powerpoint 等软件重新组合而成的。比尔·盖茨的创新是把别人的知识、思想、理论或产品引入到自己的经济实践中，创造出别人没有的产品。这种"重新组合"就是创新。

【案例 2】

最初，抽雪茄烟是西班牙富人的嗜好，公元 1600 年前后传到欧洲许多国家，很长时期，雪茄烟被看成是财富的象征。当时西班牙塞维利亚地区的乞丐买不起雪茄烟，便从地上捡雪茄烟头用纸卷起来抽吸来过烟瘾，就这样"纸烟"便被乞丐们创造发明出来了。烟草商们看到这种"纸烟"有商机，便对其进行改进和包装，组织规模化批量生产，如今，已成为盛销全球的高利税商品。这一案例说明：乞丐是纸烟的创造发明者，而纸烟生产商们把纸烟转化为商品，开辟市场的活动则是创新。

综上所述，创新与发明创造的概念，在一定意义上说是有本质上的区别的，但它们在解决问题时的思维方法都是相同相通的。

按照熊彼特的观点：无论是科学发现还是技术发明等方面的创造，在它们没有转化为商品之前，只是一个新观念、新设想、新方案或新实验，它还不能创造任何经济价值。只有将发明创造转化为新装置、新产品、新的工艺系统才是创新，因为创新必须要产生经济、社会效益。所以说，创新是一个经济学范畴的概念。将创新与发明创造区别开来，被认为是熊彼特的一大贡献。

二、创新型人才的特征

问题：什么是创新型人才？创新型人才应该具备哪些特征？

参考观点：

所谓创新型人才，就是具有创新意识、创新精神、创新思维、创新知识、创新能力并具有良好的创新人格，能够通过自己的创造性劳动取得创新成果，在某一领域、某一行业、某一工作上为社会发展和人类进步做出了创新贡献的人。仅有创新意识和创新能力还不能算是创新型人才，创新型人才首先是全面发展的人才；个性的自由独立发展是创新人才成长与发展的前提，作为工具的人、模式化的人和被套以种种条条框框的人不可能成为创新型人才。当代社会的创新型人才，是立足于现实而又面向未来的创新人才。

创新型人才应该具备的主要特征，包括以下方面：

（一）有可贵的创新品质

当前，我国正处于发展的重要战略机遇期，大力培育创新型人才，为建设创新型国家、国家创新体系和全面建设小康社会，提供坚强的人才保证和智力保障，显得尤为迫切和重要。从一定意义上说，创新型人才正以前所未有的时代需求承载着推进国家自主创新，在激烈的国际竞争中占据主动，实现中华民族伟大复兴的历史使命。因此说，创新型人才必须是有理想、有抱负的人，具备良好的献身精神和进取意识、强烈的事业心和历史责任感等可贵的创新品质。具备了这样一种品质，才能够有为求真知、求新知而敢闯、敢试、敢冒风险的大无畏勇气，才能构成创新型人才的强大精神动力。

（二）有坚韧的创新意志

创新是一个探索未知领域和对已知领域进行破旧立新的过程，充满各种阻力和风险，可能遇到重重的困难、挫折甚至失败。人类科学技术发展到今天，要获得每一点进步相当困难。因此，创新型人才每前进一步都是需要非凡的胆识和坚忍不拔的毅力，为了既定的目标必须始终不懈地进行奋斗，锲而不舍，遭到阻挠和诽谤不气馁，遇到挫折和挫败不退却，牺牲个人利益也在所不惜，不达目的誓不罢休，不自暴自弃，不轻言放弃。只有具备了这样的创新意志，才能不断战胜创新活动中的种种困难，最终实现理想的创新效果。

（三）有敏锐的创新观察

历史上的科学发现和技术突破，无一不是创新的结果。从这个意义上讲，创新就是发现，而且是突破。要实现突破，就要求创新型人才必须具有敏锐的观察能力、深刻的洞察能力、见微知著的直觉能力和一触即发的灵感和顿悟，不断地将观察到的事物与已掌握的知识联系起来，发现事物之间的必然联系，及时地发现别人没有发现的东西。创新型人才的观察力同时还应当是准确的，能够入木三分，发现事物的真谛，具有善于在寻常中发现不寻常的观察能力。壶水滚沸使瓦特发明了蒸汽机，苹果落地使牛顿创立了"万有引力"说，带细齿的野草划破了鲁班的手指使他发明了锯，无不证明了敏锐的创新观察能力在创新中的重要作用。

（四）有超前的创新思维

创新思维是创新的基本前提，创新型人才具备思维方式的前瞻性、独创性、灵活性等良好思维品质，才能保证在对事物进行分析、综合和判断时做到独辟蹊径。

（五）有丰富的创新知识

创新是对已有知识的发展，在人类知识越来越丰富和深奥的今天，要求创新型人才的知识结构既有广度，又有深度。因此，创新型人才须具有广博而精深的文化内涵，既要有深厚而扎实的基础知识，了解相邻学科及必要的横向学科知识，又要精通自己专业并能掌握所从事学科专业的最新科学成就和发展趋势，这是从事创新研究的必要条件。只有通过知识的不断积累才能用更为宽广的眼界进行创新实践。创新型人才拥有的信息量越大，文化素养越高，思路便越开阔。同时，完备的知识结构使他们具有科学综合化、一体化意识，有助于增强综合思维能力和创新能力。

（六）有科学的创新实践

创新的过程是遵循科学、依据事物的客观规律进行探索的过程，任何一种创新都不能有半点马虎和空想，因此，创新型人才必须具有严谨而求实的工作作风，严格遵循事物的客观规律，从实际出发，以科学的态度进行创新实践。冬暖式蔬菜大棚的发明人、社会主义新农村建设的重大典型、山东省寿光市三元未村党支部书记王乐义同志，在创建冬暖式蔬菜大棚之初，为了求证大棚的最佳地理朝向，用罗盘连续两年观测当地的光照情况，最后提出了本地区的大棚最佳朝向为正南偏西 5 度的理论，来自北京的专家都赞叹说，"地理学上的专题被一个土专家钻研透了"。在带领群众发展蔬菜生产的过程中，也正是基于他这种严谨科学的创新实践，才使他得以不断改进种植模式，并相继研发了立体种植、无土栽培等 20 多项蔬菜种植新技术，从而由一个土生土长的普通农民，站到了农业科技的最前沿。

创业技能 »

技能训练一　画桥

材料准备：准备一幅画。这幅画中有一座跨过河流的桥；或者只有河流没有桥，这幅画只需有半张 A4 纸的大小。

一、把你准备好的画粘贴在一张空白 A4 纸的上半部分。

二、如果你的画中有桥，请用几分钟时间在 A4 纸的空白处画桥，尽可能反映出桥的大部分特征；如果你的画中没桥，请用几分钟时间在 A4 纸的空白处画出一种过河的方法。

三、讨论：

画桥的学生请回答：

（一）你如何起笔作画的？你看到了什么（分析）？

（二）你清楚最有可能从哪里开始画画吗？

（三）你假定桥的材料、架构和功能是什么？

（四）你是否遵循了某种已有的方案？先画出线条？再看看比例？然后添加一些线条？

1. 你觉得这个任务是清晰的？还是模糊的？

2. 如果有一个模型可供参考，是不是更有帮助？

3. 你知道画到哪里就可以结束了吗？

画出过河方法的学生请回答：

1. 你如何起笔作画的？你看到了什么？

2. 你想到了你对桥的一些认识和了解吗（以往经验的反思）？

3. 你很清楚最有可能从哪里开始画画吗？

4. 你假定桥的材料、架构和功能是什么？

5. 你是否遵循了某种已有的方案（没有，因为没有模型可供参考）？

6. 你想要创建一座什么样的桥？是为人服务的？还是可以通行小动物、汽车、火车？

7. 你做出了什么假设？

8. 你是否做过多次尝试（试验）？

9. 你觉得这个任务是清晰的？还是模糊的？

10. 没有一个模型做参考，是不是感觉难以完成这个任务？

11. 当你开始画画时，你知道你想要的桥最终会是什么样子吗？

四、总结：

这是一个关于创业思维的练习，我们可以了解到创造性思维和预测性思维的差异，体会到这两种不同的思维方法。预测性方法的本质是一种过程型方法，意味着按照一种线性模式进行创业，即识别机会、开发概念、评估和获取资源、发展企业，然后退出。而创造性方法则关注撬动已有的与"触手可及"的资源和关系，充分发挥它们的杠杆作用，以此作为新企业发展的路径，而不是依据已有的商业计划去发现和获取资源。创造性思维包括创业试验和多种选择的开发，强调的是利益相关者如何基于习得的经验创造性地重塑创业项目。

技能训练二　纸飞机竞赛

活动前准备：以个人或小组（不超过 4 人）为单位，设计并创造一架纸飞机，这架飞机需要能够承载一元钱的硬币，在空中飞行尽可能长的时间。注意：

（1）你可以单独工作或组成最多 4 人的小组，与小组相关的唯一要求是你们的飞机设计必须使用与小组人员同等数量的标准尺寸纸张（例如，一个 4 人小组必须在其设计中创造使用 4 张纸的飞机）。

（2）飞机必须设计来运输一元的硬币，你可以选择使用硬币的数量和面值，唯一的限制是它们的总价值必须是正好一元钱。

（3）你或小组需要准备 2 分钟的演讲，来说服你的同学相信你的设计会表现得最好。

活动开始：

1. 向同学们推销你的创意，时间严格限制在 2 分钟内。

2. 记录下你认为会在每个指标（距离和时间）上表现最佳的设计的投票。只允许在每个指标上投票给一个小组，但不要求在每个指标上都投票给同一小组；注意不能投票给自己的设计。

3. 实际飞机测试。每小组找一个人投掷飞机，记录下飞行的时间和距离。

4. 请飞行表现不同的几个小组，分享他们设计的流程和心得。注意他们是如何把局限转化成机会，如何从失败中得到教训。

（1）你如何看待硬币的问题？将其视为负面局限吗？为什么？将其视为一个机会并纳入到设计中以改进飞机性能吗？

（2）你如何努力差异化自己的设计？

（3）你试图在时间或距离上优化飞机或者二者兼得吗？

（4）你制作原型并测试设计吗？

5. 讨论有效推销的特点。需要理解创业者以及对投资者推销的重要性。对于初创企业来说，投资者一般会注意创业者及其"推销"创意的能力，以及其演讲的能力和信心。

（1）努力将你的设计"推销"给你的同学，感觉如何？最大的挑战是什么？

（2）你如何决定投资？他们展示概念的方式有多重要？信心有多重要？演讲或创业者引人入胜的地方是什么？

你如何看待投票或不投票给你的设计的人？为了改进你的演讲，你会做什么？

创业实践 »»

像艺术家那样创造

行动前你需要明白：每个人都有创造力。尽管在我们的文化中，艺术家通常被认为是最具有创造力的人，但是创造这种行为实际上是每个自然人天生所具有的潜能。这个活动将让你发现自己的天生创造力，建议和同学组成团队共同完成。

选择一种艺术形式（戏剧、绘画、雕塑、诗歌、音乐、创作等），通过各种途径（找专家学习、报培训班、上网络课程等）去学习这种艺术。你的学习需要持续一个月，每周不少于 5 小时。你的目标是：开发出一个有创造性的艺术作品。

一个月后，每个团队要使用选择的艺术形式进行一场展示（表演）。

最后，每个人要提交一份不少于 3000 字的反思报告来回答以下问题：

（1）在开始创造之前，你有哪些与这种艺术形式创造相关的假设？你现在对这种艺术性的创造感觉如何？

（2）描述在创造过程中有挑战性的某个方面或某一个时刻。

（3）你认为这种艺术体验与创新思维和创造行动之间有哪些关联？

一只行李箱 24 小时众筹完成率达 701％

2016 年 10 月 18 日，凡米粒创始人王国毓向邦哥透露，凡米粒已获得英诺天使投资的数百万人民币天使轮融资。凡米粒推出的最新产品"大脚怪"，在京东众筹以超过 700％ 的众筹到达率成功完成产品众筹，众筹期间破多项众筹记录：3 小时众筹 30 万完成 300％ 众筹目标、24 小时众筹完成率高达 701％。刷新了京东箱包类产品的众筹记录，和好妹妹的产品、汪峰的耳机一起被列入京东众筹的成功案例。

奥运冠军王皓也为它站台——事实上，这款产品最初的概念和雏形，就来自王皓本人。王皓有一个三岁儿子，但他过去几年比较繁忙，因此希望和凡米粒联手打造一款寓意父母多陪着孩子出去旅行的产品，于是就有了这款"像爸爸一样 Man 的拉杆箱"。

王皓本身是体育运动员，也取得了很大的成就，工程车代表了男性的精神，这款产品把很多跟父亲相关的特性和产品进行了有效的结合，希望孩子学到爸爸的特性，比如宽广的胸怀、探索、勇敢、力量等。产品也进行了对应，比如，大的储物空间代表着男人的胸怀，工程车外观实际上就是一种肌肉感和力量感，工程车本身就是建造城市的工具，代表了探索精神，等等。

从实体产品入手，逐渐地去壮大上游 IP

王国毓说，未来凡米粒会出不同的"大脚怪"系列产品，除了旅行箱，还有背包、滑板车等不同系列，都以"大脚怪"的方式来展现。除了"大脚怪"，凡米粒还有"哆啦 A 梦"多功能旅行箱，超级宇航员的全家亲子互动背包等产品。此前凡米粒还推出了"小羊肖恩"骑行旅行箱，曾被英国驻华大使馆官员作为礼物送给周杰伦。这些产品具有几个特点：

1. 在设计上，创新性比较强；

2. 在 IP 上，深度应用 IP 和故事内容；

3. 具备一定的跨界性，虽然是拉杆箱，但具备玩具的外观；

4. 在功能性的产品中，性价较高。

成立于 2016 年 4 月的凡米粒，未来希望以亲子出行的实体产品为基础，逐渐地去壮大在上游 IP 的资产，比如"大脚怪"系列、宇航员的系列，针对这些系列打造不同的故事内容，甚至把它更加形象化，赋予长期 IP 内容的内涵，通过亲子出行的实体产品去打造凡米粒在上游端 IP 的影响，在多领域进行授权合作。而在 IP 上，凡米粒会坚持两方面发展：一方面，打造自有 IP，包括"大脚怪"、超级宇航员系列等；另一方面，和国际知名 IP 进行合作，取得授权，例如"小羊肖恩""哆啦 A 梦"等。王国毓说，凡米粒的重心是打造自有 IP，但也不会放弃对优质 IP 的深度应用，把这些 IP 的精神彻底融入到产品上。例如，近期推出的"哆啦 A 梦"旅行箱就还原了很多它的特性：哆啦 A 梦的口袋可以打开，用来装东西；鼻子还可以在夜间发光，起到防撞的功能；旅行箱把手可以活动，类似竹蜻蜓，等等。

营销和销售渠道的创新

在做凡米粒之前，王国毓在儿童传媒机构优扬传媒任职 14 年，优扬传媒是中国 60% 少儿媒体的独家代理商，包括央视少儿。前 11 年，王国毓主要负责广告、媒体的运营业务，后来的 3 年，他主要负责动漫形象在中国的运营，包括小羊肖恩、花园宝宝等十多个国内外卡通形象在中国的品牌授权管理、产品的生产研发和销售，以及线下的活动和品牌推广，等等。

和王皓的合作，也源于之前的工作。王国毓说，2015 年是中英文化十周年，他负责运营和推广的小羊肖恩作为英方的旗舰项目出现在交流活动中，王皓是当时邀约的五个体育明星之一，跟妻子联合制作了士兵肖恩羊，这让王皓觉得参与儿童产业很有趣，才有了后面的故事。

王国毓非常善于儿童产品的营销。凡米粒的营销非常多元化，从京东众筹到花椒等直播平台，还定制两款手绘的军旅版的旅行箱在闲鱼上进行拍卖。2016 年 11 月，在国内一线卫视金鹰卡通《玩名堂》节目，凡米粒还打造《小小男子汉训练营》定制板块，由父母带着孩子一起来参与户外的活动。

在销售的渠道上，凡米粒一方面在天猫、淘宝、京东等传统电商平台上进行销售；另一方面在线下玩具店、箱包店、礼品店、机场高铁店等销售。此外，凡米粒还同箱包企业外交官、儿童服装品牌 Balabala 达成合作，进入它们品牌销售。此外，凡米粒也探索新的模式，比如同教育机构瑞思、新东方泡泡少儿英语等合作，不仅可以作为给学员的赠品，还可以入驻他们的线上平台，参与给会员定制的亲子出行相关产品。同时，凡米粒还在凯叔等社区电商平台进行销售。

"我们通过实体产品做了一条变现通道，这是在 IP 市场上的不同，凡米粒也是持续在盈利的项目，此次融资希望在设计、营销，以及 IP 的打造方面加快速度。"王国毓说。

创业资源 ▶▶

创新者的密码：未来企业家必备的 6 大技能

图书：《创新者的密码：未来企业家必备的 6 大技能》

作者：〔美〕埃米·威尔金森，战略顾问、企业家、斯坦福大学商学院讲师，经常就企业家领导力问题发表演讲，同时为企业提供创新和商业战略方面的咨询服务。荣获国际扶轮社奖学金和 2015 艾森豪威尔奖学金。

资源介绍：为什么有些人可以将一个想法变成一家拥有持续竞争力的企业？为什么在大多数人都失败了的情况下，有些人仍然能获得成功？作者耗时 5 年，通过数百次访谈，从 200 位卓越企业家的经历中发掘出成功的秘密。

第三章　创业团队组建与管理

> 我更喜欢拥有二流创意的一流创业者和团队，而不是拥有一流创意的二流创业团队！
>
> ——风险投资管理之父　多里特

创业新知 »

没有烂 Idea，只有不会执行的团队

一般人对于"创业"最大的误解，是对"创意""创新"的盲目崇拜，认为只要找到一个超级点子，就能够成功创业。创业往往是在极度竞争中，创业团队经过长时间的尝试、失败，最后碰撞、研磨、变形出来的成果。

"脸书"（Facebook）是近年来最成功的创业公司。早在"脸书"成功之前，他们经历了好几年的辛苦挣扎。马克·扎克伯格（Mark Zuckerberg）创办"脸书"时，他在想的根本只是"如何让所有哈佛的学生加入这个网站"。要说他当年早就想到、知道、预测到这就是一个"超级点子"，6 年后全世界将会有 7 亿人在使用这个网站，那根本就是痴人说梦。

更重要的是，当"脸书"忙着吸引哈佛的 1 万名学生加入时，那时如日中天的社群网站"我的空间"（Myspace）早已经拥有上千万会员。打开电台、电视，每个歌手、艺人，每天在"我的空间"聊的都是谁。北美的创投、互联网圈的专家都不相信"脸书"能够有一天打败。改变这一切的不是"脸书"的想法有多好，而是他团队的"执行力"：不断地更新产品，不断地从使用者的回馈中求进步、找成长、累积用户。

这两年热门的苹果产品，也是另外一个想法不值钱的例子。用任何标准去看，"智能手机"现在听起来都像是一个超级棒的产品种类，每家硬件厂商都抢着推出自有品牌的产品。但如果把时空拉回到 2007 年，苹果执行长乔布斯站到台上宣布苹果手机之前，市场上早就充斥着许多不怎么成功的同类手机，当时大家对这个主意其实是半信半疑的。第一代苹果手机上市后 15 个月的时间中，苹果总共只卖出了 600 万支手机，这比他们现在一个月卖出的手机还少。智能手机这个想法，虽然不是苹果想到的，但是是乔布斯团队把它执行到了极致，才变成了一个超级成功的产品。

如果连社交网站、智能手机这些"老梗"，都能被"脸书"和苹果产品做成今天的成绩，那只证明了这个世界上没有烂点子，只有不会执行的团队。所以，如果你有任何创业的想法：快去做吧！别再想了！

创业基础 »

一、一个好汉三个帮

共同创业有利于分摊创业失败的风险。通过团队成员之间的技能互补可提高驾驭环境不确定性的能力，从而降低新创企业的经营失败风险。更为重要的是，共同创业具有更强的资源整合能力，能同时从多个融资渠道获取创业资金等资源，保证创业企业的成功。

现代企业活动已不是纯粹的追求个人英雄主义的行为，事实上成功的创业个案大都与是否有效发挥团队作用密切相关。虽然每一个创始人可能都有完全掌握新企业发展的欲望，并希望所有成员都能在他的指挥下行事。不过许多调查显示，团队创业成功的概率要远远高于个人独自创业。

（一）团队能把互补的技能和经验组织到一起，从而超出团队中任何个人的技能和经验

这种技能和技巧在更大范围内的组合使团队能应付多方面的挑战，比如创新、质量和客户服务，并形成一种协同工作的整体优势。

（二）团队对待变化中的事物和需求是灵活而敏感的

在共同形成明确目标和方法的过程中，团队可以建立起能支持立即解决问题和提出倡议的交流方式。因此，团队能用比个人更为快速、准确和有效的方法打入大型组织的联系网，根据新的信息和挑战调整自己的行为方式。

（三）团队能力为加强组织发展和管理工作提供独特的社会角度

通过共同努力攻坚克难后，团队中的人们会建立起对彼此的信任和信心，并强化了共同追求高于和超乎个人和职能工作之上的，即团队业绩的愿望。工作的意义和成员的努力都使团队价值深化，从而使团队的业绩最终成为对团队自身的激励。

（四）团队有利于营造更轻松愉快的心理环境

良好的团队氛围与团队的业绩是相辅相成的，它能够使团队的成员愿意为了实现团队的目标而一起工作，并且为了团队的业绩成果而相互充分信任。这种令人满意的心理环境支持创造了团队的业绩，也因团队的优异业绩而得以延续。

没有团队的创业企业也许并不注定失败（事实上也不乏个人创业成功的案例），但是要建立一个没有团队仍具有高成长潜力的企业却是十分困难的，一般而言，个人创业型的新企业成长较慢，因为风险投资者在投资新企业时，都会将团队因素列为重要的评估指标，而不愿意考虑这种个人创业型的投资。

二、寻找创业合伙人

不管何种类型的创业团队，都必须在创业前慎重选择成员。团队创立伊始，其选择成员必须注意的问题有：

（一）志同道合

创业团队应该有一个既定的共同目标，为团队成员导航。所谓"志同"就是共同的奋斗目标是什么，知道要向何处去。没有目标，这个团队就没有存在的价值。

"道合"则表现为创业团队成员的性格、个性、兴趣特征，这些都会影响团队的稳定性。在创业初期，大家同甘苦、共患难，怀着满腔热情工作。在这种情况下，团队成员在性格上的差异、个性上的差异、兴趣爱好上的差异和处理问题的不同态度就容易被忽略，成员间的矛盾会得到掩盖，使企业在创立初期得以平稳过渡。而一旦企业发展到某个阶段的时候，由于个性冲突导致的矛盾就会激化，使创业团队出现裂痕，严重的还会导致团队分裂。

（二）优势互补

在一个创业团队中，成员的知识结构越合理，创业越可能成功：纯粹的技术人员组成的公司容易形成技术为王、产品导向的情况，从而使产品的研发与市场脱节。全部是市场和销售人员组成的创业团队缺乏对技术的领悟力和敏感性，也容易迷失方向。因此，在创业团队的成员选择上，必须注意人员的知识结构，技术、管理、市场、销售缺一不可，并充分发挥个人的优势。

（三）价值观相近

在一个创业团队中，成员的价值观念和道德品质决定了今后企业文化的形成，甚至可以说，企业文化的最初源头就是企业创始人自身价值观念和道德品质的体现。有的人诚信为本，有的人利益至上；有的人"天下兴亡，匹夫有责"，具有极强的社会责任感；有的人"事不关己，高高挂起"，只求独善其身。一个人的价值观念很难改变，因此，在创业团队形成之前，必须通过深入的交流和充分的了解，使价值观念相近、个人素质较高的人一起组成团队，这样创业成功的可能性更大。

（四）明确组织结构

在团队成员确定以后，企业的组织结构就可以基本确定了。组织结构的设计归根结底是组织中个体层次需要与组织目标相协调的问题，是个体价值发挥与群体绩效达成的问题。为了避免创业团队在今后的组织行为中因为利益分配、企业决策等方面产生分歧，在创业团队形成之初，必须通过公司章程或者协议的方式，确定公司发展目标、业务领域、出资及退股原则、利润分配方法、分歧解决原则，等等。尤为重要的是，创业团队要有好的分配制度，不仅充分照顾到现有团队成员的利益，还要考虑吸收新的成员或者员工时股份再分配的问题。

【案例】

永远与最靠谱的人并肩作战！①

性格决定人生，性格亦决定了投资的成败。所以常常我们通过一个人投资风格能看出一个人的性格。投资和人生有时候是遵循同样的道理的。

巴菲特每年都会同大学生进行座谈，在一次交流会上，有学生问他：您认为一个人最重要的品质是什么？巴菲特没有正面回答这个问题，而是讲了一个小游戏，名为：买进你同学的 10%。

巴菲特说：现在给你们一个买进你某个同学 10% 股份的权利，一直到他的生命结束。你愿意买进哪一个同学余生的 10%？

你会选那个最聪明的吗？不一定。你会选那个精力最充沛的吗？不一定。你会选那个官二代或者富二代吗？也不一定。当你经过仔细思考之后，你可能会选择那个你最有认同感的人，那个最有领导才能的人，那个能实现他人利益的人，那个慷慨、诚实，即使是他自己的主意，也会把功劳分予他人的人。然后你把这些好品质写在一张纸的左边。

巴菲特说：现在再给你一个机会，让你卖出某个同学的 10%，你又会选择谁？

你会选那个成绩最差的人吗？不一定。你会选那个穷二代吗？也不一定。当你经过仔细思考之后，你可能会选择那个最令人讨厌的人，不光是你讨厌他，其他人也讨厌他，大家都不愿意和他打交道。因为此人不诚实，爱吃独食，喜欢耍阴谋诡计，喜欢背后说人坏话，喜欢过河拆桥、落井下石，等等。然后你把这些坏品质写在那张纸的右边。

当你仔细观察这张纸的两边，你会发现能力强不强并不重要，是否美若天仙也无所谓，成绩好不好根本没人在乎。左栏那些真正管用的品质，全都是你可以做到的，只要你愿意行动，你就能拥有这些品质。而那些坏品质，没有一件是无法更改的，只要你有决心，你一定能改掉。如果你能够做到左栏写的，摒弃右栏那些，你就会成为人人愿意买入 10% 的人，更好的是你自己本就 100% 的拥有你自己了。

我提到以上这个故事，是因为身边就发生了一件很有趣的事情。朋友 T 君遇到了几个搞游戏开发的朋友，他们搞了一款游戏准备自己成立公司、自己运营，但苦于缺乏投资，找了半年没找到投资商。于是拉 T 君入伙，准备一起找投资商。T 君凭借自己多年的人脉关系，很快就找到了一家很大的投资集团愿意入资。其实这个项目不大，总共也就只有几百万的规模，对于那家投资集团而言是非常非常小的项目，但他们之前没搞过游戏，所以准备先试试水。可是那几个人发现，既然已经找到了投资人，T 君就变成多余的人了，何苦还要分给他股份呢？于是他们踢走了 T 君，准备自己去签署合同。

你作为一个投资人，这样的合同你敢签吗？投资人怕的就是变来变去。你在最后关头将中间人一脚踢走，准备自己吃独食，这种事儿你能干，其他事儿你也会干出来，既

---

① 来源：微信公众号　创业咖，2015—12—14.

然你这个人不可靠，那么具体你有多少能力、本事，都不重要了，因为反正也不会同你合作。投资其实投的是人和团队，最重要的就是可靠，其次才是专业技能。水平不行还可以花钱雇更强的人，如果此人不可靠，那就彻底没办法了。

小时候喜欢看三国，几乎人人都知道，在武将之中能力最强的就是吕布，俗话说：人中吕布，马中赤兔。但是后来被称为武圣的并不是吕布，而是关羽。因为关羽具备了两个身为武将最重要的品质"忠"和"义"，吕布则是个三姓家奴，谁势力大就投靠谁。同样都被曹操抓住了，吕布原本还想找刘备求情，结果刘备说了一句"君不见丁原董卓之事呼？"于是曹操就把吕布给咔嚓了。关羽投降之后，曹操对他大力投资，关羽也是知恩图报，先是斩颜良诛文丑，解白马之围，后又华容道放了曹操。曹操的投资有了很大的回报。如果曹操是个投资人，那他肯定是个顶级 PE，因为他懂得看人。

诚信不仅是一种品行，更是一种责任；不仅是一种道义，更是一种准则；不仅是一种声誉，更是一种资源。就个人而言，诚信是高尚的人格力量，是人与人之间相互信任的基础。一个靠谱的人，往往更容易得到信赖和尊重。

三、第一支创业团队

对创业公司来说，不仅要找好合伙人，还要考虑是否招人、招什么样的人。作为大学生创业者，经验难免欠缺，应该有意识地寻求老师或专家的帮助，让他们成为辅助企业成长的顾问。

（一）是否需要招人

对创业公司来讲，招人是一件非常反直觉的事。体现在方法上就是：尽量晚、尽量少、尽量慢。尽量晚：在联合创始团队还忙得过来的时候，不要招普通员工。一方面不给自己添乱，一方面不给雇员添堵。在创业初期，一个新人的加入可能无法很快为团队带来更大的产出，倒是会在招募和磨合阶段消耗不少的成本——而很多创业者都忽视了这点，大肆招人，结果导致负责人工作只剩招人，各部门工作只剩带人，看上去体量变大，实际上产出不增反降。而且，创业公司早期工作量大、管理混乱，新人是否接受、能否久留都是问题，不可不慎。尽量少：与尽量晚的原因相近，但这一思路可以贯彻到企业整体的管理，直到企业相当成熟。有许多 B 轮之后的公司仍然奉行着少招雇员的原则，这为他们维持效率、控制成本贡献了非常大的价值。不断培养老员工，用各种方法留住老员工，聪明的管理者会依靠进步（包括自己）而非换人为公司带来动力，会对每个员工都用心——可以从对每个员工的亲自面试开始。优秀的企业文化和品牌感也更容易诞生于相对稳定的人事环境中。尽量慢：并不是指招人流程要冗长拖沓，而是说增员要一个一个来，不要定指标"现在需要 3 个人""半年内招 10 个人"这样。不管是判断公司运作的效率，还是评价新人自身的效率，相对良好的环境都是只引入一个变量的环境。一次招人很多，首先为管理带来麻烦，其次对应聘的人也不负责任。正确的招人方式应该是招到一个员工后看看他的加入能否缓解公司对人才的需求，如果仍有很大需要才继续招人。

（二）招什么样的员工

对于成熟的公司来讲，这个问题就不是个问题。大公司很多时候招员工只要考虑能否胜任就可以了，因为很多员工在其岗位上按照一定方式工作就没有问题。但创业公司工作繁重、复杂，变化大，如果只是按照岗位需求招人，这个岗位需求很可能不久就变了，到那时员工是否还能胜任就很难说。因此创业公司要招一些适应能力更强，或者说更愿意去适应环境的人，他们要对企业有相当的信任和认同，才可能在复杂的环境中完成五花八门的工作，创造更多效益。

创业公司招人必须务实的，应该尽量符合创始人的理想和公司的目标。很多在成熟公司不是问题的细节，在创业公司都是问题，比如性格、经验、知识、家庭、志向，等等。虽然员工不是合伙人，不肩负公司大大小小的许多责任，但为了统一文化、避免矛盾、节省管理精力，招员工时应该考虑的主要因素有：

- 是否对公司有一定了解，是否认可公司的创业理念；
- 是否具备独立带领小团队或独立负责项目的可能；
- 是否敏而好学，对知识和技术有足够的兴趣；
- 客观条件上是否能够承受压力较大的工作，比如身体是否不好，住所是否离公司太远。

这些因素体现为热情、领导力、学习能力、年龄、逻辑等指标，都是创业公司在寻找合适员工时需要重点考虑的问题。至于其他方面，职业规划、协作精神、沟通能力、理解能力、兴趣、爱好、勤奋、包容心等，也都是成熟公司应该考虑的问题。

（三）五种顾问不可少

对于任何一家初创公司，五种类型的顾问必不可少：营销专家、行业内人脉广泛的人、行业内的名人、相关权威和技术专家。

随着业务的增长，如果发现因为时间不够用或者缺乏专业知识，造成完不成任务的后果，就是这些顾问发挥作用的时候了。确定你及你的合伙人缺少的技能，然后寻找兼职顾问及承包商，由他们来填补空白。接受任何顾问的帮助，都应签署一份法律协议，保证公司机密不会外泄，并确保任何工作中所产生的权益都为你所有。

创业思维 >>

一、大学生创业团队与一般创业团队

问题： 大学生创业团队与一般创业团队一样吗？列出他们的异同。

参考观点：

大学生作为一个典型的特殊群体，其受教育水平相对较高，拥有专业化知识和技能，容易接受新生事物，且自我实现意识较强，加之现在政府和高校对自主创业的大力提倡，以及在大学生创业政策上的大力支持，使得越来越多的大学生选择自主创业。然而大学生由于个人专业、能力、社会资源和资金的限制，很难凭一己之力创立新的企业，因此，团队式创业成为大学生自主创业的主要模式。

大学生创业团队与一般创业团队的区别：

（一）团队成员均为大学生，他们思维活跃，充满激情，具有强烈的创新意识和自我实现意识，接受新鲜事物能力强，也能很快通过学习将知识转化为产出。

（二）团队成员拥有较强的专业基础知识和丰富的知识背景，在能力、技术水平等方面也有一定的优势，通常会选择高新科技和一些技术性较强的方向进行创业。

（三）创业团队通常会选择成本少、风险较小的项目进行创业。一方面大学生创业团队往往存在资金不足、融资渠道单一等困难；另一方面，因成本较少，即使失败，也不会造成非常严重的后果，反而能让大学生们从中汲取经验教训，东山再起。

二、创业团队应该民主还是独裁

问题： 创业初期的团队建设，提倡民主更好，还是独裁更好？

参考观点：

俞敏洪说，对于一个创业团队，到底谁更做主至关重要，而搞不清谁做主的团队或初创公司，肯定是有问题的。大家可以参与决策，但是民主集中制一定要有。团队主要负责人一定要把商业逻辑想清楚，制定出公司的理想、目标、价值观，把握住公司的大方向。其他更实际的事则交给其他合伙人来具体完成。

这也代表了大多数创业者的观点。一个可以借鉴的既理想又现实的平衡是：日常管理上民主，关键决策上独裁。

日常管理上民主：包括日常与员工的沟通、企业文化的建设，甚至工资结构的调整等。作为创业团队，在平日里应维持较高程度的信息透明，让每个员工熟悉公司的现状和短期目标，并积极收集员工的反馈，时常倾听员工的意见，不断修正管理模式。在这样的氛围中，可以较多地利用集体智慧，形成民主的、积极的工作氛围，建立良好的企业形象。对初创企业来说，相似的职位不要有过大的薪资差距，工资结构应该是相对透明且扁平的，这对创业团队初期管理起着重要的作用，会让人际关系和利益纠纷变得简单，很大程度地提升效率。

关键决策上独裁：包括重要项目的执行、与员工的分歧、股权分配与融资决策等。听取员工的想法，但不要全部当真，正如你不可能遵从所有用户的需求去设计产品。并非每个员工都能给出合理的或切实的改进意见，在人际关系和对某人的看法上就更是千人千言。创业者要做到兼听则明，把握住自己最终的判断。一般情况下创业企业不应过多干涉员工的工作方法和习惯，只要他们能把任务完成得很好，就没必要较真儿。但一旦员工对你的决策表示出较大的异议，甚至消极怠工，就要考虑如何果断地处理与员工之间的分歧，避免影响的继续恶化。真正在每件事上都十分负责而且有真知灼见的员工显然是可以进入合伙人团队的，没有这个水平的人不必操心过多。在分配股权、融资决策等涉及创业企业发展模式与方向的重要问题上，员工甚至次要合伙人都帮不上忙，甚至会乱想乱提意见，作为创业者要坚定自己的决策，适当地做出"独裁"，没必要牵扯全体。

创业技能 》》

技能训练一 挑选谁加入创业团队

《西游记》中由唐僧率领的取经团队被公认为是一支"黄金组合"的创业团队。

阿里巴巴集团董事长马云非常推崇这支团队，认为它是最完美的团队，四个人的性格各不相同，却又同时有着不可替代的优势。比如说，唐僧慈悲为怀，使命感很好，有组织设计能力，注重行为规范和工作标准，所以他担任团队的主管，是团队的核心；孙悟空武功高强，是取经路上的先行者，能迅速理解、完成任务，是团队业务骨干和铁腕人物；猪八戒看似实力不强，又好吃懒做，但是他善于活跃工作气氛，使取经之旅不至于太沉闷；沙僧勤恳、踏实，平时默默无闻，关键时刻他能稳如泰山、稳定局面。

但是，创业路上，并没有那么巧的机缘和条件，能幸运地集聚到这样四个不同性格的人。所以，如果只能从这四个人中挑选出两个人来作为创业成员的话，你会挑选哪两位？

这其实是牛根生在"我能创未来——中国青年创业行动"活动现场对俞敏洪和马云提出的一道问题。俞敏洪选沙僧和孙悟空，马云选择了沙僧和猪八戒。两人都选择了耿直忠厚的沙僧，但是关于另一个人选，两人的选择却很有意思。

一向语不惊人死不休的马云这样解释他为什么选择猪八戒："最适合做领袖的当然是唐僧，但创业是孤独寂寞的，要不断温暖自己，用左手温暖右手，还要一路幽默，给自己和团队打气，因此我很希望在创业过程中有猪八戒这样的伴侣。当然，猪八戒做领导是很欠缺的，但大部分的创业团队都需要猪八戒这样的人。"

俞敏洪不赞同马云的选择，他认为猪八戒不适合当一个创业伙伴，猪八戒是很能搞活气氛，让周围的人轻松起来，但是缺点也很突出，就是不坚定，需要领袖带着才能往前走。而且猪八戒既然没信念，哪儿好就会去那儿，哪儿有好吃的就往那儿去，很容易在创业过程中发生偏移，企业有钱时会大赚一笔后离开，企业没钱时也很可能会弃企业而去。而孙悟空就不会这样，他是一个很理想的创业成员。俞敏洪列举了他的理由：

他（孙悟空）的优点很明显：第一，有信念，知道取经就是使命，不管受到多少委屈都要坚持下去。第二，有忠诚，不管唐僧怎么折磨他都会帮助他一路走下去。第三，有头脑，在许多艰难中会不断想办法解决。第四，有眼光，能看到别人看不到的机会和磨难。

当然，孙悟空也有很多个人的小毛病，会闹情绪，撂担子，所以需要唐僧必要时念念紧箍咒。但是，在取经路上，孙悟空所起到的作用是至关重要的。如果将西天取经比喻成一次创业过程，孙悟空就是其中不可或缺的创业成员。

新东方的创业团队就有些类似于唐僧的取经团队。徐小平曾是俞敏洪在北大时的老师，王强、包凡一同是俞敏洪北京大学西语系 80 级的同班同学，王强是班长，包凡一是大学时代睡在俞敏洪上铺的兄弟。这些人个个都是能人、牛人，俞敏洪曾坦承：论学问，王强出自书香门第，家里藏书超过 5 万册；论思想，包凡一擅长冷笑话；论特长，徐小平梦想用他沙哑的嗓音做校园民谣，他们都比我厉害。

所以，新东方最初的创业成员，个个都是"孙悟空"，每个人都很有才华，而个性却都很独立，俞敏洪敢于选择这帮牛人作为创业伙伴，并且真的在一起做成了大事，成就了一个新东方传奇，从这一点来说，俞敏洪是一个成功的创业团队领导者。他知道新东方人多是性情中人，从来不掩饰自己的情绪，也不愿迎合他人的想法，打交道都是直来直去，有话直说。因此，新东方形成了一种批判和宽容相结合的文化氛围，批判使新东方人敢于互相指责、纠正错误；宽容使新东方人在批判之后能够互相谅解、互相合作。这就是新东方人的特点：大家互相之间不记仇、不记恨，只计较到底谁对谁错谁公正。

这种源自北大精神的自由文化，是俞敏洪敢用"孙悟空"，而且是多个"孙悟空"的前提条件，这是新东方成功的关键因素之一。而另一个关键因素就是俞敏洪本人所具备的包容性，从这一点来讲，俞敏洪的身上有唐僧的影子。唐僧坚忍而正直，领导了四个本事十分高强的徒弟（还有一个是龙王三太子变成的白马），这些徒弟无论是齐天大圣、天蓬元帅还是西海龙王三太子，个个都不是省油的灯，硬是在唐僧领导下，取得了真经，完成了任务，各人也都洗除了罪孽，修成正果。而俞敏洪同样带领着一帮比他厉害的"牛人"，不仅将新东方从小做大，还完成了让局外人都为之捏了一把汗的股权改制。最令人意料不到的是，俞敏洪居然还将新东方带到了美国的资本市场，成为中国第一个在海外成功上市的民营教育机构。这一份成绩虽然还不能定义为最终的胜利，但是仍然有着非同寻常的意义，即它告诉了人们，对于中国教育来说，一切价值正有待重估。

同学们会如何选择呢？说说你的选择与理由。

技能训练二 开发你的创业人脉

1. 绘制你的人脉地图

参考下面的表，用尽可能大的纸张写下所有你认识的人，要尽可能多的想到和写下来。

表 3-1 人脉地图

同学：	家人：	朋友：
老师：	我	朋友的朋友：
校友：	同事：	陌生人：

2. 标记重要的人

观察这个图，认真且反复思考以下问题，得出答案后，在图中的对应名字旁边做个标记，如▲●★。

（1）谁是你最信任的人？

（2）谁是你最崇拜的人？

（3）谁是你成功时最想一起分享喜悦的人？

（4）谁是你失败时最先想到的避风港？

（5）谁是和你最志同道合的人？

（6）谁是你创业路上必不可少的支持力量？

（7）谁有可能为你的创业带来帮助？

（8）谁有可能成为你的创业伙伴？

（9）谁有可能为你的项目投资？

（10）谁有可能为你提供创业的关键资源？

（11）谁有可能为你提供创业的技术支持？

（12）谁有可能为你提供创业的管理支持？

（13）谁是市场营销或公关的高手？

（14）谁善于化解危机，处理问题？

（15）谁善于创新研发，能给你带来很多新点子？

（16）谁善于沟通交际，能帮你认识很多新朋友？

（17）谁有可能成为你未来的合作者？

（18）谁是你的潜在客户？

还可以就其他你认为重要的问题进行思考和标记。

注意：陌生人也是不可忽略的重要人力资源！

3. 与你创业路上的重要人脉分享

首先观察标记后的人脉图，哪些人被标记了很多次？

立刻去找到他们，和他们分享你的创业想法，争取得到他们的支持。

4. 反思

你认识的人会越来越多，所以你可以经常做这个练习，尽量不要漏掉"重要的人"，找到他们，并及时与他们交流，得到必要和可能的帮助。

你还可以按你创业所需要的资源，设计更多的问题。

你会发现，其实你拥有很丰富的人力资源，他们都可能帮助你走进创业的梦想，不要小看你的人脉地图，不要低估他们对你创业的影响，更不要忘记：你自己也是非常宝贵的创业人力资源！

创业实践 »»

组建最佳团队

1. 制作广告

假设你想寻找合伙人共同创业，创办一家快餐连锁企业，请拟一份征集合伙人的广告。注意以下几个方面：

你是召集人，不一定是领导者；

创业的初始目标、计划；

你掌握的资源及你需要的资源；

所需伙伴的数量和特点；

你对股权分配、团队管理的设想；

有吸引力的回报及可能的风险；

其他你认为需要说明的问题。

2. 三分钟演讲

张贴你的广告，并用三分钟演讲宣传你的优势，吸引同学加入你的团队。

同学共同评估，选出几位同学做团队创建者，并自愿加入一个团队。

3. 评估团队结构

同学们从以下 4 个方面，分析哪个团队组成更好？每项 25 分，总分为 100。哪个队的分数高？落后的队谈谈，将如何赶超对方？

团队成员加入的目的；

团队成员的知识结构；

团队成员的性格、个性、兴趣；

团队成员的价值观念。

4. 确定团队成员

团队创建者可以根据同学对下面五个问题的解答情况，决定其去留。

团队中唯一权威主管问题；

团队成员间的相互信任问题；

妥善处理不同意见和矛盾；

合理分配股权问题；

妥善处理团队成员间利益；

然后请团队中的一成员，对本团队做出最后调整（增人或减人）。

5. 团队展示

各团队经过讨论，完成下表，并进行集体展示。

团队名称	
设计 LOGO	
团队口号	
团队愿景	
创业项目	
团队领导者	
团队成员及分工	
团队管理制度	

6. 推选最佳团队

最后同学们重新评估这几个团队，推选出最佳团队！

创业榜样 》》

一位 90 后创业者的自述

2014 年 8 月，刚刚大学毕业的我，就和 4 个踌躇满志的朋友一起开始了我们的创业之路，因为看中了"喜事电商"平台的巨大前景，我们决定把这定为自己今后的创业目标。

回忆这一年多来，用三个词形容特别合适："加班""累""兴奋"。创业初期，感觉自己终于找到了一个可以放手一搏的机会，内心激动不已。那段时间除了加班工作，几乎与外界隔绝，每天早晨 7：00 起床，凌晨 2：00 左右才回家，团队中每个人都很努力，只为了我们的软件可以早一天上线。

大家每天都加班到很晚，好像浑身有用不完的劲，有时候为了相互鼓励，我们还进行头脑风暴。望着这个有着 8000 亿的诱人市场，我们每天都在想什么时候可以拿到这其中的 20％。刚开始经常接触一些创业者，和他们聊项目，谈方向，以及给他们一些指导的意见，还举办线下交流会。那段时间是全民的创业高潮期，是个公司如果不说自己是 O2O 或者是 B 什么 C 的公司，都不好意思开口。每个人都有自己的想法，有做高端鞋子定制的，有做进口水果配送的，有从传统行业转向互联网的，当然还有一些满嘴创业经自认为的投资人，生怕埋没了在人群中，一遍遍地讲着全民创业的未来。

那段时期，自己的思想也开始了变化，经常一遍遍地给大学同学讲什么是创业，以及我们在做的这个行业未来市场有多大，每讲完一次都感觉这么大的市场，未来某一天一定会属于自己或者说和自己发生关系，瞬间内心就会涌起莫名的喜悦。尤其是在公司成立 3 个月后，便拿到了天使轮的投资，这让大家兴奋不已，也对未来更加充满信心和期待了。

路一步步地走，事情一件件地做。时间久了，公司却开始了迷茫，见的人多了，聊得多了，才知道做这个行业是多么的不容易。我是做技术的，主要负责 IOS 开发，每天起早贪黑地写代码，每天都有做不完的工作，几乎不知道什么是周六周日。我们五个人开发了一版又一版，系统也在不断地添加新的功能，每次看到自己开发的产品，内心是又激动又迷茫，软件虽然开发出来了，但是推广却迟迟未动。兄弟几个想放弃又不甘，毕竟当初开始创业的时候我们7个月没有谁领过一分钱的工资，即便拿到了天使轮融资，但是我们的资金也仅仅可以维持自己的日常生活开支。在北京打拼了一年，下一轮融资迟迟不能到位，"领头"大哥决定，把公司搬回郑州，一是为了降低运营成本，二是我们的主业务定位在河南。但是回到河南大家准备大干一场的时候，却又遇到难题了，我们的软件活跃度不高，使用我们支付功能软件的人几乎为零。

一条路，我们可以继续把自己的软件开发做下去，争取早日做出消费者喜欢并且满意的产品，可是这样公司终究会慢慢死去，因为我们不但暂时无法盈利，也无法拿到第二轮融资。另一条路，我们转型寻找新的项目，但是我们找了好几个新方向，都感觉有心无力。原本我们要做的"喜事电商"平台，确实是一个很诱人的项目，这也是我们当初为什么可以坚持半年没有工资的原因，可是看到这个行业机会的不只是我们一家公司，在2015年如雨后春笋般出现了好多家做"喜事"的平台，大家的切入点无非都是从线下的"婚宴酒店"或者婚庆艺人入手。但是没有一家公司有一个我们公认不错的方向，大家都在迷茫中前行。也有人说我们是这个行业的先驱，注定会死在路上，除非我们非常的优秀。然而社会的现实却在一步步地笼罩着我们，在这期间团队之间的矛盾在不断地升级：有人坚持我们现在的方向继续做下去，也许这就是别人说的"不忘初心，方得始终"，可是前进的道路却非常迷茫。而对于我而言，是主张走新的路线的，我认为创业公司需要快速地验证自己的想法，不行的话，就要转方向，不能死拖着。

终于有一天，我们的一个合伙人，感觉这个环境不再适合他待了，那天晚上因为一点小的矛盾，他和团队"大哥"大吵了一架离开了这个团队。紧接着大家连续几天干活都没有精神。随后团队一直迷茫着，到了2015年年底，为了降低成本，团队"大哥"找我说，我们要裁人，原因是我们现在做的APP，不再更新了，只做维护。陆陆续续团队中走了3个员工。后来，"大哥"突然宣布我们要转型，因为这事大家又争论了一番，紧接着是我们团队中的另一个合伙人，也提出要离职。

团队走到今天，是大家起初都不曾料想到的，我也在思考自己的未来。我大学刚毕业就开始创业，当初自己是那么有信心、有激情，而现在却开始迷茫：自己在大学就一直坚持的"创业"梦想，努力去做过之后，却发现没有了"目标"和"方向"。从2016年2月到3月，我一直在思考接下来何去何从。公司成立一年多，公司的制度却没有建立起来，用我们一个合伙人的话来说"我们只是一个小的作坊"，我也深深地感知到了这一点。创业一年多来，我们几个合伙人很少开会讨论未来的计划，接下来要做的事情，以及我们走过的弯路。每天技术写程序到很晚，但是效率却不高，有些问题说了半年，一直尚未解决。"大哥"跑融资也没有"结果"，大家内心的那根弦都绷得紧紧的。这段时间我想过很多次要放弃这件事情，找个工作安安心心地赚点钱，补贴家用。但现在是团队最需要人的时候，我一走整个团队也就散了。况且自己付出了那么多，内心有些不甘。在无数次的挣扎后，最终我选择了留下。

一路走来，跌跌撞撞，创业给了我们一次自由发展的机会，也让我们看到了很多问题，这也是我需要反思的，希望自己在今后的创业过程中规避掉这些问题：

在创业初期，一定要制定一个基本的公司制度，可以不完整，可以在公司发展的过程中逐渐地去完善。这其中包括管理、责任、员工福利、股权分配、员工考核，以及公司的文化交流与沟通。一、管理：公司在不同的阶段有不同的管理规则，初创型的公司，要有一个统领全局的人进行管理，管理需要"制度＋情商"。二、责任：在做一些计划和决定的时候，一定要事先定好计划执行人，时间节点，以及结果，做到赏罚分明。三，员工福利：这个是公司发展中比较重要的一个环节，能不能长久地留住一个员工，这是很关键的因素。答应给员工的福利，一定要到位。否则很容易在员工心目中失去地位。四，股权分配：股权分配需要考虑很多因素，初始的互联网公司，大多需要去融资，股权分配的时候，要考虑到联合创始人的占股，以及以后的融资：天使轮，A 轮，B 轮，C 轮，D 轮的融资以及期权池的分配，还有每轮的出资规则，这里就不再一一详述。五，员工考核：每个公司都有一套自己的考核机制，每个阶段也有不同的考核规则，大多创业公司对员工的考核没有大公司那么严格，但是每个人承担的工作量却不比大公司少，更多的考核还是以结果为导向，因为创业公司需要不断地验证自己的想法和调整战术。六，公司的文化交流与沟通：公司一定要有一个开放的文化交流平台，让每个员工在都可以表达自己的心声，这样他们才能感知自己在公司的价值，才有更多的信心留在公司工作。

在这里我想借用一段话送给所有准备创业和正在创业的朋友们：创业艰难百战多。马云说：对所有创业者来说，永远告诉自己一句话，从创业的第一天起，你每天要面对的是困难和失败，而不是成功。我最困难的时候还没有到，但有一天一定会到。创业是一种态度和精神，也是一种生活方式的选择。在创业路上，会让创业者的人生变到更加与众不同……哪怕是失败与痛苦，那何尝不是另一种享受呢！创业更是一种试错的实践过程，不去做，怎么能知道不行呢。应了那句话：目标还是要有的，万一实现了呢?!

创业资源 >>

团队合作能力训练

图书：《团队合作能力训练》

资源介绍：本书具有以下几个的特点：

第一，以职业院校学生的合作能力现状为出发点，针对学生的基础和特点，介绍他们最欠缺、最需要的技能。

第二，体现"职业"特色，在案例的选择和能力训练的设计上融入职场元素，如职场案例、职业情境体验，让学生提前对职场有所了解，感受职场氛围。

第三，以能力训练为主，理论指导为辅，通过有针对性的训练让学生在活动中掌握相关技能，真正做到"有趣、有用、有效"。

第四，采用学习目标、学习引导、能力训练、知识链接、推荐阅读、课外练习的编写体例，层次分明，可操作性强。

第四章　创业机会识别与评估

创业就应该做一件天塌下来都能够赚钱的事情。

——香港和黄集团　李嘉诚

创业新知 >>

互联网＋带来的创业机会

与传统企业相反的是，在"全民创业"的常态下，企业与互联网相结合的项目越来越多。未来互联网＋的"＋"，不仅仅是技术上的"＋"，也是思维、理念、模式上的"＋"，其中以人为本推动管理与服务模式创新与创业是其中的重要内容。互联网＋的发展趋势则是大量互联网＋模式的爆发以及传统企业的"破与立"。

1. 互联网＋工业

"互联网＋工业"即传统制造业企业采用移动互联网、云计算、大数据、物联网等信息通信技术，改造原有产品及研发生产方式，与"工业互联网""工业4.0"的内涵一致。"工业4.0"是应用物联网、智能化等新技术提高制造业水平，将制造业向智能化转型，通过决定生产制造过程等的网络技术，实现实时管理，它"自下而上"的生产模式革命，不但节约创新技术、成本与时间，还拥有培育新市场的潜力与机会。譬如，"移动互联网＋工业"、"云计算＋工业"、"物联网＋工业"、"网络众包＋工业"等新型结合形式。

具体来说，借助移动互联网技术，传统制造厂商可以在工业产品上增加网络软硬件模块，实现用户远程操控、数据自动采集分析等功能，极大地改善了工业产品的使用体验。基于云计算技术，一些互联网企业打造了统一的智能产品软件服务平台，为不同厂商生产的智能硬件设备提供统一的软件服务和技术支持，优化用户的使用体验，并实现各产品的互联互通，产生协同价值。物联网技术有助于加快生产制造实时数据信息的感知、传送和分析，加快生产资源的优化配置。在互联网的帮助下，企业通过自建或借助现有的"众包"平台，可以发布研发创意需求，广泛收集客户和外部人员的想法与智慧，大大扩展了创意来源。

"互联网＋工业"和正在演变的"工业4.0"，将颠覆传统制造方式，重建行业规则，例如小米、乐视等互联网公司就在工业和互联网融合的变革中，不断抢占传统制造企业的市场，通过价值链重构、轻资产、扁平化、快速响应市场来创造新的消费模式，而在互联网＋的驱动下，产品个性化、定制批量化、流程虚拟化、工厂智能化、物流智慧化等都将成为新的热点和趋势。

2. 互联网＋农业

互联网带来的新技术赋能，不仅改变了农产品流通模式，催生了农产品电子商务的繁荣，也推动了新农人群体的诞生。

首先，数字技术可以提升农业生产效率。例如，利用信息技术对地块的土壤、肥力、气候等进行大数据分析，并提供种植、施肥相关的解决方案，能够提升农业生产效率。其次，农业信息的互联网化将有助于需求市场的对接，互联网时代的新农民不仅可以利用互联网获取先进的技术信息，也可以通过大数据掌握最新的农产品价格走势，从而决定农业生产重点以把握趋势；再次，农业互联网化，可以吸引越来越多的年轻人积极投身农业品牌的打造中，具有互联网思维的"新农人"群体日趋壮大，将可以创造出更为多样模式的"新农业"。

同时，农业电商将成为农业现代化的重要推手，将有效减少中间环节，使得农民获得更多利益，面对万亿元以上的农资市场以及近七亿的农村用户人口，农业电商的市场空间广阔，大爆发时代已经到来。而在此基础上，农民更需要建立农产品的品牌意识，将"品类"细分为具有更高识别度的"品牌"。

3. 互联网＋金融

截至 2014 年底，中国第三方互联网支付交易规模达到 80 767 亿元，同比增速达到 50.3%；全国范围内活跃的 P2P 网上借贷平台 1 575 家，贷款余额 1 036 亿元；众筹融资平台 116 家，一年新增平台 78 家，众筹融资金额超过 9 亿元。传统金融向互联网转型，金融服务普惠民生，成为大势所趋。"互联网＋金融"的结合将掀起全民理财热潮，低门槛与便捷性让资金快速流动，大数据让征信更加容易，P2P 和小额贷款发展也越加火热。这也将有助于中小微企业、工薪阶层、自由职业者、进城务工人员等普罗大众获得金融服务。

小微企业是中国经济中最有活力的实体，小微企业约占全国企业数量的 90%，创造约 80% 的就业岗位、约 60% 的 GDP 和约 50% 的税收，但央行数据显示，截至 2014 年底，小微企业贷款余额占企业贷款余额的比例为 30.4%，维持在较低水平。互联网＋金融将让小微企业贷款门槛降低，激活小微企业活力。

互联网金融模式下，金融服务边界不断拓展，服务人群将包括 3.6 亿尚未被互联网金融覆盖的长尾互联网用户，以及迅速增长的农村手机上网用户。金融不再像工业时代时以企业为中心，以生产为中心，而开始以普通消费者为中心，金融服务和产品深度嵌入人们日常生活。

4. 互联网＋医疗

现实中存在看病难、看病贵等难题，互联网＋医疗有望改善这一医疗状态。具体来讲，互联网将优化传统的诊疗模式，为患者提供一条龙的健康管理服务。在传统的医患模式中，患者普遍存在事前缺乏预防，事中体验差，事后无服务的现象。而通过互联网医疗，患者有望从移动医疗数据端监测自身健康数据，做好事前防范；在诊疗服务中，依靠移动医疗实现网上挂号、询诊、购买、支付，节约时间和经济成本，提升事中体验；并依靠互联网在事后与医生沟通。

互联网医疗的未来，将会向更加专业的移动医疗垂直化产品发展，可穿戴监测设备就将会是其中最可能突破的领域。大数据和移动互联网、健康数据管理未来有较大的机遇甚至可能改变健康产品的营销模式。同时，随着互联网个人健康的实时管理的兴起，在未来传统的医疗模式也或将迎来新的变革，以医院为中心的就诊模式或将演变为以医患实时问诊、互动为代表的新医疗社群模式。

百度、阿里、腾讯先后出手互联网医疗产业，形成了巨大的产业布局网，他们利用各自优势，通过不同途径实现着改变传统医疗行业模式的梦想。2014 年中国移动医疗市场规模为 40.1 亿元，预计 2017 年将达到 200.9 亿元，复合增长率高达 78.5%。移动医疗未来两年将高速发展。

5. 互联网＋教育

一张网、一个移动终端，几百万学生，学校任你挑、老师由你选，这就是"互联网＋教育"。在教育领域，面向中小学、大学、职业教育、IT 培训等多层次人群开放课程，可以足不出户在家上课。互联网＋教育的结果，将会使未来的一切教与学活动都围绕互联网进行，老师在互联网上教，学生在互联网上学，信息在互联网上流动，知识在互联网上成型，线下的活动成为线上活动的补充与拓展。

互联网＋教育的影响不只是创业者们，还有一些平台能够实现就业的机会。在线教育平台提供的职业培训就能够让一批人实现职能的培训，而自身创业也能够解决就业。

2014 年，K12 在线教育、在线外语培训、在线职业教育等细分领域成为中国在线教育市场规模增长的主要动力，很多传统教育机构，例如新东方也正在从线下向线上教育转型，而一些在移动互联网平台上掌握了高黏性人群的互联网公司，也在转型在线教育，将用户需求深度挖掘，而通过大数据技术，可以实现个性化推荐，而基于移动终端的特性，用户可以用碎片化时间进行沉浸式学习，让在线教育切中了传统教育的一些痛点和盲区。

6. 互联网＋商贸

在零售、电子商务等领域，过去这几年都可以看到和互联网的结合，特别是移动互联网对原有的商贸行业起到了很大的升级换代的作用。2014 年，中国网民数量达 6.49 亿，网站 400 多万家，电子商务交易额超过 13 万亿元人民币。在全球网络企业前 10 强排名中，有 4 家企业在中国，互联网经济成为中国经济的最大增长点。根据中为智研数据，2014 年 B2B 电子商务业务收入规模达 192.2 亿元人民币，增长 28.34%；交易规模达 9.4 万亿元人民币，增长 15.37%。截至 2014 年，中国跨境电子商务试点进出口额已突破 30 亿元。

跨境电商也成为零售业的新机会。最近，国务院批准杭州设立跨境电子商务综合试验区。随着跨境电商的贸易流程梳理得越来越通畅，跨境电商在未来的对外贸易中也将占据更加重要的地位，如何将中国商品借助跨境平台推出去，值得很多企业思考。

此外，如果说电子商务对实体店生存构成巨大挑战，那么移动电子商务则正在改变整个市场营销的生态。智能手机和平板电脑的普及，大量移动电商平台的创建，为消费者提供了更多便利的购物选择，例如微信将推出购物圈，就在构建新的移动电商的生态系统，移动电商将会成为很多新品牌借助社交网络走向市场的重要平台。

7. 互联网＋文化传媒

文化创意产业的核心是创意，是以创意为核心，向大众提供文化、艺术、精神、心理、娱乐等产品的新兴产业。互联网与文化产业高度融合，推动了产业自身的整体转型和升级换代。互联网对创客文化、创意经济的推动非常明显，它再次激发起全民创新、创业，以及文化产业、创意经济的无限可能。互联网带来的多终端、多屏幕，将产生大量内容服务的市场，而在内容版权的衍生产品，互联网可以将内容与衍生品与电商平台一体化对接，无论是视频电商、TV 电商等都将迎来新机遇；一些区域型的特色文化产品，将可以使用互联网，通过创意方式走向全国，未来设计师品牌、族群文化品牌、小品类时尚品牌都将迎来机会；而明星粉丝经济和基于兴趣为细分的社群经济，也将拥有巨大的想象空间。

互联网对于媒体的影响，不只改变了传播渠道，在传播界面与形式上也有了极大的改变。传统媒体是自上而下的单向信息输出源，用户多数是被动地接受信息，而融入互联网后的媒体形态则是以双向、多渠道、跨屏等形式，进行内容的传播与扩散，此时的用户参与到内容传播当中，并且成为内容传播介质。交互化、实时化、社交化、社群化、人格化、亲民化、个性化、精选化、融合化将是未来媒体的几个重要的方向。

所有的传统广告公司都在思考互联网时代的生存问题，显然，赖以生存的单一广告的模式已经终结，它的内生动力和发展动力已经终结。未来广告公司需要思考互联网时代的传播逻辑，并且要用互联网创意思维和互联网技术来实现。互联网语境的创意模式，过去考验广告公司的能力靠的是出大创意、拍大广告片、做大平面广告的能力，现在考验广告公司的则是实时创意、互联网语境的创意能力、整合能力和技术的创新和应用能力。

8. 互联网＋生活服务

"互联网＋服务业"将会带动生活服务 O2O 的大市场，互联网化的融合就是去中介化，让供给直接对接消费者需求，并用移动互联网进行实时链接。例如，家装公司、理发店、美甲店、洗车店、家政公司、洗衣店等，都是直接面对消费者，如河狸家、爱洗车、点到等线上预订线下服务的企业，不仅节省了固定员工成本，还节省了传统服务业最为头疼的店面成本，真正将服务产业带入了高效输出与转化的 O2O 服务市场，再加上在线评价机制、评分机制，会让参与的这些手艺人，精益求精、自我完善。当下 O2O 成为投资热点，事实上，这个市场才刚刚开始，大量的规模用户，对于传统垂直领域的改造，形成固定的黏性，打造平台都还有很大的探索空间。

创业基础 ≫

一、创业行业怎么选

从理论上说，制约大学生行业选择的因素主要分为外在因素和内在因素。外在因素主要包括该行业的发展前景和潜力，具体为利润率、风险性与创新性，竞争的激烈程度，政府对与该行业的政策扶持力度等。内在因素则是大学生自身的因素，包括他们所学的专业特色、自身的兴趣爱好、自身的特长、资金的多少，等等。

创业行业的选择，主要从以下方面进行评估。

（一）行业发展的前景

当今时代，在选择创业行业的时候要认识到选择创业行业不能只注重行业现在的发展情况，还要根据该行业现在的发展势头、政府的相应政策、世界经济的发展趋势、高科技产业的发展速度、该行业自身的特色和经营模式等一系列外在因素综合考虑该行业在未来世界的发展浪潮中所占据的位置，换句话说，就是要关注一下行业的发展前景。

（二）行业利润率

一般的创业者在行业选择的初期，都会把绝大多数的注意力放在备选行业的利润率上。诚然，追求利润本身就是创业者的初衷所在，但是一些高利润行业，如通信类和生物制药类，进入的门槛过高，有较高的科技含量的要求，对于经营的场地和启动资金都有着严格的要求，这对于大学生创业者们来说是一个不小的挑战。所以大学生创业者在创业初期对于利润率要有一个比较理性的认识，不应盲目地把利润率的高低作为衡量行业优劣的标准。简言之，利润率在行业选择的影响因素中占有一席之地，但不应是唯一的因素。

（三）启动资金

一般地，资金是创业者目前创业活动中遇到的最大障碍，也是制约他们行业选择的主要因素。一些具有极高的科技含量和发展潜力的项目就是因为资金的匮乏，缺少相应的投资而搁浅。创业者应根据自己的资金状况来选择相应的行业，尽量使自己在未来的发展中可以处于行业的较高水平，获得高额利润。

（四）竞争程度

创业者应考虑所选行业的竞争程度。研究表明，现在有很少的创业者会抓住行业的空白进行创业，如果所选的行业比较传统，行业的竞争度就比较高。竞争度的高低决定企业未来在行业中的发展水平。

（五）兴趣和爱好

众所周知，兴趣是最好的老师，爱好是不竭动力的源泉。创业者在创业时如果能结合自己的兴趣，通过创业的方式让自己的爱好转变成现实中的一种职业，将有助于创业的成功。这是因为，创业者是基于自身的兴趣来选择创业行业的，所以对顾客的心理需求有着很好的把握。在顾客服务方面有着优势，能够将心比心，凭借细致入微的服务赢得顾客的认同，就会为创业成功打好基础。

（六）自身的优势

很多大学生在创业的时候希望能够结合自己大学所学的专业知识，因为知识和技能水平高是大学生创业群体最显著的特征。知识和技能对于经济发展和社会进步的推动作用是巨大的。知识和技能是起支配作用的生产要素；缺乏知识和技能，就在很大程度上失去了核心竞争力和生存空间。大学生经历了系统的高等教育，积累了诸如语言表达、写作、管理等技能，以及大量的金融、会计、营销等专业知识，是社会中的精英，这为大学生创业搭建了更高、更宽阔的平台。

【案例】

未来 8 大最佳创业领域[①]

相对于其他更为成熟的行业而言，某些领域还有很长的路要走，但这正是它们吸引人的一部分。我们可以大胆猜测未来发展最快的公司都将诞生于哪些行业。

1. 无人机制造业

据估计，无人机（UAV）在美国拥有 33 亿美元的市场，项目领域包括商业无人机、娱乐无人机和军用无人机。其中，商业无人机具有人道主义救援、科学研究、警方监控、货物运输等潜在用途，发展空间可谓无穷。

热门原因：根据国际无人机系统协会的相关报告，一旦美国联邦航空管理局放宽商业无人机禁令，那么到 2025 年，该项目就可以为美国提供多达 10 万个新的就业机会。

技术需求：公司需要配备掌握制造、驾驶、监控无人机等相关技能的 IT 人员，并且需要跟上技术更新步伐，不断升级产品。

进入壁垒：无人机的投资研发和制造所需要的资金成本非常高。新进入者若想在行业竞争中占有一席之地，就必须拥有自己的专利产品。

不足之处：虽然 FAA 法规有望今年敲定，但等待过程必将会耽误商业无人机的市场需求。

关于竞争：大量相关企业的涌入使得行业竞争不断升温。同时，美国公司仍在等待 FAA 法规成为正式法律，而其他国家的竞争者并不受到法律制约，因而能够在商业和娱乐无人机市场上占得先机。中国深圳大疆科技有限公司已经成为全球最大的商业无人机公司。

市场前景：据业内人士估计，2015 年该行业在美国增长了 6.2 个百分点，预计之后平均每年将以 5.8% 的速度增长，到 2020 年时，行业估值将达到 43.4 亿美元。

2. 虚拟现实

业内专家认为，2016 将是虚拟现实（VR）实现突破的一年，预计年 VR 设备成交量有望达到数百万之多。这里说的 VR 设备，指的是成本昂贵的头戴装备，不包含 Google Cardboard（用硬纸板做成的虚拟现实眼镜）以及其他依靠智能手机工作的廉价头戴式显示器。例如，Facebook 的 Oculus Rift 耳机标价为 699 美元。

根据创业投资与私募股权研究公司 PitchBook 的研究显示，虽然虚拟现实最初的广泛使用可能是从游戏行业开始，但数字娱乐将紧随其后，从电影行业到现场直播，都将用到虚拟现实。同时，虚拟现实还会涉及教育领域以及医疗卫生和军事等领域的培训。

---

①来源：微信公众号 创天下投融资平台，2016－2－7.

热门原因：根据 PitchBook 的数据显示，截至 2015 年 11 月，虚拟现实公司已经从 2010 年的 13 笔交易（7000 万美元）上升到了 120 笔交易（约 6.3 亿美元）。2014 年，Facebook 斥资 20 亿美元收购虚拟现实厂商 Oculus，这一举动进一步刺激了舆论，许多人猜测虚拟现实将是继移动终端后的下一个重大技术突破。

技术需求：虚拟现实领域的新进入者要有拍摄并生成虚拟现实视频内容的能力、视频直播主持的经验，及开发手机虚拟现实软件的技术。

进入壁垒：虚拟现实技术依然有很大的发展空间，这使得技术研发成为重要的潜在成本。

不足之处：VR 能否提供足够真实的体验目前仍未可知，如果真能做到，那么头戴式显示器将成为大众市场产品。高端耳机高达数百美元的价格同时挑战了广大消费者的接受能力。

关于竞争：尽管现在定义竞争激烈程度还为时尚早，但目前已经有近 60 家公司进入虚拟现实领域，对硬件、软件和内容中的一个或多个垂直领域进行产品开发。其中，Facebook 的 Oculus 产品覆盖了三个垂直领域，这一类公司还包括 Jaunt、MagicLeap 和 NextVR，行业当中硬件做得最大的公司分别是 HTC、三星和索尼。

市场前景：据美国投资银行 Piper Jaffray 估计，截至 2025 年，全球虚拟现实硬件市场的估值可能高达 620 亿美元。同年，全球虚拟现实软件市场将达到 54 亿美元。据金融服务公司 UBS 估计，截至 2020 年，全球虚拟设备年销量将超过 3 400 万台。

3. 人工智能

人工智能不是一个单一的行业，它是一种有可能颠覆各行各业既定规则的技术。尽管人们对于自动驾驶汽车寄予厚望，希望人工智能技术能够在汽车安全方面起到重要作用，但目前人工智能更多地还是被运用在诸如计划性休假和会议预定这些日常小事上。

热门原因：商业智能公司最有可能最大规模采用人工智能技术，因而在不久的将来，人工智能技术和系统的应用有望呈现大幅增长。据风投资本研究公司 CB Insights 数据显示，2014 年美国人工智能创业公司共计获得 3.09 亿美元风投资金，相较 2010 年涨幅超过 20 倍。

技术需求：AI 创业公司需要拥有卓越计算技能和技术专业学位的人才。

进入壁垒：该行业创业公司需要高技能专家，而这些专家多数受雇于大型公司，研究无人驾驶汽车这样的先进人工智能项目。此外，收集必要数据，构建所需算法，也是一个主要挑战。

不足之处：由于人工智能仍然是一个新兴的技术，因此现在还很难断言这项技术最适合哪些领域。包括 SpaceX 公司创始人 Elon Musk 和苹果联合创始人 Steve Wozniak 在内的企业家对人工智能的潜在危险表示担忧，比如说人工智能武器一旦流入黑市并被恐怖分子或独裁者使用，后果不堪设想。

关于竞争：根据 CB Insights 数据显示，2010 年，美国新兴的人工智能创业公司当中，只有两家筹集到风投资金，而到了 2014 年，这个数字达到了 16 家。2015 年，从苹果的 Siri 和微软的 Cortana 到工业机器人公司 Rethink Robotics，这些人工智能产品公司共计筹集了 1.13 亿美元风投资金。

市场前景：据市场情报公司 IDC 数据显示，截至 2019 年，美国人工智能技术市场预计将达到 92 亿美元，与 2014 年相比较增幅达 100%。与此同时，市场研究公司 BCC Research 预测，全球智能机器市场平均每年大约将实现 20% 的增长，2019 年将达 153 亿美元。

4. 食品分析技术

食品技术产业通常是指使用互联网或移动技术，提高食品制作、包装、销售效率和利润的各大公司。食品分析是新兴领域，其中包括研发智能厨房电器的公司，帮助消费者进行食品库存管理的设备（属于智能厨房电器）。过去几年中，食品科技行业一直由美国公司主导，但 2015 年，有美国之外的其他国家，尤其是印度和中国公司投资创办的食品科技公司出现了爆炸式增长。

热门原因：据 CB Insights 的数据显示，2014 年，全球范围内对食品科技公司的投资只有 162 笔，合计金额 22.8 亿美元，而到了 2015 年，投资数为 275 笔，合计金额猛增至 57.4 亿美元。

技术需求：该领域创业公司需要拥有强大的 Web 软件开发等 IT 技术，还需要餐饮服务业经验，以及食品配送公司。

进入壁垒：一些细分的食品科技行业已经挤满了初创企业，并且食品分析刚刚兴起，这就要求新加入者投入大量精力进行科技研究开发。

不足之处：与食品科技的其他行业分支相比较，食品分析尚处于起步阶段，智能厨房设备仍然是一个未经消费者检验的产品。

关于竞争：据咨询公司 Rosenheim Advisors 透露，美国有近 90 家公司提供网上外卖。早期食品科技公司都有企业在背后支持，包括外卖公司 Maple、在线农贸市场 Farmigo 以及在线食品批发及支付处理服务商 Sourcery。

市场前景：据市场研究公司 eMarketer 的数据显示，截至 2016 年底的五年内，美国餐饮业电子商务销售额预计年平均增长率将达到 17%，营业额达 940 万美元。同时餐饮业也是美国最大的零售类别，年均销售额将近 6 000 亿美元。

5. 生物识别扫描软件

生物识别扫描软件行业由瞳孔、指纹和面部识别系统软件的开发公司组成。在美国，该行业市场估值将近 49 亿美元，未来五年内行业需求还有望加速增长，私企的大力投资对行业增长起到重要推动作用。

热门原因：无论在政府还是私企领域当中，瞳孔、指纹和面部等识别系统的技术开发都在迅速发展。一方面，私人企业希望推动对该技术的广泛需求，比如，在医疗卫生领域，通过简单的生物识别扫描，检索病人记录；在建筑领域中，出入使用指纹扫描进行身份验证。另一方面，政府机关也希望采用该技术进行边境控制和移民管理。

技术需求：创业公司需要高技能的程序员、科学家来开发生物识别软件，还需要具有统计分析经验的员工，推出更为人性化的产品。

进入壁垒：开发生物识别扫描软件所需的高技能人才可能非常昂贵。同时，该领域内的大型创业公司想要维持行业主导地位，光凭软件还不够，往往还要生产配套硬件。

不足之处：尽管该领域当中指纹识别软件是主导技术，但目前尚不清楚视网膜识别、三维人脸识别或其他类型的身份验证是否将超越指纹识别，成为生物识别首选方式。如果创业公司专注研发某个特定技术，风险很大。

关于竞争：根据研究机构 IBIS World 的数据显示，行业领先公司包括美国 3M Company 和 Safran Group，前者占美国市场 13％ 份额，而后者则占美国市场约 8％ 份额。苹果公司还收购了移动安全公司 AuthenTec，并将其技术运用到旗下很多产品中，使得公司在移动市场上同样占主导地位。

市场前景：据 IBIS World 估计，2015 年该行业增长 6.2 个百分点，预计之后平均每年将以 14％ 的速度增长，到 2020 年，行业估值将达到 94.7 亿美元。

6. 欺诈检测软件

据估计，该行业在美国有 10 亿美元市场，业内公司主要是开发软件、检测和防范欺诈性付款。随着欺诈活动和欺诈平台数量的增加，欺诈检测软件的市场有望持续增长。

热门原因：目前欺诈检测软件行业正处于生命周期中的成长阶段，预计中小企业对该行业的需求会不断增长。随着越来越多的行业采用手机支付和电子商务系统，更多的企业和消费者接受"云"这种新模式，新的犯罪形式也随之产生，这更将刺激人们对欺诈检测软件的需求。

技术需求：该领域创业公司需要强有力的 Web 软件开发技能，聘用的 IT 专家不仅需要时刻关注信息安全法律法规，还要了解诸如新代码平台等新兴软件发展趋势。

进入壁垒：新进入者必须大规模投资计算机网络技术，成本高昂。且现有业内公司已经强强联合，新进入者竞争压力巨大。同时，高级开发人员难求。

不足之处：因为诈骗者不断改变诈骗方式，和检测系统斗智斗勇，所以新进入者必须不断改进产品，才能跟上诈骗者层出不穷的花招。

关于竞争：整个欺诈检测软件行业，因为抱团求存，目前还没有明确的领导者，也没有某家公司特别出色，能够主导该行业。业内主要公司包括总部位于美国加州圣何塞的 Fair Isaac Corporation American，该软件公司致力于金融服务行业，此外还有总部位于北卡罗来纳州的 SAS 软件研究所，该公司旗舰产品致力于商业智能预测分析。

市场前景：根据 IBIS World 的研究显示，2015 年，该行业市场在美国增长了 22 个百分点，预计之后每年将以平均 12.4％ 的速度增长，到 2020 年，行业估值将达到 17.8 亿美元。

7. 企业健康

企业健康产业，指的是为企业提供医疗卫生项目的行业。据估计，美国企业健康产业有价值 72 亿美元的市场。根据美国兰德公司（Rand Corporation）报告，美国企业家在疾病管理服务、企业健康项目中每投资 1 美元，预计将节省 3.8 美元；生产效率也会有所提高，同时还会产生其他回报。

热门原因：企业一直在设法降低医疗卫生成本，到 2020 年企业健康项目预计会有较大进展。

技术需求：该行业创业公司要能够设计有效的项目，从压力管理到戒除烟瘾，给予用户方方面面的帮助。同时，还需要进行软件开发，让项目访问更易于方便获取。

进入壁垒：新进入者通常得聘请营养师、体育教练和其他员工对数据进行检查分析。拥有专业证书、受过专门训练的员工薪水自然不会低。

不足之处：根据 IBIS World 的研究显示，在提供健康项目的美国公司当中，有将近三分之一员工的参与率为 20% 甚至更低。

关于竞争：该行业的竞争压力不高不低。业内大型公司有总部位于芝加哥的 Com-Psych Corp 以及联合健康集团子公司 Optum Health。其中，ComPsych Corp 是员工援助计划最大的供应商之一。

市场前景：据 IBIS World 估计，2015 年该行业在美国的市场增长了 6.3 个百分点，预计之后将以年均 7.8% 的速度增长，到 2020 年行业估值将达到 105 亿美元。

8. 生态建材

据估计，生态建材行业在美国有 360 亿美元的市场，主要生产可持续性建筑材料，这种可再生产品适用于所有类型的建筑，并不仅是所谓的"绿色"建筑。这种材料有助于减少水、能源和其他资源的使用，并能比传统产品更有效减少污染和浪费。

热门原因：美国建筑行业近期发展势头迅猛，建材市场庞大，消费者对生态节能产品的兴趣也节节攀升。同时，因为传统能源消耗激增，政府也向生态建材行业给出诸多优惠政策。

技术需求：创业公司需要深入了解建筑设计以及环保建筑结构，还应能够制造多样化产品，满足不同客户的需求。

进入壁垒：新进入者必须对生态材料生产所需的技术和工艺进行发展，做好节能产品的研发以及专业器械的采购工作。

不足之处：该行业极易受到经济大环境的影响，一旦经济出现动荡，人们在房屋建设和家装设计方面的热情就会减退，开支也会随之缩减。

关于竞争：业内大型公司有宾夕法尼亚州兰卡斯特的 Armstrong World 以及总部位于新泽西州西特伦顿的 Homasote Company。Armstrong World 旨在生产可持续生态建材，满足环保节能设计（LEED）需求。Homasote Company 则致力于通过再生材料生产建筑产品。

市场前景：根据 IBIS World 的研究显示，2015 年美国该行业预计增长 11.8%，之后预计会以年均 10.6% 的速度增长，到 2020 年行业估值将达到 597.9 亿美元。

二、创业模式与过程

（一）创业模式

大学生创业模式是大学生在特定区域、特定环境中形成的，在创业动机、创业方式、产业进入、资金筹集、组织形式、创新力度和政府支持等方面具有相似性、典型性的创业行为，是对各种创业因素的配置方式。由于我们国家大学生创业的历史发展还比较短，目前大家都能接受的有 6 种比较成熟的创业模式：

1. 独立自创模式

独立自创模式是指大学生为了实现就业的同时积累资本和经验，由个人或几个人组成的创业团队白手起家，完全独立地创业，属于典型的个人创业。经调查发现大部分大学生创业时选择的是这种模式。创业行业主要集中在商业零售、餐饮、化妆品、服装、图书批发、家具、眼镜、乐器的经营上。这种创业模式的资金需求较少，创业者可以通过自己前期的兼职积攒、向亲朋好友借债或在政策范围内获得小额贷款的形式筹集。在管理上主要是采取自我雇佣的业主组织形式，产权关系上以个人独资或合伙投资经营为主，在经营取得成功、发展到一定规模的时候，就成立具有法人地位的股份制小型公司。这种创业模式投资小，面临的不确定性程度低，只要稳打稳扎，步步为营，就能逐渐积累壮大，成功率较高。

2. 产品代理加盟模式

这种创业模式是指大学生以加盟直营、区域代理或购买特许经营权的方式来销售某种商品或服务的创业活动。加盟的行业主要是商业零售、饮食、化妆品、服装等技术含量不高而用工较多的行业。资金筹集上一般是由个人独资或几个人合伙出资，组织管理上实行总店或中心的统一模式自我雇佣、自我管理，并且能分享经营诀窍和资源支持，得到长期专业指导和配套服务。这种创业模式由于有经营管理上现成的模式可供直接采用，可充分利用特许企业的品牌效应减少经营风险，享受规模经济的利益，被称为"站在巨人的肩膀上"的创业。

3. 分化拓展模式

这种创业是指大学生首先加入某高新技术或商品流通，成为该企业的骨干员工，然后利用企业内部创业的机会来实现自己创业理想的行为。一些大学生发挥自己的专业特长，迅速成为公司的骨干，而这时公司恰好准备变更或重塑公司的主要方向，由公司投资，并委托骨干员工来负责新业务或新项目。作为骨干分子在资本、经验、人力资源发展到适当程度之际并判断有更好的商机出现时就脱离原公司集团以自己个人积累的资金为主，来创建新的法人企业。创业者在参照原公司集团经营管理模式的基础上根据自己的偏好做进一步改进。这种创业模式可以依托原公司客户关系网扩大业务，创业风险较小，成功概率较高。

4. 专业化模式

这种创业模式是大学生将自己拥有的专长或技术发明通过"知本雇佣资本"的方式发展成企业。创业的大学生要求具备某一专业、技术特长，或成功研制一项新产品、工艺，但要创建企业需要高额资本，而学生往往由于缺乏信用保证难以通过信用机制从外部筹措大量的急需资金。于是大学生就以技术、专利、其他智力成果作为生产要素，吸引有眼光的公司提供风险投资基金来创建企业。这种创业模式主要集中于电子信息、生物技术、高科技农业等技术含量高、知识密集型的行业。经营形式上采取股份法人公司制，管理上十分强调企业家精神和团队精神。这种模式是技术与风险资金的结合，不确定性程度高、风险大。

5. 孵化器模式

孵化器模式是大学生受各种创业大赛的驱动和高校创业园区创业环境的熏陶、资助、催化而进行的创业活动。许多高校举办了各种各样的创业大赛，参加大赛的大学生在创业大赛中熟悉了创业程序，储备创业知识、积累创业经验、接触和了解社会，是对创业的模拟实验；同时高校纷纷建立科技园区或创业园区，园区中的科技创业基金中心或大学生创业投资公司对经过严格评估的优秀参赛项目进行股权形式的投资建立股份制公司并且定期对投资项目进行评估，实行优胜劣汰，对项目进行创业催化。创业者可以得到政策的支持和创业园区的各专家的培训和指导，包括免费提供办公场所、公共文秘、财会、人事服务，咨询、辅导、评估和项目管理服务、办理证照、落实优惠政策、推荐申报、市场营销服务等。这种创业模式集中于高科技行业，很多项目是研究生的导师承担的各级政府课题基金项目的成果。

6. 创意模式

这种创业模式刚刚兴起，是大学生根据自己的新颖构想、创意、点子、想法进行的创业活动。概念创新集中于网络、艺术、装饰、教育培训、家政服务等新兴行业，创业者的设想能够标新立异，同时在行业或领域里也是个创举，并能够迅速抢占市场先机。创业的资金需求量不是很大，一般创业者向亲朋好友借款或在政策范围内小额贷款，特别有创造性能吸引商家眼球的也可以引来大公司的股权形式的资金注入，组织管理上个人独资、合伙、股份公司均可。这种创业需要具有独特的个性特征和旺盛的创业欲望，善于洞察商业机会，创业难度高，不确定性大，但成功的收益也很大，是一种开创性价值创造型创业。

（二）如何找到适合自己的创业模式

对一个创业者来说，一个真正好的模式，应该是适合自己的，即其有能力操作而且能把现有的资源有效地整合进去，在此基础上，才能实现真正的创新。

在竞争激烈的互联网时代，一个主意刚刚被想到，可能就有成千上万的人同时想到了；同样，一个看起来有成功希望的商业模式其实会同时有好几百家企业在实践了，但是最终真正将之成功运作的可能只有一家。这里，除了各个模式本身在实际操作的过程中会存在小小的、有可能导致不同结果的差异外，真正起到决定作用的是各个不同公司实际的运作能力。比如说要建立一个面向家庭 PC 用户的虚拟娱乐社会，由联想来做和由一个学生团体来做，最终效果肯定是不同的。

"创业者应该做好自己最擅长的事情"，这里的擅长，不仅仅是指能力上的，更是指在你所处环境的资源条件上。在设计自己的创业模式时，非常重要的一点是对自身以及环境条件有一个客观的衡量，认清自己能做什么，在什么环节投入会取得最大的收益，而不是盲目地去模仿和追随别人成功的模式。

（三）创业过程

创业过程包括创业者从产生创业想法到创建新企业或开创新事业并获取回报，涉及识别机会、组建团队、寻求融资等活动。可大致划分为识别机会、整合资源、创办新企业、新企业生存和成长四个主要阶段。

1. 识别机会

一个人是否能成为创业者，直接受三方面因素的影响。一是个人特质，每个人都具有创业精神，但其强度不同；二是创业机会。创业机会的增多会形成巨大的利益驱动，促使更多的人创业；三是创业的机会成本评估。

创业机会一般分为两种：一种是意外发现的，一种是经过深思熟虑才发现的。国家产业政策的调整、新技术的出现、人口和家庭结构的变化、人的物质和精神需要的变化、流行时尚等都可能形成商业机会。及时、准确地识别创业机会之后，还要对机会进行评价和提炼。

2. 整合资源

整合创业资源是创业过程最为关键的阶段之一，除非成功地完成这个阶段，否则无论多么有吸引力的机会，或者有多好的新产品和服务，创意都等于零。创业者需要整合的资源包括：基本信息（有关市场、环境和法律问题）、人力资源（合作者、最初的雇员）和财务资源等。

3. 创办新企业

企业的创建需要进行大量的准备工作，其中创业计划、创业融资和注册登记尤为关键。创意能否变成行动，关键看其能否形成一个周密的创业计划；资金往往成为新创企业的"瓶颈"，创业融资在企业的创建过程中至关重要；当创业者完成创业计划并获得融资之后，就可以按照法定程序进行注册登记。包括确定企业的组织形式、设计企业名称、向工商行政管理机关提出企业登记注册申请、领取《企业法人营业执照》等内容。

4. 新企业生存和成长

新企业成立初期应以生存为首要目标，其特征是主要依靠自有资金创造自由现金流，实行充分调动"所有的人做所有的事"的群体管理，以及"创业者亲自深入运作细节"。新创企业要在市场上取得成功，就需要在企业营销策略、组织调整、财务稳健管理等经营管理方面更上一层楼，这是企业成长管理的重要内容。从成长走向成熟的标志之一是能够建设好自己的品牌，形成名牌，在品牌、知识和企业文化等方面形成竞争优势。

三、创业机会识别与评估

（一）创业机会识别的内容与方法

1. 创业机会识别的内容

对某一创业机会进行识别，通常需要就如下内容进行分析和判断。

（1）特定创业机会的原始市场规模

即特定创业机会形成之初的市场规模。固然，多数市场机会有着成长的可能，但原始市场规模往往是极为有限的。因此，分析、判断某一创业机会的原始市场规模是极为重要的，特别是原始市场规模决定着新创企业最初阶段的投资活动可能实现的销售规模，决定着创业利润。

这里需要说明的是：①一般地看，原始市场规模越大越好。因为某个新创企业即使占领了很小的市场份额，只要原始市场规模足够大，他也可能获取较大的商业利润。但这里也应注意问题的另一方面，即大市场往往可能吸引过多的竞争者，甚至是强有力的竞争者，这对资本能力弱、技术能力差、运营能力低的新创企业来讲，无疑是不利的。因此，所谓原始市场规模越大越好，主要是对那些资本能力、技术能力、运营能力强的新创企业而言的。②对于那些资本能力弱、技术能力差、运营能力低的新创企业来讲，原始市场规模较小的创业机会可能更为可取。因为在这种创业机会下，新创企业可能只面对较少、较小、较弱的竞争者，并且可以根据市场的成长性和发展进程不断地调整自己，使自己适应于市场的成长。

（2）特定创业机会存在的时间跨度

一切创业机会都只存在于一段有限的时间之内，这是由特定行业的商业性质决定的。在不同行业，这一时间的长度差别很大。一般而言，特定创业机会存在的时间跨度越长，新创企业调整自己、整合市场、与他人竞争的操作空间就越大。对于某个新创企业来说，只要操作得恰到好处，就可能在市场中一展宏图。

这里需要说明的是：①"特定创业机会客观上将存在的时间跨度"与"创业者自己估计的该机会的时间跨度"，两者并非是一致的。换言之，人是有理性的，创业者自己估计的特定创业机会的时间跨度，有可能长于实际的时间跨度，也可能短于实际的时间跨度。但无论如何，对这一时间跨度有一个估计是绝对必要的。②特定创业机会的时间跨度是变化的。因为特定的创业机会对应于特定的商品需求和行业需求。假如有替代性商品和替代性行业出现，特定创业机会的时间跨度就可能缩短。换言之，特定创业机会的实际时间跨度是替代品竞争的函数。

（3）特定创业机会的市场规模随时间增长的速度

客观地看，这一速度决定着利用某一创业机会创业的新创企业的成长速度，并与新创企业的成长速度存在着互动关系。一般而论，这一速度快，新创企业就会有可资利用的成长空间。

当然。这里也需要注意以下几点：①现实中，特定创业机会可能带来的市场规模总是随着时间变化的。如移动通信技术、产品和服务进入中国之时，它的市场规模是极为有限的。一些人甚至认为，这一行业在中国不可能火暴起来。然而，随着我国市场经济的发展，企业商务空间的扩大，以及居民生活流动性的增强，移动通信在我国迅速成长起来，发展成通信行业的骨干力量，成为政府、企业、居民不可或缺的伴侣。②特定创业机会可能带来的风险和利润也会随着时间而变化，特别是股市运营、房地产经营、耐用品产销和高新技术创业等，其风险和利润都是随着时间变化的。在特定创业机会存在期的某些时段，可能比其他时段更具有商业潜力，创业者只要在特定机会的整个存在期的一段时间内利用好相应机会，就可能谋求到较佳的商业利益。③在迅速成长的商业空间中，新创企业才可能逐步成长壮大。创业者需要根据特定创业机会的市场成长速度，不断调整企业自身的成长战略和运营策略。特别是当创业者推动新的创业项目时，需要通过对特定创业机会的时间跨度及其进程的分析，来确定相应商业计划的时间期限，以使特定的商业计划更为可行和可靠。

（4）特定的创业机会是不是较好的创业机会

客观地看，即便某个创业机会有着较大的原始市场规模，存在着较大的时间跨度，其市场规模也会随时间以较高的速度成长，创业者也需要进一步分析、判断该机会是不是较好的创业机会。

较好的创业机会有以下几个特征：

1）在前景市场中，前5年的市场需求稳步且快速增长

不难设想，如果某个创业机会的市场需求不能稳步而快速增长，新创企业将不可能驻足于足够大的盈利空间之中，也就不可能迅速成长起来，在激烈的市场竞争中，新创企业无疑会纷纷落马，这对创业者是极为不利的。

2）创业者能够获得利用特定创业机会所需的关键资源

这里所称的资源，包括利用特定创业机会所需的技术资源、资本资源、财力资源、资讯资源、公共关系资源等。理性地看，某个创业机会再好，即便存在巨大的盈利空间，若创业者缺少利用该机会所需的关键资源，那他也无法利用这一机会。

3）创业者不会被锁定在"刚性的创业路径"上，而是可以中途校正自己的创业路径

原因在于，市场千变万化，科技日新月异，政府政策不断调整，创业者需要根据这些变化不断调整自己的"创业路径"。所说的创业路径，即创业的战略思路、组织结构、运营策略、市场技巧、技术路线等。如果创业者利用特定创业机会的创业路径是不可调整的，无论是因为主观的原因，还是客观的原因，创业者都不可能真正抓住和利用相应的创业机会。

4）创业者可以通过创造市场需求来创造新的利润空间，牟取额外的企业利润

创新经济学告诉我们，市场是可创造的。企业要占领市场、获取利润，往往需要靠自己去创造新的市场需求。典型的例证，四川成都彩虹电器集团发展微型电热器具，北京四通集团创业伊始发展电脑打字机，都是通过创造市场需求来创造和扩大利润空间，占领市场，获得额外的企业利润的。尽管当时存在着对电热器具、打字机的市场需求，但若这些企业不去创造市场对于微型电热器具、电脑打字机的特定需求，或者这些需求是不可创造的，或者这些企业创造市场需求的努力得不到潜在用户的响应，那么这些新创企业的创业努力就不可能获得市场的利润回报，这些企业也不可能获得较大、较快的发展。

5）特定创业机会的风险是明朗的，至少有部分创业者能够承受该机会的风险

在风险面前无所作为，是企业经营的大忌之一。然而，如果某一创业机会的风险不明朗，无法搞清风险的具体来源及其结构，那么创业者就无法把握风险、规避风险或抑制风险，就无法降低风险损失、提高风险收益。

因此，一个好的创业机会，其风险必须是明朗的，且有一定数量的创业者能够承受相应的风险，否则，该创业机会就无所谓"机会"了。

（5）特定创业机会对某个创业者自身的现实性

既使某个创业机会是较好的机会，但对于特定的创业者而言，他还需要进一步分析其现实性，判断"这一机会是否是自己可以利用的机会？创业者是否值得利用这一机会？"

对特定的创业者而言，为了做出理性的判断，他必须回答如下问题：

1）自己是否拥有利用该机会所需的关键资源，诸如相应的企业运作能力、技术设计与制造能力、营销渠道、公共关系等。面对某个创业机会，企图利用这一机会的创业者不一定必须拥有所需的全部资源，但他必须拥有利用这一机会的关键资源。否则，要么创业无法起步，要么在创业中会受制于人。例如，有一家企业投入市场的掌上电脑十分畅销。但不难设想，如果该企业缺乏产销掌上电脑的多数关键资源，他就无法生产并销售这一产品，更不要说借此创业。

2）自己是否能够"架桥"跨越"资源缺口"。在特定的创业机会面前，多数情况下，企业不可能拥有所需的全部资源，但他必须有能力在资源的拥有者与自身之间架起桥梁，以弥补相应的资源缺口，某掌上电脑产销公司，尽管其自身没有研制开发该类产品的能力，但他有能力动员相应的设计公司和制造厂商加入自己的创新与创业活动。如该公司将自己的设计思想按契约传递给某家专业设计公司，设计公司为其设计出了符合功能要求的产品方案；将生产订单委托给某些制造企业后，制造企业为其生产出消费者满意的产品。可以说，这家公司以掌上电脑起步的创业，是创业者架桥跨越资源缺口、成功创业的一个典型案例。将此例推而广之，不难看到，在市场经济中、创业者只有勇于和善于架桥跨越资源缺口，组合利用市场资源，才有可能取得创业的成功。

3）遇到竞争力量，自己是否有能力与之抗衡。现实中，一旦某个创业机会逐渐显露，就会有不少的创业者、竞争者蜂拥而上，这是十分平常的现象。但是，假若某个创业者想利用特定机会并获得创业的成功，他就必须具备与其他创业者、竞争者进行竞争的能力。

4）是否存在可以创造的新增市场以及可以占有的远景市场。理性地看，某个创业机会是否值得创业者利用，除了要有足够大的原始市场规模之外，其市场也应是可创造、可扩展的，具有足够的成长性，存在远景市场。创业者真正可把握的是"可创造的市场部分"，而不是"顺其自然成长的市场部分"。

5）利用特定机会的风险是否是可以承受的。显然，创业者要想利用某个创业机会，他就必须具备利用该机会的风险承受能力。包括承受相应的技术风险、财务风险、市场风险、政策风险、法律风险和宏观环境风险的能力。就特定的创业者而言，如果利用特定机会的风险是该创业者不可承受的，而他硬要"甘冒风险、知难而进"，那在创业之初就可能自取灭亡。

总体上看，面对特定的创业机会，创业者只有拥有利用该机会所需的关键资源，能够架桥跨越资源缺口，有能力与可能遇到的竞争力量抗衡，可以创造新的市场并有能力占有远景市场份额，同时，能承受利用该机会的风险，这一机会才是该创业者可资利用的创业机会。

2. **创业机会的确定过程**

创业机会的识别和确定是一个创造过程，可分为五个阶段。如果在某个阶段停顿下来或没有足够信息使创造继续下去，创业者的最佳选择就是返回到准备阶段。

（1）创业准备

创业准备是指创业者根据自身的背景、经验和知识，决定是否创业，然后思考创业的方向，去发现创业的机会。正如运动员必须联系才能变得优秀一样，创业者需要经验以识别机会。研究表明，50％～90％的初创业者创业来自于个人的先前工作经验。在这个阶段，创业者仔细考虑创意或思考问题，是对事情进行深思熟虑的时期。有时候这种思考过程还会无意识地出现在人们从事其他活动的时候。

（2）机会发现

机会发现是创业准备的结果，是经过创业者深思熟虑的，机会发现也是一个洞察的过程，此时问题的解决办法被发现或创意得以产生。有时，它被称为"灵感"体验。在商务环境中，这是创业者识别出机会的时刻。有时候，这种经验推动过程向前发展；有时候，它促使个人返回到准备阶段。例如，创业者可能意识到机会的潜力，但认为追求机会之前需要更多的知识和考虑。

（3）机会评价

机会评价是创造过程中仔细审查创业并分析其可行性的阶段。许多创业者错误地跳过这个阶段，他们在确定创业可行之前就去设法实现它。评价是创造过程中特别具有挑战性的阶段，因为它要求创意者对创意的可行性采取一种公正的看法。创意需要符合一定的标准，才是真正的创业机会，而且创业机会只有符合创业者的能力和目标才是有价值的。

（4）机会阐述

机会阐述是创业机会变成最终形式的过程：细节已构思出来，并且创意变为有价值的东西，诸如新产品、服务或商业概念。这是一个条理化和逻辑化的过程，需要将天马行空的想象进行数字化的分析，可以表现为商业计划书的撰写。机会阐述是对问题的进一步落实和解决，是创业机会选择和决策的依据。在这个时候，也有可能发现创业机会不可行，需要重新去做准备和发现。

（5）机会决策

根据创业者自身的条件和环境的限制，决定是否采用创业机会进行创业。创业者需要充分考虑中国的国情。不同的时代有着不同的社会环境，不同的社会环境造就不同的商界英雄。他们成功的经历也许各不相同，但有一点绝对是相同的，那就是他们每一个人都善于根据各自所处的特殊时代制订相应的经商方针。

（二）评价创业机会价值的内容与方法

1. 蒂蒙斯的创业机会评价框架

蒂蒙斯的创业机会评价框架，涉及行业和市场、经济因素、收获条件、竞争优势、管理团队、致命缺陷问题、个人标准、理想与现实的战略差异等八个方面的53项指标。通过一种量化的方式，创业者可以利用这个体系模型对行业和市场问题、竞争优势、经济结构和收获、管理团队、致命缺陷等做出判断，来评价一个创业企业的投资价值和机会。具体见表 4-1 所示。

表 4-1 蒂蒙斯机会评价框架

行业与市场	1. 市场容易识别，可以带来持续收入 2. 顾客可以接受产品或服务，愿意为此付费 3. 产品的附加价值高 4. 产品对市场的影响力高 5. 将要开发的产品生命长久 6. 项目所在的行业是新兴行业，竞争不完善 7. 市场规模大，销售潜力达到 1 千万～10 亿元 8. 市场成长率在 30%～50% 甚至更高 9. 现有厂商的生产能力几乎完全饱和 10. 在五年内能占据市场的领导地位，达到 20% 以上 11. 拥有低成本的供货商，具有成本优势
经济价值	1. 达到盈亏平衡点所需要的时间在 1.5～2 年以下 2. 盈亏平衡点不会逐渐提高 3. 投资回报率在 25% 以上 4. 项目对资金的要求不是很大，能够获得融资 5. 销售额的年增长率高于 15% 6. 有良好的现金流量，能占到销售额的 20%～30% 以上 7. 能获得持久的毛利，毛利率要达到 40% 以上 8. 能获得持久的税后利润，税后利润率要超过 10% 9. 资产集中程度低 10. 运营资金不多，需求量是逐渐增加的 11. 研究开发工作对资金的要求不高
收获条件	1. 项目带来附加价值的具有较高的战略意义 2. 存在现有的或可预料的退出方式 3. 资本市场环境有利，可以实现资本的流动
竞争优势	1. 固定成本和可变成本低 2. 对成本、价格和销售的控制较高 3. 已经获得或可以获得对专利所有权的保护 4. 竞争对手尚未觉醒，竞争较弱 5. 拥有专利或具有某种独占性 6. 拥有发展良好的网络关系，容易获得合同 7. 拥有杰出的关键人员和管理团队
管理团队	1. 创业者团队是一个优秀管理者的组合 2. 行业和技术经验达到了本行业内的最高水平 3. 管理团队的正直廉洁程度能达到最高水平 4. 管理团队知道自己缺乏哪方面的知识

续表

致命缺陷	不存在任何致命缺陷
创业家的个人标准	1. 个人目标与创业活动相符合 2. 创业家可以做到在有限的风险下实现成功 3. 创业家能接受薪水减少等损失 4. 创业家渴望进行创业这种生活方式，而不只是为了赚大钱 5. 创业家可以承受适当的风险 6. 创业家在压力下状态依然良好
理想与现实的战略性差异	1. 理想与现实情况相吻合 2. 管理团队已经是最好的 3. 在客户服务管理方面有很好的服务理念 4. 所创办的事业顺应时代潮流 5. 所采取的技术具有突破性，不存在许多替代品或竞争对手 6. 具备灵活的适应能力，能快速地进行取舍 7. 始终在寻找新的机会 8. 定价与市场领先者几乎持平 9. 能够获得销售渠道，或已经拥有现成的网络 10. 能够允许失败

2. 评价创业机会价值的方法

（1）定性方法

定性分析侧重考虑：确定该市场机会所需具备的成功条件；分析本企业在该市场机会上所拥有的优势；公司所拥有的竞争优势；与本公司的发展方向和目标是否一致。

（2）定量方法

定量分析主要是进行商业分析中的经济效益分析，其任务是在初步拟定营销规划的基础上，从财务上进一步判断选定机会是否符合创业目标，一般是通过量、本、利分析法进行。

1）市场需求量的预测

通过市场需求量的预测，可以了解该机会所面临的市场状况及市场潜量（前提），也是进行经济效益分析的基础。市场需求量的预测可以运用一定的数学方法来进行，主要方法有：趋势预测法、因果预测分析法、市场调查分析法、判断分析法等。

2）成本分析

成本分析主要研究利用该机会所需付出的代价。应从投资成本、生产成本、营销成本等三个方面分析，可采用专门的成本预测方法，如直线回归法、趋势预测法等。

3）利润分析

在市场需求量、成本预测的基础上，进行利润测算，一般可采用损益平衡模型、现金流量模型、简单市场营销组合模型、投资收益率等分析方法进行。

3. 阶段性决策方法

这一方法明确要求创业者在机会开发的每个阶段都要进行机会评价。一个机会是否能够通过每个阶段预先设置的"通过门槛"，在很大程度上取决于创业者经常面对的约束或限制，如创业者的目标回报率、风险偏好、金融资源、个人责任心和个人目标等。虽然某个创业者可能会因为某个准则而放弃某机会，但它又会引起其他个人或团队的注意。

一项不能成功通过某一阶段的评价门槛进入下一阶段的机会，将被修订甚至被放弃。因此，通过循环反复的"识别—评价—开发"步骤，一个最初的商业概念或创意就会逐步完善起来。同时，评价过程使创业者在开发过程中的每一阶段都要放弃一些机会。

四、把激情发展到创意或技术

在讨论创业时，同学们热衷于创业的原因各种各样：有的长期专注于某个行业，希望有所转变；有的希望把个人技能发挥到极致，为这个世界带来影响；有的希望自己当老板；有的持有发明专利，希望能以不同的方式进行技术商业化；还有的想知道创业会对自己的人生带来怎样的改善。实际上，上述所有原因都可以归结为三种不同的类别：

（一）拥有创意：你有可以改变世界的新点子或是能够改善现有做法的新思路，而且非常乐于加以实施。

（二）拥有技术：你掌握了某种技术突破，希望进行商用；你知道如何对技术进行快速配置，从而对社会造成积极影响；或者你了解一种技术成就，希望通过创业使其发挥巨大潜力。

（三）拥有激情：你自信乐观，希望以最全面的方式拓展自己各方面的能力。你认为创业是积极影响世界的最好方式。你或许清楚创业是为自己工作，是对个人命运的控制，但不知道该怎么做或是没找到合适的技术。因此，你准备一边了解创业一边寻找理想的创意、技术和合作伙伴。

现实中，很多对创业感兴趣的大学生都只有一腔激情，毫无创意或相关技术。但你并不需要为此担忧。你可以努力养成个人兴趣，发现你的长处和能力，这样才能更好地发现新机遇。你可以自行或与潜在合作伙伴一起思考下面的问题：

• 知识：你的教育或职业中侧重哪些方面的知识？

• 能力：你最擅长做好哪些工作？

• 人脉：你是否认识在不同行业中拥有专业能力的人？是否认识其他创业者？

• 资金：你能否吸引大量资本？还是依靠微薄的个人存款创业？

• 特长：你和你的合作伙伴有哪些专业特长，甚至是专业里的知名人士？

• 经验：在以往的学习或工作经验中，你有哪些低效行为或存在哪些"痛脚"？

• 针对特定市场的热情：你对哪些行业的改善情有独钟？

• 承诺：你是否拥有努力改变现状的时间？是否做过尝试？有没有准备好针对上述目标创建新企业？

通过以上练习，你和创业团队可能会发现你们正倾向甚至热衷于某些行业或项目。从而把对创业的激情发展为拥有创业所需的创意或技术。通常，你会发现某个创意或技术能够为你的个人生活带来某些方面的改善，进而意识到它们可能有潜力为其他人带来帮助。这种现象称为"用户型创业"。考夫曼基金会调查发现，在经营 5 年以上的创新型初创企业中，几乎有一半都是由用户型创业者成立的。

创业思维 >>

一、寻找创业项目

问题：所有的创业行为都要落实在一个个具体的创业项目之上。创业项目的寻找和选择至关重要，在探寻创业项目时要舍得花工夫。那么如何寻找创业项目呢？

参考观点：

（一）基于解决别人困难，选定创业项目

"别人的困难往往就是企业成功的机会。"企业通过为他人提供有益的服务、为他人解决工作和生活中的困难可以获得正当合法的盈利。譬如，北大方正公司创始人王选先生为解决印刷行业困难，发明了激光照排系统，一举创业成功；有人针对大城市中的三口之家，夫妻两人上班经常为接送孩子上学和孩子吃饭的事发愁这一困难，开办托教服务项目，投资少、见效快，也取得了成功。

（二）分析已有商品存在的问题，选定创业项目

市场上销售的商品总会存在这样或那样的问题。有的样式呆板，有的颜色单一；有的在功能和性能方面不够完善，有的在结构方面不够合理，等等。创业者经过调查分析，针对这些商品存在的问题，进行改进、完善、提高，以此作为创业项目往往成功率很高。比如，美国迪士尼乐园的创始人迪士尼，就是针对当时市场上卡通影片存在的问题，通过改进技术创业的。

（三）透视热销商品背后隐藏的商机，选定创业项目

以热销商品为导向，认真分析热销商品背后隐藏的商机，再选定创业项目进行经营。例如，当看到市场上鸡蛋热销时，分析预测鸡蛋热销背后隐藏的商机：一是马上会兴起养鸡热，二是当养鸡热兴起后，鸡饲料将会供不应求。因此，既不去卖鸡蛋也不去养鸡，而是跳过两个阶段去生产鸡饲料。这样当养鸡热兴起后，自然就会财源滚滚。

（四）基于市场供求差异分析，选定创业项目

从宏观上看，任何产品或服务的市场需求总量和市场供给总量之间往往都会存在一定的差距。通过调查分析，若发现哪个产品或服务的市场供给不足，就可以从中找到创业机会，选定创业项目。市场需求不仅是多样化的，而且是不断变化的。因此，即使有时市场供求总量平衡，但结构也会出现不平衡，这样就会有需求空隙存在。创业者通过分析供需结构差异，也可以从中发现创业机会，选定创业项目。比如，我国饮料市场的供求状况总体上看是供过于求的。但广东三水酒厂厂长李经纬先生，当年创业时就是在这供过于求的市场状态中，通过分析供需结构差异发现了创业机会，开发出运动保健饮料，起名"健力宝"，一举打开市场，不断发展壮大为今天的健力宝公司。

（五）利用市场细分，选定创业项目

所谓市场细分，就是根据整体市场上顾客需求的差异性，以影响顾客需求和欲望的某些因素为依据，把某种商品的整体市场划分为若干个消费者群的一种市场分类方法。通过市场细分划分出的每个消费者群就是一个子市场。每个子市场都是具有相同或类似需求倾向的消费者构成的群体。因此，属于同一子市场的消费者对同一商品的需求极为相似；分属不同子市场的消费者对同一商品的需求则存在着明显的差异。因此，进行科学的市场细分有利于发现市场机会，选定目标市场，确定创业项目。

二、创业优惠政策知多少

问题： 对于那些初出校门怀揣创业梦想的年轻人来说，创业该怎么开始？国家又为他们准备了哪些大学生创业优惠政策？又有哪些大学生创业扶持政策呢？

参考政策：

（一）税收、贷款优惠政策

大学生创业税收优惠——持人社部门核发《就业创业证》（注明"毕业年度内自主创业税收政策"）的高校毕业生在毕业年度内（指毕业所在自然年，即1月1日至12月31日）创办个体工商户、个人独资企业的，3年内按每户每年8000元为限额依次扣减其当年实际应缴纳的营业税、城市维护建设税、教育费附加和个人所得税。对高校毕业生创办的小型微利企业，按国家规定享受相关税收支持政策。

创业担保贷款和贴息——对符合条件的大学生自主创业的，可在创业地按规定申请创业担保贷款，贷款额度为10万元。鼓励金融机构参照贷款基础利率，结合风险分担情况，合理确定贷款利率水平，对个人发放的创业担保贷款，在贷款基础利率基础上上浮3个百分点以内的，由财政给予贴息。

免收有关行政事业性收费——毕业2年以内的普通高校学生从事个体经营（除国家限制的行业外）的，自其在工商部门首次注册登记之日起3年内，免收管理类、登记类和证照类等有关行政事业性收费。

（二）可享受的补贴

对大学生创办的小微企业新招用毕业年度高校毕业生，签订1年以上劳动合同并交纳社会保险费的，给予1年社会保险补贴。对大学生在毕业学年（即从毕业前一年7月1日起的12个月）内参加创业培训的，根据其获得创业培训合格证书或就业、创业情况，按规定给予培训补贴。有创业意愿的大学生，可免费获得公共就业和人才服务机构提供的创业指导服务，包括政策咨询、信息服务、项目开发、风险评估、开业指导、融资服务、跟踪扶持等"一条龙"创业服务。

（三）开设教育课程，强化创业实践

自主创业大学生可享受各高校挖掘和充实的各类专业课程和创新创业教育资源，以及面向全体学生开发开设的研究方法、学科前沿、创业基础、就业创业指导等方面的必修课和选修课，享受各地区、各高校资源共享的慕课、视频公开课等在线开放课程，和在线开放课程学习认证和学分认定制度。自主创业大学生可共享学校面向全体学生开放的大学科技园、创业园、创业孵化基地、教育部工程研究中心、各类实验室、教学仪器设备等科技创新资源和实验教学平台。参加全国大学生创新创业大赛、全国高职院校技能大赛，和各类科技创新、创意设计、创业计划等专题竞赛，以及高校学生成立的创新创业协会、创业俱乐部等社团，提升创新创业实践能力。

创业技能 >>

技能训练一 激情正方体

1. 每位学生准备六张正方形卡片，八小片胶带。

2. 拿出一张卡片，写下自己最有激情的事情，要求想出一些真正让自己感到兴奋并且确实喜欢做的事情。

3. 把写好的卡片先放到一边，再拿出两张卡片，在每张卡片上写下一件事情，描述你为什么对第一张卡片上所写的事情充满激情。你可以用几分钟时间认真反思自己对这件事情充满激情的动因。例如你对足球运动充满激情，那么请思考你为什么热爱这项运动，是因为可以在众人面前表现自己吗？是竞争感吗？还是团队情谊？

4. 把写好的两张卡片先放到一边，并拿出最后的三张卡片，在每张卡片上写下你感觉自己具备的一项技能或长处。

5. 拿出写好的全部六张卡片，正面朝下摆放，这样就不会看到上面的内容，然后将卡片打乱。完成这些后，将卡片摆成如图 4—1 所示的十字形状，然后把边缘粘在一起。

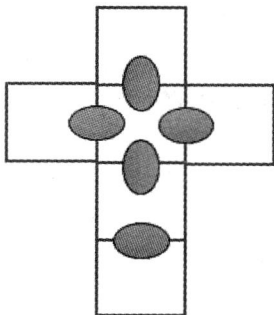

图 4—1

6. 将十字形折叠成一个立方体，有字的部分露在外面，用胶带将最后的边缘粘起来。

7. 现在开始检查自己的技能、激情以及激情动因的交汇点，也就是立方体各平面相

交汇的地方。随机挑选一个交汇点，并构思出至少一个商业创意，要求包含立方体在该交叉点相交的两个平面的内容。如果你愿意花更多的时间训练，可以选择立方体的其他边缘重复此做法。

8. 你可以随身携带这个立方体并利用它产生更好的创意。

技能训练二　创业选择的 SWOT 分析

利用 SWOT 分析方法，对自己做 SWOT 分析，分析自己创业选择的优势与劣势，并给出相应的策略与应对办法。

表 4-2　SWOT 分析

S　优势	W　劣势
O　机会	T　威胁

创业实践 >>

挑战"白手起家"

你能在 2 个小时内用 50 元创造多少利润？

和你的团队讨论并设计出行动方案。注意：这 50 元是你们拥有的唯一种子资金，你们不能从事非法活动（包括赌博），不能参与抽奖活动（包括买彩票）。在这 2 小时之前和之后，你都不能筹集资金；在这 2 小时后，你就不能再做任何事情了。团队的计划要尽可能详细、具体，并预估你们可能赚取的利润额。

展示团队的计划，并描述你的团队是如何产生"创意"的？50 元发挥了什么作用？

评选出利润额最高的团队和最有创造力的团队。

行动起来，实施你的计划！2 小时后，再来看一看哪个团队赚得了最多的利润？

反思：在这次活动中最令你感到意外的是什么？是否顺利地实施了计划？成功或失败的因素有哪些？

讨论：如何"白手起家"？

创业榜样 >>

大学生黄琛培的寻梦之旅

2013 年 1 月 2 日，光大会展中心的农博会现场人头攒动，突然，一阵清脆的叫卖声吸引众人目光："最新鲜的萝卜，1块钱一斤，有梨的味道啊。"抬头望去，只见一个萝卜摊位前一字排开十多名大学生，他们穿着统一的服装，帽子上印着"上海工程技术大学"的字样，有人吆喝，有人装袋，有人找零，分工明确；还有人专门削了萝卜，放在盘子里给顾客品尝。这支特殊的营销队伍立即引来了众人围观，生意一笔接着一笔。

摊主是一名看上去稚气未脱的大学生，他名叫黄琛培，是工程大机械工程学院的大三学生。可别小看这位摊主，他如今已是"上海萝卜哥生态农产品有限公司"的老板，并且，这家公司获得了市教委创新创业基金的资助，目前企业正式落户工程大仙霞路校区内。

"这些天，我请来16名同学来帮忙，他们是我的同学，也是我的'员工'。"黄琛培笑着对记者说，"我走的是'亲和路线'，刚才，我想切点萝卜给一位阿姨尝尝，阿姨连声说，不用尝，去年就来买过，大家都说好吃，今年给我来40斤，我拿去送人。"

缘于一段经历

学机械的上海籍大男孩，何以当上了"卖萝卜"的老板？这缘于2011年底黄琛培的一次志愿者经历。当时，也是在光大会展中心的农博会上，黄琛培遇到网络名人"萝卜哥"韩红刚。那一年，因河南萝卜滞销，韩红刚免费向郑州市民赠送萝卜而一炮走红。后来，他又带着家乡蔬菜闯荡上海，创下了3天售完34吨的奇迹。上一届农博会上，黄琛培就自告奋勇帮着"萝卜哥"卖萝卜，被韩红刚的热情憨厚所感染，两人成为无话不谈的朋友。3天销售34吨蔬菜的奇迹，更让黄琛培看到了农产品销售的市场前景。

萌发创业想法

黄琛培是工程大机械工程学院的学生会主席，在媒体实习过，在居民社区开过科学商店，参加过多项社会活动。在外人看来，他不愁找不到一份好工作。他自己则表示，起初一直不明白，在河南萝卜7分钱1斤没人要，为什么到上海卖1元1斤却遭疯抢，34吨萝卜3天就销售一空，萝卜在上海成了价廉物美的"香饽饽"，这岂不是天大的商机？黄琛培由此萌发了创业想法。

黄琛培说，希望靠自己的努力，实现河南蔬菜产地源头和上海销售终端对接，缓解菜贱伤农、菜贵伤民这一长期困扰农业发展的怪现象。在这个大学生创业农产品公司里，黄琛培和韩红刚各占50%股份，黄琛培负责销售，韩红刚负责种植，一个"萝卜弟"、一个"萝卜哥"，走了创业之路。

一个宏大计划

2012年2月，公司正式注册。黄琛培坦言，创业其实并非易事。创业之初，他先做"功课"：市场调研、项目管理、经营管理……原本与一名学机械的学生毫无关系的课程，都成了黄琛培的必修课程。他还在校园内"招兵买马"，大学生销售人员上岗前都必须进行培训，怎么吆喝、装袋、称重、找零，都是实训的内容。他说："外省市同学要学上海话，农博会上常用语'几钿一斤？''好勿好吃？'，学会、听懂了才能去做好销售。"

现在，黄琛培的团队每天在农博会上销售量达到2.5吨，经历了此番"真刀实枪"的体验，他认为，大学生创业并非一定是要高科技，有做生意的"叫买叫卖"经验也很重要。他的公司有一个宏大的计划：在上海各大菜场建设1000个"萝卜哥"生态农产品专柜。对于未来，黄琛培很清醒，要做大，需要引入资金，再好的项目，也有可能失败。创业失败无所谓，关键是这一段人生经历。他对记者说："失败了，再去找工作呗！有了经验，就还有可能重整旗鼓。"

黄琛培申报的创业项目已于11月13日被市教委批准成为"2012上海大学生创业训练及创业实践计划项目（001号项目）"，是上海工程技术大学50多个创业项目中唯一的一个农业项目，更获得了1.2万元的创业基金奖励。

黄琛培的"野心"很大。除了在此次的农展会上将"萝卜哥"带来的30吨萝卜销售完，约过半年后，他还将在上海多个标准化菜场设置50个"萝卜哥"生态农产品连锁专柜，计划首批投资300万元，并申请上海菜篮子工程政策。打造网络产销对接新模式：形成"河南农业按需种，上海市民放心吃"的网络产销对接新模式。

创业资源 》》

大学生创业网

网站名称：大学生创业网：http://www.studentboss.com/

资源介绍：2004年9月成立的中国大学生创业网，是各省会城市、全国高校深度共建的大型综合服务类门户网站。2004年以来，大学生创业网在全国25个省市建立了联盟分站，2009年10月，大学生创业网在英国伦敦、西班牙马德里建立了留学生创业服务机构，标志着大学生创业网走出国门，寻求更广阔的发展空间。

针对大学生创业过程中面临的不了解政策、缺乏项目、技能不足、缺少资金等困难，中国大学生创业网陆续搭建了资讯平台、项目平台、培训平台、资金平台、孵化平台在内的大学生创业综合服务平台，从大学生创业政策的宣传、创业意识的培养、创业技能的训练、创业项目的开发到创业资金的提供、创业孵化的落实已形成完备的产业链条。

第五章 目标市场与用户分析

思路决定出路，布局决定结局。

——蒙牛集团 牛根生

创业新知 >>

用三个案例说明何为真正的用户"痛点"

现在很多创投圈的创业者和投资人言必称"痛点""一招捅破天"等潮流名词，几乎每一个投资人在见创业者时，都会问其目标用户的痛点是什么，其实很多人都对"痛点"一知半解。

案例一：户外充电

一个解决户外充电问题的创业项目，团队成员来自知名高校，有着专业的技术背景，研发新材料用以太阳能充电，目前对公司和个人业务同时展开。因为现在智能手机市场规模很大，随之而来的就是手机充电问题。因此创业者研发了一种新材料来解决户外充电的问题，一方面是自己生产充电产品——充电宝、充电器等；另一方面是开发户外充电装备，这种材料可以用在户外太阳能屋顶，热电联动，产生热能，同时手机可以控制热水的流向。这种太阳能折叠充电器在阳光下只需要两个小时就能把智能手机充电完成。

这种新材料、新能源的创业项目很不错，从未来看，市场前景好，规模也大，而且这种科技创新可以从本质上改变生活。从项目看，存在两方面问题：第一，假如未来手机电池的待机时间变长，这个对于手机充电产品还是否有价值吗，能否保证用户量？第二，目前的户外用户使用这个产品的频率如何，此产品是否为目标群体的刚需？

案例二：护士上门项目

护士上门项目指护士上门做护理的医疗健康创业项目，主要帮助母亲科学育儿、科学生产，让孩子健康成长。项目的定位是让每个有新生儿的家庭都有一名家庭医生，让孩子和妈妈都健康成长。项目主要通过护士上门做健康护理，普及育儿知识，提供家庭环境监测、孩子智力检测、母亲产后抑郁防范等服务。

这个项目主要解决了四个方面的问题：一是做好预防护理工作，解决孩子、家长的心理问题；二是对常见问题给出解决意见；三是对突发事件进行处理；四是从心理和生理方面对孩子和家长普及成长教育知识。现在的到家服务、O2O服务群雄混战，打车、外卖、生鲜、按摩推拿等与生活相关的服务都加入了互联网元素，这种与医疗健康相关的行业也已经结合互联网和大数据，所以此项目与同类的到家服务和月子中心相比，并没有明显的优势。一个好的模式首先要抓住用户的痛点，把握用户需求，之后更要把用户的痛点转化成服务，给用户提供优质的服务，最后靠营销推广把握用户的需求，从而做到高频服务。

案例三：食品安全检测平台

此项目的目的是让用户在外面吃饭、购买食材的时候便于快速检测食物和携带。创业者做了一个以智能光谱为切入点的食品安全检测平台。这个食品检测平台的原理是任何物质发出的光谱都不同，产品在对食材检测的时候，获取食材光谱数据，然后与云端数据进行对接，快速地分析检测出食材的相关健康安全数据。目前第一代产品已经出来，正在研发第二代产品，想做一个体积更小，价位在 500～3000 元的光谱仪检测器。整个项目前期以智能光谱检测设备为切入点，完善现有功能模板，搭建安全平台，后期形成标准的服务。后续也会开发 App，加入一些社交元素和开放模板，智能终端与智能手环、智能可穿戴设备相对接，根据不同行业应用开发不同功能，收集使用人群的健康数据，建立数据库，进行延伸服务。

针对此项目，有以下几个问题：第一，此产品的目标客户群人群是谁，多少人愿意使用此产品，此产品如何在市场普及，能否被接受并使用以及此项目能否真正解决了用户的强需求。第二，对于一般接触食材的老人和妇女来讲，产品目前的价位略贵，而且此类人群对智能产品的认知不高，可能不熟悉使用过程。第三，作为智能硬件产品，需要考虑谁给代工、能否达到标准化的生产以及供应链的管理等问题。第四，信任机制问题：这套安全标准是否得到权威认证并具备科学性。

小结

可以持续有价值的东西才叫痛点；痒点是激发起消费者心中的"想要"，让顾客对自己的产品特别有兴趣，特别向往；将给客户带来刺激、产生快感的兴奋点作为卖点。痛点的本质，是用户未被满足的刚性需求。

用户的痛点，就是创业最好的出发点和切入点。以创业者这个用户群体为例，公司宝解决的是创业者在公司注册上的痛点；知果果、快法务、绿狗网等这些互联网法务公司解决的是创业者的商标注册痛点；开干、三点一刻、思创客等公司解决的是创业者的传播痛点；一见、狮吼、起风了等公司解决的创业者的视频 BP 痛点。

创业者们的产品也许并不实用、并不划算，但世界需要这样的存在，因为这代表着一群执着可爱的生命和他们内心的创造力，这种创造力来源于他们在创业路上不断的行走和对生活的热爱。

创业基础 >>>

一、对市场进行细分

对初创企业来说，开发现有市场无法提供的创新产品是取得成功的重要条件。通过开发新产品，即使无法垄断，你也能在市场初期占据较高的份额，然后在此基础上进行业务扩张。鉴于创业者掌握的资源有限，如果在现有市场中以仿效产品为策略进行竞争，成功的机会非常渺茫。

当你找到了创意或技术，并找到了合作伙伴，接下来就要选择你准备进入的市场。首先需要对市场进行细分，可以通过以下三个步骤来进行：

1. 列举出各种潜在的市场机会

首先要列举出各种潜在的市场机会，甚至包括你认为不可能的"疯狂的想法"，或许，这些疯狂的想法可以帮助你拓展可能性，进而发现意想不到的商机。

在拥有创意的情况下，你会觉得特定的市场和应用似乎就在眼前，唾手可得。你的这种感觉需要得到验证。大多数情况下，创业者定义的市场都不够具体，会发现想象中的市场和自己的创意并不吻合，或是其他市场更适合进行创业。

如果你拥有一项新技术，这项技术会造福很多行业。你的专业特长可能只局限于某一个领域，而这个领域并不一定适合该技术的应用，这时你要打开眼界，学会尝试在其他行业进行应用。这样，你很快就会发现合适的创业目标。

可以通过在创业团队内进行头脑风暴的方法，来尽可能多地列举出所有想到的市场机会，在这一步，不要轻易放弃某个想法，而是要选择一切可能性。

2. 从中选择6～12个最感兴趣的市场机会

在列举出来的市场机会中，缩小范围，筛选出6～12个最感兴趣的市场机会。我们可以依据以下七点作为筛选的标准：

• 目标顾客的资金情况？目标顾客是向企业提供正向现金流的主体，如果正向现金流无法保证，企业的发展就会受阻甚至停滞。

• 销售团队接触目标顾客的方式是否正确？技巧是否足够？公司启动之后你应该更偏向于直接向顾客销售产品，而不是通过第三方销售产品。这是因为，你的产品需要进行更迭开发，来自顾客的直接反馈对于这一过程至关重要。此外，你的产品属于全新事物，第三方销售可能并不了解该怎样创造需求。

• 目标顾客是否有充分理由购买你的产品？顾客愿意为了你的产品放弃其他选择，还是对市场上各种解决方案持无所谓的态度？很多情况下，你会发现要面对的麻烦是顾客对所有产品都无所谓。

• 在合作伙伴的帮助下，你能否交付完整的产品？相比于购买新的发电机，将其自己动手安装到车里，顾客更偏爱直接买车，哪怕这个发电机比顾客车上原有的好很多。换句话说，顾客想购买的是整体解决方案，而不是一堆需要自己组装的零件。因此，无论你的产品是什么，你都不可避免地需要和其他供应商合作，在整体解决方案中加入自己的产品。你需要说服其他制造商和经销商，让他们相信，把你的产品添加进去会更加物有所值，甚至物超所值。

- 市场上有没有劲敌阻碍你的发展？实际上，毫无竞争的市场几乎不存在。那么，在顾客眼里众多竞争对手们的实力如何？作为顾客的新选择，你的产品该怎样在竞争中脱颖而出？注意，不要从你的角度或技术角度去观察，而是要调查顾客的真实想法。

- 赢得当前细分市场后，你能否胜利进军其他市场？控制当前市场机会之后，通过对产品或销售策略进行微调，你的产品能否销售到毗邻市场？你的产品或销售策略将如何转换修改才能进入其他市场？关注登陆市场固然重要，但无法扩展业务规模最终仍会功亏一篑。

- 该市场是否和创业团队的价值观、热情和目标保持一致？你必须确保创始人的个人目标和这里提出的其他标准互不冲突。无论选择哪个市场，我们必须在创业团队可接受的时间范围内尽快实现既定目标。

首先你要从行业的角度思考上述问题，然后从产品最终用户的角度重新思考一下。在一个行业中，如果你已经把潜在最终用户细分成很多类别，那就从每个具体的类别中思考上述问题。

对创业者来说时间是非常有限的资源，你必须对每个市场进行深入调查，但又没有足够时间考虑无穷无尽的选择，因此，6~12个市场机会对你来说已经足够了，实际上真正能够有效开发也就是六七个市场而已。

3. 进行原始市场调查

市场调查就是指运用科学的方法，有目的地、有系统地搜集、记录、整理有关市场营销的信息和资料，分析市场情况，了解市场现状及其发展趋势，为市场预测和营销决策提供客观的、正确的资料。创业者在准备创业时，需要进行原始市场调查；或直接与顾客沟通，观察他们的行为模式等，这些都能帮助你更好地了解哪个市场机会最值得开发。在进行市场调查时，不能简单地依赖互联网快捷搜索功能或其他调研机构发布的调查报告；如果市场中有一份调查报告详细说明了你需要的所有信息，那就太迟了，因为这个商机有人开发过了。你应该和潜在顾客直接沟通，了解他们的处境、问题、机会和市场信息，以此方式搜集大量的第一手资料。这方面是没有捷径可走的，我们必须做好市场调查，尽管在和潜在顾客直接沟通之前你可以通过其他方式对顾客和市场稍作了解，但这丝毫不能削弱直接沟通的必要性。可以说，通过间接渠道获取的市场信息多半都是浮于表面甚至毫无价值的。

你应该对你筛选出来的每一个市场完成以下信息的调查：

- 最终用户。使用你的产品的具体对象是谁？最终用户往往是"拥护者"，他们决定着你的产品能否得到成功采用。你已经对最终用户范围进行了限定，但是通过原始市场调查你会发现这些群体还可以继续细分下去。

- 应用。最终用户会使用你的产品做什么？你的公司能为他们的工作生活带来怎样的巨大改善？

•收益。最终用户使用你的产品会产生哪些实际价值？不要谈产品特征或性能，而是要考虑你能给最终用户带来哪些好处？能为他们节省时间、省钱，还是帮他们增加收入？

•领先顾客。哪些人是最有影响力，能够成为意见领袖并促进新技术应用的顾客？此类顾客通常被称为"灯塔顾客"，他们非常受尊重，只要他们购买的产品，其他人会毫不犹豫地效仿，为商家带来显著信誉。

•市场特征。你要开发的市场会促进还是阻碍新技术的采用？

•合作伙伴。你必须和哪些公司合作，才可以推出和顾客业务高度整合的解决方案？

•市场规模。如果能实现100％的市场渗透，你的潜在顾客数量会有多少？

•竞争对手。有没有竞争对手生产和你类似的产品？包括现有和开发中的产品？记住，你要了解的是顾客的观点，不是你自己的看法。

•互补性资产。为得到全面解决方案，让你的产品发挥全面功能，顾客还需要什么？你可能要把自己的产品和其他厂家的产品捆绑在一起，以便顾客购买你的产品或是享受到产品的全部功能。最起码，你应当搞清楚顾客要购买哪些其他产品才能使用到你的产品。

我们可以把上面的各类信息汇总成一个表格，其中每个潜在市场机会是一列，每一类信息是一行，如下表所示。在这份样表中，或许有些信息符合你的创业需要，有些信息和你无甚关联。你至少要花费数周时间全力投入市场调查，至少，你要花时间弄清楚首选细分市场的真实情况，然后把表中所需的信息填满。

表5—1　市场机会信息汇总统计表

	最终用户	应用	收益	领先顾客	竞争对手	…
市场机会1						
市场机会2						
市场机会3						
市场机会4						
…						

记住：你要亲自接触顾客，而不是在网上搜索信息。你至少要花费数周时间全力投入市场调查，一定要和目标市场的顾客当面沟通，获取有效反馈。

二、选择登陆市场

在对6～12个潜在市场做了充分的调查，并完成统计表后，你需要从表中选择一个机会作为登陆市场，暂时忽略其他市场。登陆市场是能够使你的企业拥有绝对市场份额，能让你积蓄足够力量进攻毗邻市场和壮大公司的市场。

几乎每一个初次创业者都会发现，忽略其他市场机会是一件非常困难，甚至相当痛苦的事情。但我们要意识到，并不是市场越多，成功的可能性就越大，相反，过多的市场会分散我们的注意力，只会降低成功的可能性。对创业者来说，成功意味着你既要有能力选择一个市场，又要敢于果断放弃其他市场。通过挑选可以制胜的唯一市场，你的企业可以轻松巩固市场地位，在耗尽现有资源之前努力获得正向现金流。采用这种方式，你可以尽快获得对于初创企业来说至为关键的成功要素——口碑效应。

1. 选择登陆市场的标准

在上一步中的缩小市场机会的七个标准，也同样适用于选择登陆市场。需要注意，最好不要选择最大或较大的市场，哪怕它们看起来成功的希望最高。你要进入的第一个市场具有重要的学习意义，你应当选择一个规模较小的市场快速占领份额，让潜在顾客熟悉你。这条原则有点像体育锻炼，挑选实力比你稍强的对手可以让你学到很多经验。如果你刚入门就选择和专业高手对决，只会痛苦地发现自己差得太远。因此，你应当选择较小的登陆市场，例如先从当地市场做起，然后再向更大的区域渗透。实际上大企业也是这样做的，它们在测试新产品销量时通常会选择市场容量较小的国家或地区，成功之后再推向全球市场。

2. 登陆市场需要继续细分

在关注登陆市场时，你很快会发现这个市场可以继续细分为更小的市场。实际上，你不必担心关注的市场规模太小。你需要的是一个能够在短期内迅速控制的市场，这就意味着细分程度越高、越为专注的市场才越容易成功。所以我们必须对登陆市场继续细分，直到你的市场机会能够满足以下三个条件：

- 市场中的顾客都购买类似产品。
- 市场中的顾客具备相似的销售循环，期望产品以相似的方式提供价值。也就是说，你的销售团队可以以相同方式向这个市场里的不同顾客销售产品，而且基本不会影响企业生产率。
- 顾客在市场中形成口碑效应。他们可以高效可靠地推荐好友购买你的产品。这样的顾客可能属于同一个职业圈或在同一个地区工作。如果你发现在一个潜在市场中顾客互相并不交流，这样的市场很难为初创企业提供动力。

定义市场的这三个条件意味着你可以在市场中获得规模效益，从而有机会获得每个初创企业梦寐以求的力量——病毒式扩展。

三、确定最终用户

找到了登陆市场，接下来你需要了解你的目标顾客。你必须清楚：你要做的不是拼命把产品或服务推向市场，而是首先充分认识你的顾客。你需要利用原始市场调查对市场细分中的典型最终用户做详细描述。

1. 确定最终用户

每个顾客都是由最终用户和决策单元构成。最终用户有可能是决策单元的一部分，但不一定是其中最重要的人。具体来说，一个顾客包括以下几种角色。

- 最终用户：使用产品的个人（真实个体）。最终用户通常是购买产品的家庭或组织机构成员。

• 决策单元：决定该顾客是否购买产品的个人。包括拥护者、经济型买方、影响者、否决方、采购部门等。

• 拥护者：希望顾客购买产品的人，通常是最终用户。

• 经济型买方：有权花钱购买产品的人，有时是最终用户。

• 影响者、否决方、采购部门等：可影响或直接控制经济型买方决策的人。

我们现在需要描述的是最终用户的特征。你必须把关注点放在最终用户身上，如果他们不买你的产品，企业就无法接触到最终用户。

虽然登陆市场已经选好，但要充分了解你的最终用户并不是件容易的事，需要投入很多时间进行思考和深入调查。你会发现即使是在范围不大的登陆市场中，最终用户的特征也不尽相同，甚至存在很大的差异。他们有老有少，有工作或没工作，住在城市或农村，可能见多识广，也可能从来没有出过远门。最重要的是，他们可能有不同的目标、渴望或担忧。作为初创企业，你必须排除众多潜在顾客，这样才能真正关注同质性相对较高的一群最终用户，只有他们才能为你提供急需的现金流。

2. 描述最终用户

你不能凭空想象顾客的特征，而是必须不断和目标顾客沟通，观察他们，和他们进行互动，这样才能获得反馈，验证观点。你不可能描述每一个最终用户的特征，也不可能投入全部的时间和资源为所有人生产不同的产品。你需要利用相似的特征和需求对精挑细选的最终用户子集进行描述。最终用户描述中应包含以下的潜在特征：

• 他们的性别

• 他们的年龄范围

• 他们的收入状况

• 他们的地理分布

• 他们的购买动机

• 他们有何顾虑

• 他们心目中的英雄是谁

• 他们在哪里就餐、度假？

• 他们读什么书？去那些网站？看什么电视节目？

• 他们购买产品的原因是什么？省钱、个人形象、社会压力？

• 他们有何特别之处？

• 他们有什么个人故事？

可能你还无法全部回答上面的问题，其中有些问题或许跟你的企业不沾边（或许这只是你自己的看法）。但你应当不断思考这些问题，直到后续"刻画用户形象"时再做出详细回答。

如果创业团队中有人符合最终用户特征，这会是一个巨大的优势，因为你们对用户的深入了解可以有力地推动企业成功。团队中有了最终用户，你就不用对用户的特征和需求做盲目猜测了。如果没有这样的成员，你可以考虑聘请目标市场的最终用户担任团队顾问。

对目标顾客的分析可以说永无止境，做好这一步非常关键，因为它决定着你能够找到真实有效的顾客。此外，这一步还能帮助你形成正确的观念，认识到必须围绕顾客需求而不是你的兴趣或能力创办企业。你的兴趣能力固然重要，但它们必须让位于对顾客需求的了解。

四、估算登陆市场规模

确定登陆市场和最终用户信息后，你就掌握了足够的细节，可以估算登陆市场的规模。如果你能占有该市场 100％ 的份额，公司就能实现最大市场规模。

计算潜在市场规模，首先要在原始调查基础上利用自下而上分析法，确定符合最终用户信息的用户数量有多少。然后，采用自上而下分析法对得出的数字做补充校正。接下来，你要确定每个最终用户每年可创造多少价值，将用户数量乘以这个价值就能初步得出市场规模。

1. 计算最终用户的数量

自下而上分析法，也叫"人头法"。顾客列表、行业人员名单和其他渠道获取的顾客信息都能帮助你发现有多少潜在顾客，以及每个顾客拥有多少最终用户。"人头法"很直观，你能清晰准确地找到每一个潜在顾客。

自上而下分析法依据的是二手调查资料，如市场分析报告，然后在此基础上确定有多少最终用户符合具体特征。此类数据通常用倒金字塔形体现，塔身分为几层，其中最底层是最小的市场，包含所有符合描述的最终用户。

自上而下分析法和自下而上分析法互为补充，采用前者往往会高估市场中最终用户的数量，因为你的分析不够具体，过多的分析会让你陷入各种数据表而忽略了真实顾客。实际上，数据表里提供的信息永远没有真实顾客的信息更为准确有效。

2. 计算潜在市场规模

每个最终用户愿意花多少钱购买你的产品，这个数额需要做个假设。你可以根据潜在顾客的预算尽可能高地假设。设想，目前他们要花费多少钱才能搞定你的产品能解决的问题？以前他们花过多少钱够买其他新产品？你的产品能为他们创造多少价值？

确定了每个用户能为企业创造多少年收入，用这个年收入乘以最终用户的数量，就得出了市场每年的潜在价值。

3. 潜在市场规模应当是多大

你要寻找的市场必须大到一个临界量，能够形成重要产能并带来正向现金流。但是，如果市场太大的话，你会缺乏足够的资源来开发，结果会变得非常被动，不是惨淡收场就是四处借钱。所以说，潜在市场的规模越大，不一定越好。你需要确定一个保守的、让企业有信心实现的潜在市场规模。

如果你的潜在市场规模过低，企业有可能还没找到足够大的登陆市场，因为创业者往往会不自觉地夸大市场规模和预计市场份额。也就是说，实际市场规模通常会比你的期望值小，而且企业一般不会达到期望的市场份额。这个道理是显而易见的，如果你启动的市场规模很小，一般认为实际规模会更小。在这么小的市场里，要实现正向现金流和临界量是非常困难的。

随着创业活动的继续，你会不时回到这一步对市场规模进行修订，使其变得更加准确真实。要开发成功的产品或服务，确定市场规模是非常重要的前提。

五、刻画用户形象

"确定最终用户"是把目标顾客的各种特征加以组合，而用户形象则是找到最能代表登陆市场用户的独特之处。你要选择最能代表最终用户特征的潜在顾客，然后从中选择一位最终用户加以描述。为登陆市场刻画用户形象可以让目标顾客变得更加真实，便于创业团队所有成员和企业员工关注同一个清晰方向，即努力保证目标顾客的成功和快乐。换句话说，这样做可以准确回答关于目标顾客的所有疑问，不需要再为他们的需求去做无谓的猜测或争论。

刻画用户形象是一个很重要的过程，需要调动团队所有成员参与。参与这项活动的成员，即便没有提供决策性意见，最终也会在整个过程中收益良多。他们会产生主人翁意识，深刻理解用户形象的各种细节及其他同事提出的观点。

1. 选择一位最终用户做模型

你要回答一个问题："如果只能选一个最终用户代表所有潜在用户，我会选谁？"显然，这个最终用户应该具备潜在用户群体的大部分特征。这样，你就从前在潜在顾客中选择一位最终用户做模型，即用户形象。诚然，没有一个最终用户能百分之百地表现出所有最终用户具备的特征。你不需要浪费太多时间构思完美的形象，只要做出合理假设，形成一个用户形象即可。这个形象不是一成不变的，你可以随着了解的深入进行调整。

注意，你必须根据原始市场调查分析那些有兴趣使用你的产品的顾客，并且必须是愿意花钱购买产品的顾客，而不是"随便看看"的顾客。

这个形象应当是一个个体，而不是汇总形象，因此你可以选择真实的最终用户作为形象，这样一来它就会变得真实可信，杜绝了盲目猜测的可能性。你应当根据这个具体形象而不是宽泛的最终用户特征去开发产品。

2. 刻画用户形象

根据你对用户获得的已知信息，制作一份说明清单，最好在旁边画一个用户的头像，这样就更真实可信了。你可以在清单中使用用户的真名，也可以用化名。只要让大家了解了用户的作用和角色，用什么名字并不重要。

通常，你要在清单中说明以下问题：

- 生活状况：在哪里出生、长大、上学、成家、年龄多大等
- 工作情况：在那个公司上班、工作几年了、接受过哪些培训、是不是管理人员、薪资如何、表现情况等
- 按先后顺序列出用户的采购标准。

第三点是最重要的。因为它决定着用户会做出哪些采购决定。优先级最高的是那些让

用户彻夜难眠的问题，也许是让他感到最为担心或是最为激动的问题，可以让他升职或下岗或是能明显带来好处或麻烦的问题。了解顾客如何安排需求的轻重缓急非常重要。

所有这些信息都必须是准确的，不能是"年薪六位数，住在华北地区"这样的描述，而应当是"年薪 10.5 万元，住在某某市区"这样的说明。通过制作这样的清单，你的团队很容易确定和公司业务相关的重要事实，这些信息都可以添加到用户形象的刻画中。

你应该在创业过程中逐渐丰富这份清单，这份清单只是一个开始，你还必须和最终用户进行面谈，并观察他们的行为，对他们提供的信息进行验证。通过接触，把需要弄清楚的细节查漏补缺，不断完善用户形象。

完成清单后，你可以对重要的点进行总结，把它挂在墙上，让团队的每一个人都清楚他们要为谁服务，让团队服务的目标更精确。在讨论重要决策时，团队也要时刻关注这个形象，以提醒大家从用户的角度去思考问题，时刻以用户为核心。在不断完善用户形象时，也要确保每个人都了解最新情况，不会遗漏任何重要的细节。

刻画用户形象可以为登陆市场中的顾客提供特定细节。现在你要销售的目标不是泛泛而谈的"最终用户"，而是真实具体的个人。你必须深入了解顾客的采购标准和优先级别，必须真实了解顾客，明白他们的一言一行，而不是只停留在理性分析的水平。对用户的需求、行为和动机了解得越深刻，成功开发产品和服务用户的概率就越高。

创业思维 ▶▶

一、如何与潜在顾客沟通

问题：在做原始市场调查时，你应当与潜在顾客直接沟通，那么如何高效地沟通呢？要注意哪些问题？

参考观点：

在和潜在顾客沟通时，注意自由扩散思维，不要鼠目寸光或急于获得承诺。如果对方感觉到你是在推销产品，他们很快就会改变行为模式，要么闭口不谈，要么说些你爱听的话作为敷衍，而不是提供真实、新鲜的关于市场的看法。在这种情况下你不会得到太多市场信息，即使得到了也未必准确。

同样，你不能指望顾客为你设计产品，告诉你解决问题的方案。市场调查的目标是了解顾客的问题，然后再设计可以解决这些问题的方案。要做到这一点，你必须通过当面交流或是观察对方工作的方法，彻底搞清楚潜在的问题和机会。观察法常常更有说服力，更准确，因为行动胜过语言，很多人的言行往往不一致。

你应当和尽可能多地最终用户沟通，但非用户型顾客也有可能提供宝贵的建议，有时甚至能为你指出正确方向，让你猛然意识到在细分市场时定义了错误的最终用户群体。

在搜集市场信息时，以下几点至关重要：

- 你必须保持高度的好奇心。

- 你必须毫不懈怠，随时准备好在任何场合和潜在顾客沟通。
- 你必须具备倾听的能力和让对方开口畅谈的能力。
- 你必须开放思想，客观公平，从不先入为主地看问题。
- 你必须有能力解释产品，同时保持高度灵活性。
- 你必须有足够的时间和耐心完成这项重要工作。

对于原始市场调查工作，我们有以下三条重要说明：

- 记住你是在了解事实，不要带着"已知答案"与潜在顾客沟通。
- 潜在顾客只是反馈信息，不能替你做出回答。
- 采用征询的语气而不是推销的语气和对方沟通。你的目的是聆听对方的真实想法，不是向他们销售产品。

二、市场调查的方法

问题：你知道如何进行市场调查吗？有哪些方法？

参考观点：

市场调查的方法主要有观察法、实验法、访问法和问卷法。

1. 观察法

是社会调查和市场调查研究的最基本的方法。它是由调查人员根据调查研究的对象，利用眼睛、耳朵等感官以直接观察的方式对其进行考察并搜集资料。例如，市场调查人员到被访问者的销售场所去观察商品的品牌及包装情况。

2. 实验法

由调查人员跟进调查的要求，用实验的方式，对调查的对象控制在特定的环境条件下，对其进行观察以获得相应的信息。控制对象可以是产品的价格、品质、包装等，在可控制的条件下观察市场现象，揭示在自然条件下不易发生的市场规律，这种方法主要用于市场销售实验和消费者使用实验。

3. 访问法

可以分为结构式访问、无结构式访问和集体访问。

结构式访问是实现设计好的、有一定结构的访问问卷的访问。调查人员要按照事先设计好的调查表或访问提纲进行访问，要以相同的提问方式和记录方式进行访问。提问的语气和态度也要尽可能地保持一致。

无结构式访问没有统一问卷，由调查人员与被访问者自由交谈。它可以根据调查的内容，进行广泛交流。如：对商品的价格进行交谈，了解被调查者对价格的看法。

集体访问是通过座谈的方式听取被访问者的想法，收集信息资料。可以分为专家集体访问和消费者集体访问。

4. 问卷法

是通过设计调查问卷，让被调查者填写调查表的方式获得所调查对象的信息。在调查中将调查的资料设计成问卷后，让接受调查对象将自己的意见或答案，填入问卷中。在一般进行的实地调查中，以问答卷采用最广；同时问卷调查法在网络市场调查中运用的较为普遍。

创业技能

技能训练一 逐步升级的市场测试

1. 每个团队确定一个待讨论的创业项目，这个项目最好是团队一直在思考的事情。

2. 每个团队合作设计针对项目的前三个市场测试，前提是第一个测试是可行的，然后再进行第二个，依次类推。关键是要构思出低成本的第一个测试。可以参考下表进行设计：

表 5-2 市场测试

关键任务：	个人负责的任务：	截止时间：
所需资源：	如何使用资源：	
预期结果：	评价指标：	与实际结果的偏差：

关键任务，需列出开展市场测试所需要完成的关键任务；所需资源，需列出财务和非财务资源，按照用途进行细分；预期结果，指你希望了解到的关键内容是什么；评价指标，指你如何评价测试的成功程度，如服务的顾客数量、顾客响应等；与实际结果的偏差，能够考察你的实际结果与预期结果相比是更好还是更差，以及能否解释原因。

3. 选择几组团队，展示其市场测试方案，请其详述第一个也就是最低成本的市场测试。围绕如何进一步降低成本展开充分的讨论。对那些最具创造性、低成本的测试，要给予特别的关注。

技能训练二 刻画典型顾客

小组任务介绍：结合小组的创业项目，刻画描述一位典型顾客。

（1）选择一个典型顾客，给顾客画像并取名。

（2）顾客描述：多大年龄？居住何处？家庭如何？主要身份角色是什么？顾客从事的工作以及工作地点在哪里？顾客的背景（如经历、教育）？顾客有何兴趣或爱好？顾客的性格如何？你能说出顾客的其他一些事情吗？

顾客界定：以上所描述的是什么产品服务的顾客？讲一个该顾客购买自己创业项目产品服务的典型情境及其故事情景。

顾客在购买你们的产品服务过程中，可能存在什么问题？为什么？针对这些问题，解决方案是什么？顾客对这些解决方案的反应如何？

讨论分享：使用活动挂图，各小组展示自己的故事板。

讨论总结：

（1）你对自己的顾客了解多少？你对顾客的观点发生了什么变化？

（2）最让你感到意外的是什么？你没有预料到的是什么？

（3）你对顾客做了哪些假设？有证据支持这些假设吗？这些假设有检验方法吗？

（4）哪些问题具有不确定性？为了确认问题，你会问顾客什么问题？

（5）顾客购买的核心动力（方便、简单、耐用或地位等）是什么？哪个最为重要？

创业实践 ▶▶

制作你的用户形象展示图

张贴用户形象可以让你的团队服务目标更精确，时刻以用户为核心。

根据本章学到的知识与方法，制作你的用户形象展示图。

李梅	背景：
35岁	目标：
某小型公司业务经理	需求：
月收入10000元	问题：

创业榜样 ▶▶

陈兆飞：不断精准定位目标市场

陈兆飞，于2015年1月创办天津宇光印象文化传播有限公司，承接网络视频摄制、企业宣传片、微电影、活动策划执行、动漫设计、商业演出、广告业务等。公司成立以来借助天津市青年创业扶持计划，在传统行业中寻找新媒体发展市场，逐步从剧本创意、前期策划、摄制、后期、调色等技术吸纳专业人员，形成分工明确、一人多能的发展战略，正逐渐从传统行业向新型文化传播产业的完美转型而奋斗。

对于"宇光印象"来说，市场是创业初期最大的问题，刚刚毕业面向社会，社会的一切产物对于大家来说都是陌生的，没有人脉、没有资金一切都得靠自己。起初公司是通过撒网式宣传来寻找市场，在网上找来很多自己认为有相关需求的企业、私人工作室的联系方式和地址，分配到每个人身上，带上公司内部的报价单和样片去毛遂自荐，但意料之中的是几乎每个人都被拒绝了。虽然起初有心理准备，但是对于创业初期年轻心高的大家来说还是一个不小的打击。

后来团队又尝试过"地毯式"的电话宣传，把搜集来的有相关需求的公司电话打了个遍，结果无一例外被各个企业当成骗子一样统统把电话挂掉了，当然这也是在意料之中的事，毕竟换位思考一下，每个人对于这种可信度不高的通讯宣传方式都会心存怀疑。经历了两次失败的市场开拓，尽管结果是没有一单生意签成，但是大家还是往积极的方面思考。毕竟大家对于市场的初步了解是成功的，而且在后面的一段时间内，或多或少也有一些工作室来联系"宇光印象"，咨询关于拍摄的一些问题，尽管后来基本上这些联系都石沉大海了，零经验的各个成员还是很开心的，因为至少已经有人知道了这个叫"宇光印象"的摄影团队。后来，该团队在网上成立了微信公共账号，并建立了QQ群。

也许是上天眷顾大家之前吃的闭门羹太多，工作室竟然很快迎来成立以后的第一个过万的订单，而且是对方主动找上门。这个开头给了"宇光印象"很大的鼓励，也算是对自身的重新定位，全新改革后一个新的、好的开始。从这个订单以后，越来越多的工作室与企业开始与"宇光印象"建立工作联系，团队的工作量也越来越大，每天都穿梭在天津的各个角落进行拍摄或者是在工作室剪辑片子。

任何事情的发展起初都不是一帆风顺的，因为公司运作经验不足，在与客户的交流上，成员协作上，都存在着或大或小的问题。例如遇到一些较为挑剔的客户，对方有不满意的地方就会要求后期技术人员将成品一改再改，并不断地添加新的想法与元素；也有客户认为年轻的他们缺少行业经验而把价格一再压低，甚至放弃与他们的合作。

在 2013 年 10 月，团队应约为天津某教育机构拍摄宣传片，因为参与拍摄的学生老师人数较多，演员难以调动，拍摄时间也无法得到有效的协调，极低的工作效率，超长的工作战线，使整个团队人力物力消耗较大，导致运作出现断链，损失很大。

在 2014 年 7 月，团队首次接到省外订单，兴奋之余，工作人员携带沉重的专业设备，经过十几个小时的奔波到达目的地，虽然身心疲惫，但是大家的积极性依然高涨，然而意想不到的是，对方因为自身原因临时毁约，正赶上当地天气突变下起暴雨，所有人又拖着疲惫的身躯原路返回，导致整个团队心灰意冷，受挫极大。

经过这两次失败，团队内部开始在制度上寻找问题，从自身进行检讨。俗话说得好，无规矩不成方圆，在每一次合作之前，与甲方签订协议是十分必要的，而在公司的运行过程中，规章制度也是必不可缺的。于是团队经过协商，先后制定了工作制度，合同协议，连带责任等一系列条款，力争在每一个工作环节中，在客户、公司、负责人的联系上不会再出现任何纰漏。

现在公司已完成数十部微电影、宣传片的拍摄制作，运营也越来越正规。创业的过程充满心酸但也不乏期待。青春就是这样，在跌撞与希望中成长；无论最后的"宇光印象"会走到哪一步，参与其中的每个人都会为它全力以赴。

创业资源 》》

创业营销：创造未来顾客

图书：《创业营销：创造未来顾客》

作者：米内特·辛德胡特（Minet Schindehutte），美国雪域大学惠特曼管理学院创业与新创企业系的创业学副教授。她于南非比勒陀利亚大学化学系获得博士学位，在进行学术研究的同时还供职于私营部门，专业背景包括科技营销、品牌管理、创业相关活动。

资源介绍：本书回顾了建立新视角的基本理论和整体架构，在简要总结过去经验教训的基础上提出了一个新的世界观，试图对营销进行重构。在每章的最后，总结出对营销各基本组成部分——营销组合、品牌角色与品牌化、客户关系等问题的再思考。本书脉络清晰，既探讨了营销专家及其前沿理论，又融合了营销、战略和创业等方面最优秀的学术研究成果。

第六章　项目价值定位与论证

> 　　工作本身并不是目的，我们应当明智地工作，确保创造价值——创造有意义或有吸引力的东西。
>
> ——安利理查·狄维士

创业新知 >>

大数据时代的蓝海战略

　　蓝海战略认为，聚焦于红海等于接受了商战的限制性因素，即在有限的土地上求胜，却否认了商业世界开创新市场的可能。假如把整个市场想象成海洋，这个海洋由红色海洋和蓝色海洋组成，红海代表现今存在的所有产业，这是我们已知的市场空间；蓝海则代表当今还不存在的产业，这就是未知的市场空间。那么蓝海战略其实就是企业超越传统产业竞争、开创全新的市场的企业战略。如今这个新的经济理念，正得到全球工商企业界的关注，有人甚至说，接下来的几年注定会成为"蓝海战略"年。

　　蓝海战略的基石是价值创新。价值创新挑战了基于竞争的传统教条即价值和成本的权衡取舍关系，让企业将创新与效用、价格与成本整合一体，不是比照现有产业最佳实践去赶超对手，而是改变产业景框重新设定游戏规则；不是瞄准现有市场"高端"或"低端"顾客，而是面向潜在需求的买方大众；不是一味细分市场满足顾客偏好，而是合并细分市场整合需求。

　　蓝海战略共提出六项原则，四项战略制定原则：重建市场边界、注重全局而非数字、超越现有需求、遵循合理的战略顺序，和两项战略执行原则：克服关键组织障碍、将战略执行建成战略的一部分。这就是蓝海战略的核心所在。

　　互联网世界无边无界，互联网创业者应敢于重建市场边界，发现新的机遇与市场空白，在大数据时代背景下，超越现有的市场与需求，重构需求或者激发新的需求。马云就曾经说过，淘宝改变了中国人的消费模式和生活模式。也就是说，互联网商业的成功在于改变人们观点与生活方式，打差异化竞争战略。

创业基础 >>

一、构建产品使用全程案例

在充分了解了最终用户的基础上，现在你要构建产品使用全程案例，确定产品怎样满足了用户的价值需求。这个案例不仅要说明用户形象怎样使用产品，还要说明最终用户是否认为需要你的产品，然后确定他们怎样购买产品和支付费用。对产品使用的全程进行描述，你将发现其中潜在的问题，帮助团队答疑解惑，达成一致的观点；帮助创业者关注两个问题：一是你的产品能为顾客做什么，二是顾客使用你的产品能做什么。

需要注意的是，你必须根据原始市场调查描述案例。在此过程中你必须以顾客的角度而不是自己的角度去看待产品。从自己的角度观察产品的使用，创业者会不自觉地夸大很多方面。一是他们会高估顾客对产品的热情，二是他们对于产品带来的收益和易用性往往过度自信，这种情况下得出的结论多半是虚构的和不准确的，它忽略了一个重要事实，即顾客的采购优先级不同，他们不会表现出特别兴趣，甘冒风险采用一家新企业的新产品来改变自己的价值需求。

首先你要从头到尾地描述用户形象是怎样做的，他怎样认识、购买、使用你的产品，怎样从中获得价值，怎样付费，以及怎样继续购买和传播口碑。然后思考他的做法是否和其他潜在顾客的做法吻合。产品使用全程案例可以非常形象化，你可以利用图表、流程框或其他方式体现其中的顺序。

描述产品使用全程案例时需要考虑和解答以下问题：

- 最终用户对现有产品的看法，它们在哪些方面无法满足用户的需求？
- 他们如何确定需求的产品或采用不同产品的机会？
- 他们通过哪些渠道可以了解到你的产品？
- 他们怎样分析你的产品？
- 他们怎样购买你的产品？
- 他们怎样使用你的产品？
- 他们怎样确定产品为其带来的价值？
- 他们怎样为产品付费？
- 他们怎样获得产品支持服务？
- 他们怎样购买更多产品或是为你的产品传播（正面）口碑？

二、"可视化"产品

现在，你已经准确说明了顾客，他们的需求以及如何使用你销售的产品，可很多细节还没有确定。现在就需要解决这个问题，你应当对产品做一个普遍描述，为产品开发可视化演示方案。随着创业过程的深入，你会对产品了解得越来越深刻，然后再不断对你的描述进行修正。注意，在"可视化"产品时，你应当注重产品特征带来的收益，而不是过度强调产品特征。

根据目前你对产品的了解程度，你需要绘制一张图，对你的产品进行图形化的说明，让团队和潜在顾客有一个直观的认识。这张图并不是一成不变的，需要随着理解的深入随时调整和修正。这张图需要描述产品的各种特性，说明它们可实现的功能，分析产品为顾客带来的收益。产品功能的说明要具体，详述其每一个组成部分可以为顾客带来哪些好处，要让目标顾客明白为什么需要你的产品。

如果你的产品是软件或网站，可以用讲故事的方式逐步说明用户的思维过程。如果是硬件产品，可采用图表的方式说明。无论用哪种方式，关键是要有一些能让团队和顾客理解的非常实际和具体的内容。在对产品进行改善的过程中，你的团队会逐渐形成对产品的统一认识。现在你还不能，实际上也不应该开发产品，因为这样会产生很多不必要的成本，还会让你的团队投入太多精力去关注技术细节等目标。你要做的是完成这张图，使你的产品"可视化"，同时不要让团队迷失方向。

你可以向潜在顾客展示产品初步的图形化说明，目的不是销售，而是利用它与顾客沟通，以便更深入地了解产品的优点与缺点。也就说，在你确认产品完美无缺，清楚该如何生产、定价和销售之前，你还有很多细节需要去认识和发现。这都有赖于你用这张图去凝聚团队的目标、增强与顾客的沟通。

以视觉化方式展现产品可以让你的团队和潜在顾客达成共识，了解其具体形态和价值所在。你应当从高处着眼介绍产品，不要纠缠于各种细节或产品原型，这样不但有利于产品的快速迭代，而且能在创业早期阶段节省宝贵的时间和资源。用图形化方式介绍产品并不容易，但是它非常直观，能让所有人马上建立一致认识，这对后续的产品开发来说非常重要。

你可以利用产品宣传册进一步说明产品，这样不但介绍得更清楚，而且是图形描述的有力补充。一份较好的产品宣传册，可以帮助你从顾客的角度观察产品，它能迫使你站在顾客的立场，以顾客的角度了解自己的企业，还能让你验证创意是否可行，了解前进方向是否正确。通常情况下，创业者在描述产品特性时往往会鼠目寸光，过于关注主观看法而忽略外部的声音，开发产品宣传册可以避免这个问题。宣传册应当重点说明用户形象，介绍你能为用户做些什么以及产品使用案例，然后添加产品的图形化介绍。

三、定位产品的价值

现在你需要确定你的产品能为顾客带来多少价值，包括产品为顾客带来的好处，以及产品价值是否符合顾客的优先需求。

你需要简明扼要地描述产品的好处是否和顾客期望改善的目标一致。产品带来的好处有很多种，例如，可以帮助顾客简化工作流程，降低环境影响，或是提高顾客产品的销售量。简单地说，这种好处可以分为三大类，即"更好""更快"和"更便宜"。"定位产品的价值"关注的是现在顾客希望得到哪些好处，而不是详细说明产品的技术、特性和功能。顾客在购买产品时心里想的是："它能给我带来什么价值?"他们必须证明得到的回报与购买的成本是匹配的，或是你的产品能在生活中改善他们认为重要的某些方面。

你要根据用户形象的优先需求确定产品的价值定位。如果他们的优先需求是尽快向市场推出产品，而你的价值价位是帮助对方降低生产成本（如我们的产品每个月可以为你们节省几百元），这显然无法说服顾客购买你的产品。产品的价值定位和顾客的优先需求不吻合，他们自然不会关注采购，而是优先要解决最紧急的需求。

为了说明你的产品价值，你可以采用对比说明的方式强调产品差别。首先说明使用其他产品的情况，然后说明使用你的产品的情况，把两方面进行对比。在进行对比时，要尽量做到信息量化。把你的产品的价值定位浓缩成一句话，然后用图表的方式体现使用不同产品的区别，这样可以直观形象地向顾客展现你的产品价值。此外，在图表中注意使用顾客的语言来陈述，这会让他们感到你的产品是为他们的行业量身定制的。

不同产品间的明确的价值差异，有利于目标顾客去了解、支持、反对或是做出评估。能帮助你深入了解产品可以在哪些方面为顾客创造价值，同时也会加深顾客对你的信任程度。注意在说明使用你的产品时，列举的各种数据务必真实可信。不要过于夸大，结果却无法达到目标。信誉对于初创企业来说，非常重要。初创企业离不开各类资源的支持，所以要学会"少承诺，多付出"。

四、找到 10 位前期顾客

确定和刻画用户形象非常重要，但为了保证产品取得成功你还要寻找其他的潜在顾客。找到其他潜在顾客可以极大地鼓舞士气，证明你发现的是一个可扩展的商业机会而不是一次性买卖。

你需要根据用户形象，找到至少 10 位符合最终用户特征的潜在顾客。你要联系这些顾客，验证他们和用户形象的相似度以及购买产品的意愿。这一步成功了，就表明你的业务很有可能取得成功。如果在这一步遇到问题，你应当检查前面的步骤，看一看哪个环节存在问题，解决问题之后再继续前进。具体做法是：

• 列出 10 个以上的潜在顾客（除用户形象之外），根据现有调查说明他们的相关信息。用来甄选的顾客数量并无固定要求，因为有时候你只需 12 名顾客就能完成，有时候需要列出 20~30 个顾客才能从中选出既符合要求又对产品感兴趣的顾客。这些顾客应当彼此相似，或者说符合用户形象的特征。如果不符合，你需要重新罗列顾客名单，甚至有可能重新选择用户形象。保证名单中的顾客的同质性非常重要，因为他们对彼此来说都是有力的产品推荐者。这些顾客不但对你的产品感兴趣，而且高度符合你的用户形象和在其他方面的假设。

• 联系名单上的顾客，向其说明"产品使用案例""可视化产品"和"产品的价值定位"。注意在沟通的时候，你应该采用"征询"的语气而非"销售"的语气，因为后者会严重影响你们的沟通质量。你需要做的是通过顾客的真实反馈，确定顾客的需求和想法是否和你在"刻画用户形象""构建产品使用案例""定位产品的价值""估算登陆市场规模"等步骤中得出的结论一致。你应当特别留意验证关于用户采购优先关注点的假设，看它们与顾客的观点是否吻合。

- 如果顾客认同你在前面的步骤中所做的假设，如果情况允许，接下来可以询问他们是否有购买产品的意愿。如果对方非常感兴趣，你可以问他们愿意为此类产品做出多少采购预算，甚至是否愿意为产品预付定金。

- 如果顾客的反馈和你之前的假设不太一致，你需要做好笔记，认真考虑这会给你的销售造成怎样的影响。除非每个顾客都表示不同意见，否则不要对新顾客面谈反应过度。实际上，见过几个顾客之后，直觉会告诉你后面的讨论是否能够继续下去。

- 接触几个顾客后，现在你肯定获得了一些新的信息。你可以返回前面的步骤，对先前做出的假设进行修改，然后决定是否联系其他顾客。

- 如果你发现名单上的 10 个顾客对你的产品都没有兴趣，很有可能要考虑重新选择登陆市场了。

- 这一步并不难，但联系顾客获取反馈需要做大量的工作。当然，它带来的成果也是非常客观的，对于后续的创业具有重要的指导意义。这一步还能有效验证用户形象是否准确，帮助你调整或丰满用户形象，使其变得更有代表性。注意，不要向企业外部透露你的顾客名单和反馈信息。

五、定义核心价值

核心价值指的是你能以超越竞争对手的效率为顾客带来的收益。你要寻找的是一种其他企业很难效仿的能力。虽然核心价值在整体解决方案中只占很小的一部分，但没有它你就无法形成有效的解决方案。核心价值还能为企业提供保护，保证你千辛万苦开发的产品不会轻易被别人模仿或超越。

你可以试想一下，你有哪些方面要比其他企业做得更好？你的产品什么地方是竞争对手无法复制或很难复制的？——那就是你的核心价值。你的核心价值必须表述真实、准确、清晰、具体。

核心价值需要根据每个企业的具体情况确定。它需要深入的思考，呈现出不同的表现形式。你可以在外部数据和分析的基础上展开内部自我认识，但又不能只停留在抽象思考阶段，而是必须结合各种不同的现实因素，如顾客需要什么、你拥有哪些资源、你喜欢做什么、你的合作伙伴能做什么、企业所有人的个人目标和财务目标是什么等。

和其他创业要素不同，核心价值这一项不能改变，确定之后必须长期坚持。轻易改变核心价值会给你带来很大的风险，让你辛苦建立的优势丧失殆尽。当然，随着你对市场、顾客和企业资源的认识逐渐深刻，你可以对核心优势进行调整。例如，一开始谷歌认为其出色的搜索引擎算法是核心价值，但结果是靠关键字广告这种新的商业模式取得了成功，然后在竞争对手采取行动之前迅速实现了网络效应。

你的团队必须对核心价值形成一致观点，这样才能保证核心价值的持续有效开发，保证核心价值成为企业制定和实施任何策略的基础。

六、描述竞争地位

现在你需要分析你选定的市场机会与企业核心价值和用户优先需求是否吻合。通常情况下，顾客总是在产品比较的基础上做出采购决策的，他们会考虑各种选择，然后从中挑选出最能满足自己优先需求的产品。你需要利用竞争地位图来分析产品和竞争对手相比具备哪些优势，以及还存在哪些不足。通过分析产品的价值定位和竞争地位，你可以了解市场是否需要你的产品，以及你的企业是不是提供了有效解决方案的企业。

通过竞争地位图，你可以直观地了解竞争对手在满足顾客两大优先需求方面有何差距。分析竞争地位，目的是了解你的竞争地位能否充分利用企业的核心价值，以及你的产品能否比竞争对手更好地满足顾客的优先需求。企业的核心价值虽然相对灵活，但通常变化幅度有限。无法将核心价值转化为顾客收益并不一定意味着你的核心价值有误，因为它实际上是创业团队资源和能力的一种反映。因此，出现这样的问题表明你的核心价值可能更适合其他市场机会。竞争地位是企业核心价值和顾客优先需求之间的有效连接，它能反映出这些创业要素能否真实地服务你选择的目标市场。

绘制竞争地位图，首先要确定顾客最关注的两大优先需求，将其作为企业产品要满足的两大基本目标。然后绘制一张双轴象限图，如下图：

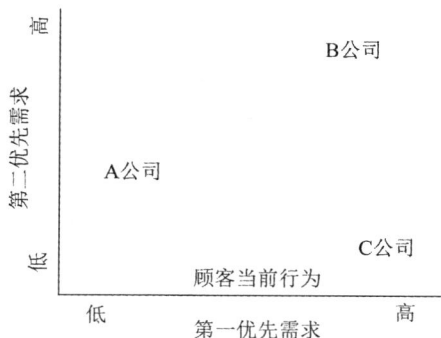

图 6—1

其中，横轴表示顾客关注的第一优先需求，由原点向右表示需求的程度从低到高；原点处为"最差情况"，最右侧为"最佳情况"；纵轴表示顾客关注的第二优先需求，由原点向上表示需求的程度从低到高，原点处为"最差情况"，最上侧为"最佳情况"。

在图中标记你的企业以及竞争对手（包括目前和未来竞争对手）所处的位置，同时也可以注明消费者"当前习惯"和"未来行为"等选项。

如果原始市场调查做得好，你会发现企业处于图中右上角的位置，即顾客的两种优先需求都能得到良好满足。图中左下角是竞争地位最糟糕的状况，其他位置相比之下还不算太坏。如果发现你的企业不在图中右上角，或许你应当考虑重新评估企业产品的竞争地位了。

做好竞争地位图后，把这张图展示给你的目标顾客，向他们征求反馈意见。根据顾客反馈修正竞争地位，直到它能准确反映你的产品以及竞争对手在满足顾客两大优先需求方面有何差距。

创业思维 >>

一、如何处理负面反馈

问题：在市场调查过程中，以及与潜在顾客的接触中，得到负面反馈是在所难免的，作为创业者，你如何看待或处理这些负面反馈呢？

参考思路：

在创业的过程中，没有人能做到尽善尽美。创业是一个试错的过程，需要不断地验证和尝试，获取来自潜在顾客的真实信息。创业团队如何处理负面反馈在很大程度上决定着团队能否取得成功。如果有一点风吹草动，有几个顾客告诉你"你这个项目肯定没戏"，你就感到没有前景，放弃创业，这显然是不理智的。

在任何步骤出现负面反馈，标明你的假设存在问题，这是一个宝贵的信号，说明你截至目前的调查和数据存在错误。大多数情况下，某一个步骤出现负面反馈并不表示整个创业方案的失败，坚守错误方案而罔顾客观事实地高歌猛进才是真正的失败。

有些人也许会说："我为什么要听反对的声音？"很多创业者的案例都在告诉我们，他们并不去听那些反对的意见，而坚持自己的方向，并最终取得了成功。真正的创业者往往能够预见别人无法预见的机会，能够克服别人无法克服的障碍。但是要注意：你无法凭意志形成一个并不存在的市场，即使你有再强大的信念或资源，都做不到。所以当我们在进行以顾客为中心的创业活动时，要尽可能理性地看待负面反馈，进行科学的分析和决策。

二、如何看待新企业间的竞争

问题：作为创业者，如何看待新企业间的竞争？

参考思路：

创业者在进行市场调查时，往往会发现市场上已经有与其创业项目类似的业务了，这会让他们感到错过了最佳时机。受到竞争意识的影响，他们认为必须和其他创业公司针锋相对地竞争。他们一心想着打败竞争对手，很少去想该怎样提供满足顾客需求的产品。实际上，他们和他们的假想敌加在一起，所占的市场份额也寥寥无几，更大的市场源自怎样改变消费者当前的行为模式，怎样克服个人和组织机构的行为惰性。也就是说，与其盯着对手为一座山头拼命厮杀，不如换个思路想想该怎样唤醒顾客实现更大的市场。

拥有正确的核心价值，说服消费者改变行为模式尝试新的解决方案，做到了这两点你的市场就会迅速扩张，让你和竞争对手实现共赢。在这种情况下，作为初创企业你们有可能合并，被大型公司收购或上市经营。因此，了解了企业的核心价值和竞争地位，不要浪费宝贵时间和竞争对手厮杀，你应当努力接触顾客，形成核心优势，然后开发满足顾客需求的有效产品。

创业技能 》》

技能训练一　"构思"核心价值

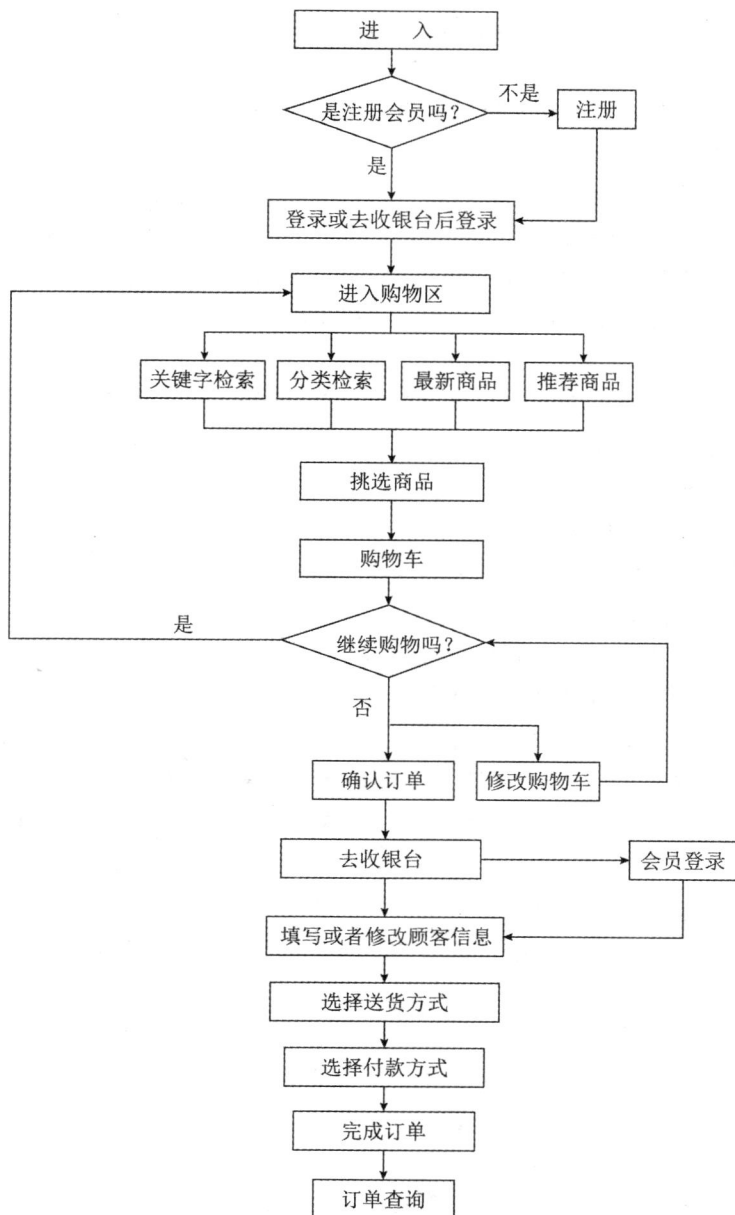

```
                    ┌──────────────┐
                    │   进  入      │
                    └──────┬───────┘
                           │
                   ╱─────────────╲   不是   ┌────────┐
                  ╱  是注册会员吗？ ╲──────→│  注册  │
                   ╲─────────────╱        └────────┘
                           │是
                    ┌──────────────────┐
                    │ 登录或去收银台后登录 │←──────┐
                    └──────┬───────────┘        │
                           │
                    ┌──────────────┐
           ┌───────→│  进入购物区   │
           │        └──────┬───────┘
           │    ┌────┬────┼────┬────────┐
           │ ┌──────┐┌──────┐┌──────┐┌──────┐
           │ │关键字检索││分类检索││最新商品││推荐商品│
           │ └──────┘└──────┘└──────┘└──────┘
           │                │
           │         ┌──────────────┐
           │         │   挑选商品    │
           │         └──────┬───────┘
           │         ┌──────────────┐
           │         │   购物车      │
           │         └──────┬───────┘
           │   是    ╱─────────────╲
           └────────╱  继续购物吗？  ╲←──────┐
                     ╲─────────────╱        │
                           │否              │
                    ┌──────┴───┐     ┌──────────┐
                    │ 确认订单  │     │修改购物车 │
                    └──────┬───┘     └──────────┘
                    ┌──────────────┐      ┌──────────┐
                    │  去收银台     │─────→│ 会员登录  │
                    └──────┬───────┘      └────┬─────┘
                    ┌──────────────────┐       │
                    │填写或者修改顾客信息 │←──────┘
                    └──────┬───────────┘
                    ┌──────────────┐
                    │  选择送货方式  │
                    └──────┬───────┘
                    ┌──────────────┐
                    │  选择付款方式  │
                    └──────┬───────┘
                    ┌──────────────┐
                    │   完成订单    │
                    └──────┬───────┘
                    ┌──────────────┐
                    │   订单查询    │
                    └──────────────┘
```

这是某在线购物网站的"产品使用全程案例"图，团队经过讨论，对其可能的核心价值进行想象。如果这是你的团队的项目，试着定义你的核心价值。

技能训练二　案例分析：可乐的较量

在第二次世界大战之前，可口可乐统治着美国的软饮料行业。那时的确没有值得一提的第二位的公司。"在可口可乐的意识下，百事很难有一点被认知的火花。"

百事可乐是一种新饮料，制造成本比较低，与可乐相比口味较差一些。

百事主要的销售宣传要点是用同样的价格可以得到更多的饮料。百事在它的广告中强调"五分钱可买双倍的饮料"。

百事的瓶子不美观，瓶上贴着纸制标签，搬运中经常被污损，从而造成一种印象，认为百事可乐是第二流的软饮料。

第二次世界大战间，百事可乐和可口可乐都随着美国国旗飘扬在世界各地而同时增加了销售量。战后，百事的销售与可口可乐相比开始下降。百事可乐的问题是由很多因素造成的，包括它的不良形象、较差的口味、马虎的包装和差劲的质量管理。而且，由于成本增加，百事不得不提高售价，这使它的成交条件不如从前。在 20 世纪 40 年代末期，百事的士气相当低落。

在这关头上，商界素享盛誉的艾尔弗雷德·N. 斯蒂尔出任百事可乐的总经理。他和他的同僚认为，他们的主要希望是在于把百事可乐从可口可乐的廉价仿制品转变为第一流的软饮料。他们也承认这个转变需要若干年的时间。他们设想了一个向可口可乐发动的大攻势，这个攻势分两个阶段进行。

第一个阶段，从 1950 年到 1955 年，采取下列步骤：

第一，改进百事的口味。

第二，重新设计和统一百事的瓶子和商标。

第三，重新设计广告活动以提高百事的形象。

第四，斯蒂尔决定集中进攻可口可乐所忽视的"购回家"市场。

最后，斯蒂尔选定 25 个城市进行特别的推销以争取市场份额。

到 1955 年，百事可乐所有的主要缺点都被克服，销售大量上升，于是斯蒂尔准备了第二阶段的进攻计划。

第二阶段计划包括向可口可乐的"堂饮"市场发动直接进攻，特别是对迅速成长的自动售货机和冷瓶细分市场（冷瓶细分市场，是指市场竞争激烈，没有增长的空间，加之需求稳定，甚至缩水）的进攻。

另一个决策是引入新规格的瓶子，使"购回家"市场和冷瓶市场的顾客更感方便。

最后，百事可乐对想要购买和安装百事可乐自动售货机的装瓶商提供财务帮助。

从 1955 年到 1960 年，百事的这些行动大幅度地增加了销售量。十年之中，百事的销售已增长了四倍。

阅读上面的案例，你也可以搜集相关的信息。分析：百事可乐作为一个后来者，是如何应对强大对手可口可乐的，制定了哪些竞争策略？在现代商业环境下，是超越竞争对手重要，还是超越自身重要，你如何看待这个问题？

创业实践 >>

设计并展示你的产品宣传册

结合本章知识与方法，为你的产品设计并制作一份产品宣传册，然后展示给其他团队。

创业榜样 >>

周伟：乐行天下

因为喜欢机器人，周伟开始努力钻研。从下中国象棋的机器人到高压线下的铲雪机器人，再到乐行体感车，这是一个年轻人创业的励志故事。"我们在专注开发一款能够走进千家万户的智能机器人，真正引领并改变人们的生活方式。"创办了乐行天下公司的周伟离这个目标并不远，在乐行体感车诞生的那一刻，周伟坚信所有想象都可能成为现实。

起点

"只因比尔·盖茨的一句话：机器人即将重复个人电脑崛起的道路。点燃机器人普及的导火索，这场革命必将与个人电脑一样，彻底改变这个时代的生活方式。"周伟说，正因为如此，他迷上了研发机器人。在大学时期，周伟学习的是机械设计与制造，研究生读的是计算机。在就学期间，他和他的团队就参加了很多机器人比赛，其中让他印象最深刻的是下棋机器人的项目。比赛要求开发一款可以下象棋的机器人，"解决的思路就是让机器人感知象棋的位置，并且能够将它移动到相应位置，思路很简单，但是我却就此开始研究机器人感知的课题"。

参加比赛活动让周伟认识了很多机器人爱好者，他们来自不同的专业、年级，但他们的目的是相同的：做机器人。他们建立了机器人的开发团队，并针对各种生活问题提出机器人的解决方案。他们曾为高压线路设计了冰柱清理机器人。"每次到了冬天，高压线路上都会结冰，老方法是用升降梯将人送上电塔，并用锤子清理冰柱。我们开发了一种机器人，它可以不断地在线路上来回行走，并进行清理工作。"

除了冰柱清理机器人外，周伟团队还开发过防爆机器人和管道清理机器人，这些都是工业类项目。"我们第一个产品其实是管道清理机器人，十几万一台，产量小、单价高，当时我们只有十来个人，这样的项目并不适合我们。"周伟团队需要帮助客户完成管道机器人的安装、调试以及相关的售后服务。"我们的产品如果故障一般都是在使用当中，那么不管它在哪里，我们必须在 24 小时内赶到，这样的服务对于当时的我们来说成本太高。我们还曾开发过纱线张力的智能控制器，当时全世界只有我们和意大利的一间企业做出来了，但因为同样的问题，我们把这个产品卖给了别人。"

"工业类项目并不适合团队发展。"周伟看到了团队发展的瓶颈，一个项目从做完到卖出动辄几个月，一次性卖完还得再找项目，所以生意并不是可持续的。于是，周伟开始把目光转向消费类产品。

定位

周伟和团队潜心研发 3 年，终于创造了乐行体感车。该车可通过感受人体重心变化而向不同方向前进。周伟想传递的核心价值是"体感"，这并不单指重心的感应，是一种新的人机交互方式，这样高智能化的硬件，是乐行体感车与众不同的关键。

目前，乐行体感车的代步只是基础功能，未来，它将成为走进百姓生活中的智能生活助手，成为移动终端平台。周伟说："我们做乐行体感车这个产品就是要让它进入千家万户，这只是第一步。将来我们体感车的设置会更加智能，你用它时它就是体感车，你不用它时，只要装着遥控器或带有相关 APP 的手机，它就可以变为一个机器人和智能助手，跟着你在后面走。你踩在它上面它是交通工具，你不踩它的时候，它就是你的移动助手。买菜、逛街的时候还可以帮你提东西。另外，它还有学习模式，在某条路上你踩着它走一遍，然后它就可以记住这个线路，以后它可以原路重复。如果你在外面，可以通过遥控让它在家里按照设定的路径巡逻。你甚至还可以给它设定舞蹈动作，让它跳舞。将来给它加了合适的传感器之后，它在办公室里走一圈，就可以形成办公室的三维地图，在任何时间点你都可以看到你的位置和它相对位置。"在周伟的想法中，体感车只是产品的其中一种体现形式，随着不断地研发及产品的更新换代，它将会具备更多功能，最终成为人们居家或外出的智能机器人助手。

乐行天下对其体感车的最终定位是机器人，在技术上也做了充分的准备。据周伟介绍，乐行体感车不论是在平地还是在上下坡道上都能保持一动不动的平衡状态，并且打破了以前所有交通工具的驱动控制算法，其采用的矢量控制算法可以保证在体感车低速行驶或紧急情况的时候对其进行精确的控制。同时，为了保证产品的安全和可靠，乐行在主系统之外设立了一套监控系统，如果出现问题就会紧急报警，以确保安全停车，接下来乐行还会把其体感车的硬件接口开放，用户可以安装自己想要的传感器，使车变得更智能。

周伟在提到相关企业的定位时说："赛格威对自身的定位是交通工具，我觉得这是错的。国内该行业的发展比较好，就是因为其定位比较准确，如果定位为交通工具，是难以发展好的。"于是，将体感车定位为机器人是乐行在发展的过程中始终贯穿的主线。"前几年就有人预言：机器人在未来会走进千家万户。那么究竟机器人如何走进千家万户？在我看来体感车就是一个很好的平台，我们会让人们体会到它不仅是一个代步车，还是我们生活中的助手。而通过科技手段解决生活痛点就是机器人的工作。"但以机器人的标准开发产品并不容易。机器人对于元器件的要求很高，国内很多厂商是达不到乐行要求的质量标准的。"我们的标准常常让海外的供应商惊讶，他们认为做一个体感车不需要那么高的要求，但就像我说的，我们做的不是体感车，而是机器人，是一个移动智能硬件平台。"所以，周伟及团队坚持对产品品质的要求。

客户

从一定程度上讲，可以说体感车是非体验不可的产品，如果没有真正体验就很难被更深地吸引。乐行天下从消费者对体验的需要出发，举办了一些户外及店内体验活动，以使得消费者获得体验的机会。

为了让消费者获得更多体验机会，目前乐行体感车的销售也更多是通过体验店的模式。周伟说："我们本来也做电商，但这个产品大众认知度比较低，大部分人不知道这是什么，在网上没法买，也没法搜，不像电脑等产品，大家一般知道怎么买怎么选。体感车的另外一个特性是其强体验性。这两个特性就决定了，你给用户图片或视频看都是没用的，所以我们更多地是通过体验店的渠道来做。现在来讲，渠道本身已经变得非常扁平化，消费者可以直接和厂家沟通，渠道的优势越来越不明显。我们目前还要靠更多的体验让更多人知道体感车是什么，有什么用途，以使得越来越多的人喜欢这款产品。并且希望他们在骑体感车时获得开心的体验，让快乐也成为一种刚需，常伴随人们左右。"

周伟特别强调了，乐行体感车与汽车的搭配应用。他说："想象一下，如果要去公园或植物园，到了以后可以骑体感车去逛。而不是说，直接骑这个车就去海滨公园了。"同时，周伟指出，购买体感车的主流群体一般是30岁到35岁左右已经有了一台汽车的人，而最喜欢体感车的人其实是20多岁的人，但这部分人的购买力比较低，目前还不能马上购买。而对于家中有小朋友的人，使用体感车的也比较多。一方面，体感车可以成为爸爸妈妈们的代步工具，另一面，也可以成为小朋友的玩具。周伟说："现在很多小孩都陷入到屏幕中去了，回家就玩手机或电脑，不像以前的小孩会常常去户外玩。我们想做的就是让小孩不要沉迷于屏幕，从屏幕里走出去。"现在很多小朋友确实需要一个强有力的东西把他们从屏幕前拽出去，乐行能否做到，且看更多小朋友的选择了。很多家长会担心小朋友用体感车的安全问题，周伟介绍："我们在车里内置了GPS，一方面可以防盗，另一方面也可以给玩体感车的小孩设置一个活动范围。可以给它画个圈，超出活动范围的话，体感车会向家长汇报。"

虽然很多人也对体感车或类似的产品很感兴趣，但介于其过高的价格，大部分人会犹豫到底要不要入手这样一款产品。针对消费者对价格的需求，乐行也在不断做着调整。周伟说："目前我们把体感车看为娱乐代步工具，它不是刚需，跟手机等消费电子产品不一样，买手机时大家都知道要为自己的需求花多少钱，但是很多人不知道应该为体感车花多少钱。也有些人把产品做得很烂，却把价格搞到五六千块，这没有意义，最终也没有人买。我们在不断提高产品品质的同时，也在调整价格。我们一开始每台体感的价格是19 800元，后来降到了14 900元，现在每台车的价格是9 980元。随后我们也将陆续丰富产品线，满足更多不同价位需求的消费者。"乐行体感车如今已经获得了更大的认知度，周伟一直认为这是他们整个团队共同创造的成果。在这个年轻的团队里，有强大的创业基因和热血，有包容的批评与自我批评的态度，有对市场需求点的挖掘与适应，有对未来美好蓝图的描摹和不懈的努力。他们的梦想在乘着乐行体感车飞翔，乐行体感车也因为他们走入了更多消费者的脚下。未来是未知数，而努力和梦想结合却总会创造奇迹。

创业资源 »

腾讯方法：一个市值 1 500 亿美元公司的产品真经

图书：《腾讯方法：一个是市值 1500 亿美元公司的产品真经》

资源介绍：这是国内第一本深度讲述腾讯产品研发与团队转型的书。本书介绍了腾讯三个不同生命周期的产品的开发过程，包括如何踏足新领域开发新产品；如何救活一个即将半路夭折的产品；如何让一个老产品持续盈利。本书呈现了互联网产品开发时会遇到普遍问题和解决方法，涉及大企业如何内部创业，并迅速组建新的项目团队；如何实现跨部门的合作；在面临新团队和紧急开发任务时如何提高团队沟通效率；在产品研发方面，如何定位产品、如何敏捷开发、如何测试和迭代等。三个案例皆为第一手材料，具有非常强的可读性和参考价值。从三个不同视角，全景式地呈现了腾讯在产品开发与运营上的独到思路与实操细节，全生命周期地展现了腾讯公司的产品开发与运营思维。书中全案例，全实战，作者意在通过思路清晰、细节丰富的深度案例让读者自己去感受腾讯的产品思维与运营思路。

第七章 项目运营论证与模拟

如果 10％ 的利润是合理的，11％ 的利润是可以的，那我只拿 9％。

——香港和黄集团 李嘉诚

创业新知 》》

客户体验决定商业未来

如今，"用户体验"已经变成许多组织获取竞争力的基石。在体验经济时代，以擅长超前而敏捷思维的全球各大战略咨询机构已经开始了收购设计公司的行动，如麦肯锡收购了美国著名工业设计公司 Lunar，德勤收购了 Doblin，埃森哲收购了 Fjord。

实际上，用户体验的概念在 20 世纪 90 年代中期就已经出现。当时，在加州大学任心理学教授的唐纳德·诺曼（Donald Norman）提出了这一概念，并出版了用户体验的经典名著《设计心理学》（*The Design of Everyday Things*）。中国高等学府中最早开设交互设计专业的是香港理工大学与江南大学，两个专业的创立者辛向阳教授对用户体验的理解是："产品与服务的设计者必须关注使用者在某个场景中的真实需求，从经济学、行为学、心理学、社会科学等多个纬度去理解用户。"

长期以来，人们对体验的认识停留在 UI 层面（用户界面）上，设计一直处于产品开发的下端；而体验思维关注用户的全局体验。用户体验设计的核心和本质，就是研究目标用户在特定场景下的思维方式和行为模式。通过设计提供产品或服务的完整流程，去影响用户的主观体验，并让用户花最少的时间与投入来满足自己的需求。

1. 提升体验，创造用户价值

芝麻信用，是蚂蚁金服旗下独立的第三方征信机构。芝麻信用评分于 2015 年 1 月 28 日正式上线。从成立之初，芝麻信用总经理胡滔对产品的期待就是："芝麻信用能够让人与人、人与机构之间的关系因为信用而变得更简单，我们致力于信用数据的洞察、信用场景的连接和信用文化的传播，帮助用户更好地获取信用的价值。"

基于这一需求，2015 年年初，芝麻信用开始推行用户体验创新项目，并与唐硕进行了深入合作。项目启动之初，各类角色（决策者、行业专家、体验设计师等）一起组成项目团队，第一步就是去甄别哪些人可能是芝麻信用目前和未来的目标用户，从而全面挖掘出各个场景中的芝麻信用服务机会点。项目团队最后将芝麻信用的用户群分成 6 大类，包括信用生力军、信用社交族、信用先锋族等。

基于 6 大分类和用户对信用的需求，项目团队从互联网征信的 3 大类价值：达成交易、获得机会、形成关系切入，解剖了个人信用的应用场景，挖掘出更深的产品价值。经过短短一年半的时间，公测期间的芝麻信用已经覆盖信用金融、信用租车、信用酒店、信用租房和信用婚恋等众多场景，为用户和商户都创造了价值。例如，在与永安公共自行车的合作中，用户可以免押扫码租车，免去了线下办卡的麻烦。这一项目还缓解了城市公共交通和环境压力，现在每天有将近 40 万人次通过信用租车参与绿色骑行。目前，在 3 000 万人次的租借中仅有 43 人未归还。

2. 打造全触点的服务体验

在打造全触点的服务体验上，香港瑞安房地产公司投资的"INNOSPACE＋"项目是其中典型的一例。"INNOSPACE＋"是中国首个全要素、一站式创业生态社区。虽然前期的共创空间发展得比较成功，但面对一个功能更复杂、全面升级的全新的"INNOSPACE＋"项目，如何与国内层出不穷的其他众创空间区别开来，一直困扰着瑞安房地产的管理层。

2015 年唐硕与瑞安公司达成战略合作，共同组成项目组。项目组的设计团队首先派出研究员快速走访了 6 家全国知名的创业孵化器，从专业性的维度和基础性维度出发，对这些孵化器进行了分类，勾画出目前中国创业服务完整的生态链。

基于这一生态链，项目组从服务设计的角度出发，制作了典型创业场景的"客户体验地图"，将服务流程划分为接触期、低阶价值对接期、高阶资源对接期和关系维护期 4 个不同阶段；然后对这 4 个阶段分别对应的场景进行了细分，制作出创业核心场景服务流程设计。

在拓展"INNOSPACE＋"的服务渠道方面，项目组还提出了平台化、电商化的商业模式创新概念，设计了对应的产品和 APP。此外，项目团队在前期调研中发现，创投基金开始倾向于投资尚处萌芽期的创业者，于是项目团队提出了"Pre＊"创业者（即前期创业者）的概念，然后为这一缺乏资源的群体设计出一系列特色服务。所有这些设计都增加了"INNOSPACE＋"提供服务的深度与宽度，为客户打造出全局性的无缝体验。

3. 共同创造推动产品创新

良好的用户体验能够加深公司与客户的关系，而更紧密的共同创造（co-create）才是公司在互联网竞争时代的关键因素。因为企业才最了解自己的产品、市场、资源和企业文化、组织结构等；用户体验创新不能只从用户视角出发，必须考虑商业上的可行性，并要和公司自身的定位保持一致。如果公司深度参与共同创造（co-create）的过程，那么就可以很好地将用户体验与商业模式有机结合与有效平衡，从而获得企业和用户的双赢。

招商银行与唐硕在手机银行 3.0 与 4.0 连续两个版本上深入合作，充分体现了共同创造的价值。从 2013 年开始，传统金融服务经历着互联网金融与移动互联网的冲击和颠覆；作为一家高度重视用户体验的银行，招商银行虽然在其手机银行上已经在国内银行业处于领先地位，但其管理层深知，为保持这一地位并持续改进，还须付出更多努力。在手机银行 3.0 的项目中，项目组在 2.5 版本的基础上，围绕以用户为中心的定位，引入手机银行的"超级功能"。

所谓"超级功能"是指与其他手机银行相较，招商手机银行独具的功能创新，其中主要包括账户总览和理财日历。虽然从概念和呈现方式上看，这一项目似乎是一些简单的设计，但背后须进行复杂的整合。设计团队与招商银行的产品、业务等多个部门经过了密切协作，才得以在较短时间内完成这一创新。2015年，项目组又共同开启从3.0到4.0的跨越。经过3.0到4.0的迭代后，招行手机银行从一款工具应用转变成为金融服务平台，更注重内容运营，也呈现更多针对不同用户的产品。

以用户体验驱动创新，可以让公司在数字化和电商化转型过程中有效提升竞争优势。全方位、全触点的用户体验设计，能够帮助企业洞察核心目标用户的真实需求，找到用户内心的燃点，让人们与技术、复杂系统之间的互动变得自然流畅、充满愉悦，并推动实现商业创新实践。

创业基础 >>

一、影响顾客采购的角色

现在你已经确信产品能为用户形象创造重大价值，确信你的产品在竞争中拥有独特优势，接下来要确认的是用户形象和其他潜在顾客会购买你的产品。采购过程并不简单，在购买或采用任何重要产品时，企业都必须说服各种角色，让他们认为你的产品值得采购。要成功地销售产品，你必须了解参与采购决策过程的每一个人。在他们当中，有些人会支持或反对采购，还有些人会表达观点影响采购过程。了解影响顾客采购的每一个角色，能帮助你确定该怎样开发、定位和销售产品。它能让你意识到产品成功的概率有多大，更重要的是，意识到要付出多少资源、努力和时间才能吸引新顾客购买你的产品。

了解影响顾客采购的信息，需要先让顾客了解你的产品价值，然后征询以下问题：

• 如果我们能生产这种产品，怎样才能让您使用（或试用）？

• 除了您之外，还有哪些人会影响，甚至决定产品的使用（或试用）？

• 在这个问题上，谁最有发言权？

• 在这个问题上，谁拥有否决权？

• 如果产品确实能满足你们的需求，谁（或哪个部门）将做出采购预算？

• 批准预算是否需要其他人同意？

• 采购决定会不会让有些人感到不快？他们会作何反应？

如果影响顾客采购的这些角色不是你刻画的用户形象，你应当为每一个角色设计一张和用户形象说明一样的清单。你要考虑怎样才能增加对方的好感，让他们同意产品采购或是至少不表示反对。

了解上述信息之后，把相关这些角色的形象打印放大，悬挂在醒目位置，确保团队取得一致意见。然后，请你的10位潜在顾客做出反馈，帮助你修正用户形象的信息，直到这些信息能够准确反映影响顾客采购的决策。每一个顾客的影响因素应该是相似的，这样有助于你从中发现应对策略。如果结果不是这样，可能是你的顾客与用户形象不够吻合，或者是你的市场细分得还不够。

二、分析付费顾客采购流程

在"构建产品使用案例"中，已经描述过顾客购买产品的流程，列举了需要考虑的问题。此时你可以更深入地了解那些问题，并考虑到"影响顾客采购的角色"，弄清楚这些角色是如何做出决策的，以及采购过程涉及哪些具体环节。这项工作对初次创业者来说比较困难，需要深入了解真实的商业环境到底是怎样运作的。从目标顾客群体中寻找经验丰富的人做企业顾问，向其了解具体的相关信息是非常有帮助的。

付费顾客采购流程一般包括以下环节：

• 影响顾客采购的主要角色有哪些？

• 他们对采购的影响力如何？关于这项内容，在上一步你可能已经有所了解，现在你要做的就是预计每个环节需要花费多长时间。

• 他们有多少预算权限？（包括预算额度和类型。）

• 完成这些环节需要多长时间？按顺序排列这些环节，注意观察哪些环节可以同时进行。此处要多下功夫，必须确保每个步骤 80% 的确定性。时间估算要保守，创业者大多会低估完成每个步骤所需的时间。

• 了解这个步骤有哪些投入和产出。

通过这个流程，你可以更好地了解顾客的业务和你的产品有何关联。分析付费顾客采购流程，能引导你采用相同的流程不断销售更多的产品。了解这一流程可以让你更轻松地获取新顾客，为企业带来稳定的后期回报。

在这一步中，每个环节的重要工作是了解该环节涉及的决策者的预算和采购权限。我们经常会发现这样的情况，在无须上级批准的情况下对方只能采购不超过一定金额的产品。有时候预算是由某个决策者直接批准的，这样销售会变得容易得多；但有的时候，采购流程会很漫长，需要经过采购部门和管理机构的审核。认识到这些问题能够帮助你更好地完成后面的产品定价工作，因为定价低于对方的预算权限会带来很多好处，能避免影响采购的某些角色出现，增加成功销售的机会。这样做可以极大地缩短销售周期，对于初创企业来说这是一个生死攸关的问题。

另一个需要考虑的问题是，产品采购预算是从年度营业预算中支付还是从长期资本预算中支付。你需要了解顾客的采购预算类型和制定预算的流程。在有些公司，向营业预算中增加费用要比向资本预算增加费用更容易获得批准，但有的行业或公司的做法可能完全相反。虽然看起来是件不起眼的小事，但预算类型的不同可能意味着三个月和一年的销售周期差异，这往往决定着初创企业能否取得成功。

一定要考虑好流程中每一个步骤所需的时间。估计好时间点之后，你应当验证一下这些时间是否合理。例如，你有没有计算延误的时间，你的时间估算比较紧张还是相对宽松？

三、估算后续市场规模

虽然我们一再强调对登陆市场的高度关注，你也要抽出些时间分析后续市场，这种分析可以是概括性的，不需要很多细节，可以预测一下后续市场有哪些，规模有多大。后续市场是你占领登陆市场后需要进攻的目标，估算后续市场的规模能够检查你的前进方向是否正确，帮你确认能否实现可升级的业务以及发现更大的市场机会。它能让你在设计产品形成产能之前发现当前业务的长期潜力，确定可长期持续发展的业务有利于鼓励管理层、员工的士气以及投资者的兴趣。反过来说，如果你在登陆市场的表现问题重重，它能帮助你清晰地认识其他潜在市场，果断决定放弃当前市场或是对创业目标做出修订。

后续市场通常有两种，一种是向相同顾客销售附加产品或应用的市场，即通常所说的追加销售市场。经过前面的各种调查，你已经非常了解目标顾客的需求和问题，这些信息能帮助你发现该为顾客创造哪些附加产品或是实现对顾客的重复销售。这种销售的好处在于，你可以利用现有的销售和分销渠道销售新产品，利用现有投资与已经和目标顾客建立的良好关系推动新的销售。不过，生产附加产品需要在企业核心价值基础上对业务进行延伸，这样做有可能危及你在这些市场中的竞争地位。除非你的核心价值与顾客关系相关，否则还是要小心为之。

另一个市场，即创新型企业经常采用的方式，是向毗邻市场销售相同的基本产品。毗邻市场即那些和登陆市场类似的市场。虽然向这些市场销售产品需要添加新的产品特性和升级，不同的包装、营销口号及定价，但实际上你利用的是相同的核心价值以及在登陆市场取得的经验来开发新市场的。这种方式的难处在于，你必须在每一个毗邻市场建立新的顾客关系，这样做可能存在风险，而且需要投入不少成本。

虽然创新型初创企业的核心价值决定了它们通常采用第二种策略，但实际上，在占领登陆市场之后这两种方案都是可行的，甚至可以兼而有之。

想一想不同的毗邻市场以及你的产品可能实现追加销售的机会。你至少可以发现五六个后续市场，然后根据"估算登陆市场规模"同样的方式估算后续市场的规模。这一步无须花费太多时间和精力，实际上，这一步所需的很多信息你已经在市场细分步骤中了解过了，没有必要做非常详尽的原始市场调查分析了。

创业思维 >>

一、政府采购的特点

问题： 政府采购与个人采购、家庭采购、企业采购相比，有一定的差异，具体表现在哪些方面？

参考思路：

政府采购是政府机构所需要的各种物资的采购。这些物资包括办公物资，例如计算机、复印机、打印机等办公设备，纸张、笔墨等办公材料，也包括基建物资、生活物资等各种原材料、设备、能源、工具等。政府采购也和企业采购一样，属于集团采购，但是它的持续性、均衡性、规律性、严格性、科学性上都没有企业采购那么强。政府采购最基本的特点，是一种公款购买活动，都是由政府拨款进行购买。

与个人采购、家庭采购、企业采购相比，政府采购具有以下显著特点：

1. 资金来源的公共性

政府采购的资金来源为财政拨款和需要由财政偿还的公共借款，这些资金的最终来源为纳税人的税收和公共服务收费。在财政支出中具体表现为采购支出，即财政支出减去转移支出的余额。

2. 采购主体的特定性

政府采购的主体，也称采购实体，为依靠国家财政资金运作的国家机关、事业单位和社会团体，不包括国有企业等。

3. 采购活动的非商业性

政府采购为非商业性采购，它不是以盈利为目标，也不是为卖而买，而是通过买为政府部门提供消费品或向社会提供公共利益。

4. 采购对象的广泛性

政府采购的对象包罗万象，既有标准产品也有非标准产品，既有有形产品也有无形产品，既有价值低的产品也有价值高的产品，既有军用产品也有民用产品。为了便于统计，国际上通行的做法是按性质将采购对象划分为货物、工程和服务三大类。

5. 政策性

采购实体在采购时不能体现个人偏好，必须遵循国家政策的要求，包括最大限度地节约财政资金、优先购买本国产品、保护中小企业发展、保护环境，等等。

6. 规范性

政府采购不是简单地一手交钱、一手交货，而是按有关政府采购的法规，根据不同的采购规模、采购对象及采购时间要求等，采用不同的采购方式和采购程序，使每项采购活动都要规范运作，体现公开、竞争等原则，接受全社会的监督。

7. 影响力大

政府采购不同于个人采购、家庭采购和企业采购，它是指一个整体，这个整体是一个国家最大的单一消费者，其购买力巨大。有关资料统计，通常一国的政府采购规模要占到整个国家国内生产总值（GDP）的 10% 以上，因此，政府采购对社会的影响力很大。采购规模的扩大或缩小、财政结构的变化都将对整个社会的总需求和供给、国民经济产业结构的调整等产生举足轻重的影响。

二、拓展市场的战略

问题：虽然在这一阶段，并不要求去开拓新的市场，只需要了解后续市场的规模，但了解开拓市场的战略，有助于你思考后续市场的潜力。那么，拓展市场有哪些常见的方法呢？

参考观点：

一般来讲，可供选择的有以下五种典型战略：

1. "滚雪球"战略

目标市场的"滚雪球"拓展战略是中小企业最常用的一种策略，即企业在现有市场的同一地理区域内，采取区域内拓展的方式，在穷尽了一个地区后再向另一个新的区域进军的拓展战略。具体来讲，这种战略的拓展以某一个地区目标市场为企业市场拓展的"根据地"和"大本营"，进行精耕细作，把"根据地"和"大本营"市场做大、做强、做深、做透，并成为企业将来进一步拓展的基础和后盾。在"根据地"市场占有了绝对优势和绝对稳固之后，再以此为基地向周边邻近地区逐步滚动推进、渗透，最后达到"星星之火，可以燎原"，即占领整个市场的目的。

采取"滚雪球"的市场拓展战略具有以下优势：

（1）有利于企业降低营销风险

"根据地"的营销战略能为周边地区的营销实践提供丰富的经验和良好的示范。企业在全力建设"根据地"市场的过程中，对产品的市场营销规律有了较多的研究，包括成功的经验和失败的教训。"根据地"营销经验的日积月累自然成为企业日后向周边拓展最宝贵的财富和资本，营销的失误会进一步减少。随着市场的不断滚动拓展，企业的"根据地"市场地盘的扩大，这些经验和教训愈加丰富，市场营销的风险会越来越低。

（2）有利于保证资源的及时满足

市场滚动的开始是以"根据地"市场的"兵强马壮"为基础的。已做大做强的"根据地"市场的利润丰收为新开拓市场提供充足的资金积累，"根据地"营销实践成为企业营销人才培养的"黄埔军校"，因而在市场拓展中能源源不断地向前方市场输送人才。

（3）有利于市场的稳步巩固拓展

"滚雪球"市场拓展战略是在现有市场牢牢被占领之后才向新的周边市场拓展，秉持稳健踏实的理念，达到步步为营的目标。温州有许多民营企业就采用了这种"滚雪球"的循序渐进战略。如温州"大隆"鞋机，其整个国内鞋机市场主要是"三州"，即以男鞋为主的温州、以女鞋为主的福建泉州、以旅游鞋为主的广州。"大隆"首先当然是近水楼台先得月，温州鞋机市场为将来进一步发展的"根据地"。当占领温州 70% 的鞋机市场，取得绝对稳固的垄断地位以后，再在温州发展，潜力已经不大，于是就向周边地区市场滚动。"大隆"第二步滚到了紧邻的泉州市场，并把温州的服务经验"克隆"到新市场，取得了很好的效果。现在，"大隆"又向福建邻近的广州进军了。

2. "采蘑菇"战略

与"滚雪球"不同的是，"采蘑菇"拓展战略则是一种跳跃性的拓展战略。企业开拓目标地区市场的先后顺序通常遵循目标市场的"先优后劣"的顺序原则，而不管选择的市场是否邻近。即首先选择和占领企业最有吸引力的目标地区市场，采摘最大的"蘑菇"，其次再选择和占领企业较有吸引力的地区市场，即采摘第二大的"蘑菇"，不管这个市场是否和原来的市场邻近。

"采蘑菇"的市场拓展方式，也有其独特的优点：

（1）企业能取得最佳的经济效益

因为，企业的每一步都选择的是未占领市场中最佳的。所以，企业的资源总是得到了最佳配置和利用。

（2）企业市场拓展战略具有灵活性、及时性

尤其在竞争者较多时，如果仍按照由近及远、循序渐进的原则，则竞争者可能早就把那些诱人的市场抢走了。这种战略虽然存在缺乏地理区域上的连续性的缺点，但却是企业比较普遍适应的一个战略。不但强势企业可以采用，弱势企业运用它也可以取得不错的效果。

3. "保龄球"战略

保龄球运动具有这样的特点：各保龄球之间存在一定的内在联系，只要恰当地击中关键的第一个球瓶，这个球瓶就会把其他球瓶撞倒一大片。企业在拓展市场时同样可以运用这样的方法。要占领整个目标区域市场，首先攻占整个目标市场中的某个"关键市场"——第一个"球瓶"，然后，利用这个"关键市场"的巨大辐射力来影响周边广大的市场，以达到占领大片市场的目的。这种市场拓展战略我们称之为"保龄球"战略。

当然，该"关键市场"应该具有如下特点：

（1）该"关键市场"的消费者具有较强的求新意识和较强的购买力，因而对新事物接受较快。

（2）该"关键市场"的消费需求具有极强的影响力、穿透力和辐射力。

一般，"关键市场"的消费观念和潮流具有极强的超前性和引导性，即某种商品消费或生活方式一旦在这些市场流行，会引起一大批周边中小地区市场的消费者争相模仿追随。所以，只要企业占领这个"高能量"市场，就能取得以点带面、辐射一大片市场的效果。当然，这是一种"先难后易"的市场拓展策略。关键市场往往是商家必争之地，要攻占该战略市场要点，必须耗费大量的财力和人力。但一旦占领，其他市场就"横扫千军如卷雪"了。显然，这是实力较强的大企业才能选择的战略。海尔集团的国内和国际市场拓展就是这样一个模式。在国内消费品市场，有三个城市市场至关重要。一个是广州，毗邻香港，成为中国时尚中心和流行发源地。广州今天的消费热点往往是两湖、四川、江西、福建乃至全国明天的流行趋势；上海的精明和苛刻早就闻名全国，能在上海立足的商品必定是经得起考验的精品，受到上海市场欢迎的产品必定会得到江苏、浙江、山东、安徽等地市场消费者的青睐；北京是中国的心脏，企业的一举一动在这里都对全国市场影响巨大。在北京市场有出色表现的企业，其"市场风采"肯定不久就会成为媒体传播的话题，产品自然成为消费者追逐的对象。所以，"广州—上海—北京"成为进军全国市场的战略"金三角"。占领了这三个市场，依靠其强劲的辐射力量，就等于攻克了大部分中国市场。海尔集团于是首先投入大量的精力先后进入和占领了北京、上海和广州，果然，产品迅速向全国铺展开来。同样，海尔的国际"金三角"也具有异曲同工之妙！即先占领"日本—西欧—美国"三个关键市场，再准备向全球市场进军。只要占领了虽然最难却具有非常影

响力和辐射力的全球市场"三极",进入发展中国家市场就势如破竹了。发达国家的今天消费流行趋势就是发展中国家明天的流行趋势。

4. "农村包围城市"战略

和"先难后易"的"保龄球"战略相反,这是一种"先易后难"的市场拓展战略。即首先蚕食较易占领的周边市场,积蓄力量,并对重点市场形成包围之势,同时也对中心城市形成一种无形的影响。等到时机成熟时,一举夺取中心市场。对于中小企业来讲,首先就选择进攻最难占领的中心市场,欲速则不达,成功的可能性很小。企业这时还不如首先选择较易攻占的周边市场,一方面积蓄自己的力量和营销经验,另一方面对中心市场给予一种潜移默化的影响。在实践中,"农村包围城市"战略的实施常常伴随着"时空间断法"的运用。企业在包围占领周边市场同时,会对中心市场进行一定的广告宣传,但是却没有产品的跟进,有意造成市场空缺,让销售和宣传有一段时空间断,令消费者由出奇到寻觅,由寻觅到渴望,形成消费势能的递增蓄积,犹如大坝之于江水,人为地制造水位落差,最后形成万马奔腾之势,为一举占领中心市场提供良好的基础。

5. "撒网开花"战略

撒网战略是企业在拓展其目标市场时,采用到处撒网、遍地开花,向各个市场同时发动进攻,对各个市场同时占领的方式。撒网战略具有极大的市场拓展威力,可以在非常短的时间内达到同时占领各个市场的目标。

但是,这种战略成功的条件却极为苛刻:

(1)需要企业具有充足的营销资源

在许许多多市场同时开展营销,各个市场都要建立自己的销售渠道。常常伴以广告"地毯式轰炸",所以,需要的资金显然非一般企业所能承受;另一方面,每个市场都必须派出精干的营销策划、销售管理人员和业务代表,因此,企业必须要有一支庞大并且经验丰富的营销团队。

(2)需要企业具有大量的开发费用

因为,每个市场的需求各异,自然需要各种不同的产品。同时拓展的市场越多,则可能需要的新产品越多。所以,企业新产品开发费用的大量支出成为不可避免。

(3)需要企业具有强大的调控能力

企业同时在多个市场发动进攻,无论是自己开山修渠还是借鸡生蛋,都可能遇到许多意想不到的情况和难以控制的市场混乱,所以,如果没有极强的协调控制能力,则企业难以应付同时发生的各种意外情况。如原来的巨人集团在 1995 年对全国保健品市场的进攻就是采取的"全面开花"的战略。1995 年 5 月 18 日,巨人在全国百家主要报刊媒体上集束轰炸,一次性推出减肥、健脑、强肾、醒目、开胃等 12 个新品种,产品同时铺上全国 50 万家商场的柜台,发动的营销人员达到 10 万人。"遍地开花"式的市场拓展就像"闪电战",意在迅速占领,广种薄收。但是,这种目标市场拓展战略目前成功的可能远远低于失败的概率,成功者寥寥,却失败者多多,可见这种战略并不适应于一般企业或目前实力和经验尚不丰富的企业。"巨人"的倒下,"三株"的枯萎大概也有一份它的"功劳"吧。

创业技能 >>

技能训练一 案例分析：谁影响了采购

下面是张先生的购车经历，采用第一人称复述，阅读案例并回答后面的问题。

我去年年中就打算买一辆 6 万至 10 万的车，刚开始看中了 A，但是 A 的做工不敢恭维，后来看中了 B，但是要等半年才能提货，于是只好退而求其次转向 C。其间，我也看过其他品牌，总体感觉还是 C 的做工配置以及整体质量在自主品牌里比较好。经过半年多的观察和比较，我才终于选定了 C，认为其性价比很高。去了几次我们当地 4S 店，4S 店服务员是很热情的，但是报价却没有多少浮动，我致电外地一家 4S 店能优惠 5 000 元，于是我打算去外地买。

但是没想到家人不知听谁说的说 C 的质量不好，死活不让买。我个人认为是没问题的，但是为了尊重家人的意见，我只好另选。太太的意思是买 D，皮实耐用。但是我看不上 D 的配置，并且有网友说现在的 D 跟以前的装配质量也差多了。于是只有升级价格，后来锁定在 E 和 F 之间。在我们当地只有一家 4S 店销售 E，没找到 F 销售店。E 的北京店报价比本地报价便宜 7 000 元，F 车需要去外地购买及维护。综合考虑，我还是喜欢 C，但是太太坚持 E，最后我们达成共识，再加点钱买辆更好的。

这时 G 进入了我的视线，试驾了一辆邻居几年买的 G，那种厚实的感觉和宽大的行车电脑，激光焊接，空腔注蜡一下吸引了我。于是我和朋友又去 4S 店看了看，没想到因为下雪没有现货，价格也没有丝毫优惠。致电北京店能优惠 10 000 元。于是我来到了北京 4S 店，先看了 G。但是没有我要的型号，另一个比较好的型号只有一辆了。犹豫中我又看了其他几个品牌，都不尽如人意。第二天遇到一位在北京的朋友，他推荐我还是 G 好。于是我决定买 G。

交钱提车加满油走人。开了几个月感觉 G 是物有所值，直到我现在还认为，G 肯定好，A 也不错，因为毕竟一辆 G 快买两辆 A 了。

讨论：

1. 在张先生的购车决策中，参与者都有谁？他们各扮演什么样的角色？
2. 你如何看待家庭对顾客采购决策的影响。

技能训练二 观察顾客流

请选择一个消费场景（如书店、餐饮店、手机卖场、服务中心等），在一天或一周的不同时段观察，计数顾客流量。结合所观察的店家，用所学的市场营销管理理论，写一份营销策略改进与客户管理的方案。然后将该方案与所观察的市场管理者进行沟通，体会感受市场营销管理的要素与技巧。

创业实践 »

绘制付费顾客采购流程图

结合本章知识与方法，绘制付费顾客采购的流程图，然后展示给其他团队。

创业榜样 »

野农优品——探路农业O2O

野农优品正式成立于2013年8月，是一家专注于绿色生态健康的农产品公司。其全部农产品出自绿色生态的自有农场，以价格竞争力为用户提供无污染、无添加、无催熟的"三无"农品。其创始人勾英达是个1995年出生的男孩，野农优品在他的运营下经历了三个阶段：

一、过去，野农优品主抓品牌农业模式。中国是农业大国，但大陆农产品还处在原始的商品阶段，不像日本、中国台湾等地的农产品在卖品牌。野农优品通过让用户参与产品生产，进而产生信任度来打造农产品品牌。

二、现在，勾英达正在杭州谈农业众筹的事情。农业众筹，是互联网对于工业农业真正革命性的影响，由传统的先生产后销售转变为先销售后生产。农民通过众筹让产品销路有保证，消费者通过众筹，踢掉中间商，防止价格伤害，监管食品安全。

三、未来，野农优品要走农业金融模式。目前，互联网金融等新模式已经冲击到银行等这样的传统既得利益者。传统金融很难介入农产品产业链，野农优品于从电商和金融的销售终端入口，先确立一些附加值高的农产品的品牌或景色宜人的观光农业区，再用金融的思维倒推回去整合产业链，利用互联网优势，在连接金融端的同时，连接销售端。这场农产品电商大战到底谁能胜出，取决于谁真正和农民打的交道多，而不是搬套其他领域的做法。

勾英达认为，农业难点不在技术，而在健康的供应链，和简单直接的商品流通环节，因为冗长的流通环节不仅造成价格上的伤害，同时也会因消费者对自己所食产品不了解而增加食品安全问题的风险。互联网农业是一个"贴地飞行"的工作，一边跑到村子与农户交流，通过他们听得懂的语言谈合作，谈改变，谈未来；另一方面二维码溯源、农业生产智联网这些属于高科技智能领域。消费者一般不知道自己食用的食物是否打农药、施肥，野农优品用技术去实现全程监控，甚至是实时播报，购买后还可看到农品的全部生长日志，类似自身在耕种、收割的可视化过程。

野农优品的全盘计划其实是在降低和农民打交道的成本。农业不同于其他产业，其涉及面广泛、环节复杂、天然壁垒高，野农优品能否在众多的农产品电商中脱颖而出还要看其线下，最终筹码是土地和农民。

野农优品的解决方案只有两个字"信任"。第一步与农户面对面，用其听得懂的语言介绍自己的模式，让农户产生信任，再通过线下签约保障其利益。该利益给予愿意与野农优品流转土地的农户，其可以获得三层保障：

一、土地流转的资金；

二、继续耕种的月工资；

三、农产品分红，使用户获得更高稳定的收入。

野农优品通过基于信任的线下地推方法去完善生产链和供应链，即使不愿意流转土地的农户也可以参与农业众筹，有计划及资金进行明年的生产。对于野农优品，则通过农民的契约种植，也能更好地保证农产品品质。

勾英达认为核心在于把握住好土地，做好地推，与农民交流合作，拿下一些优质土地做品牌农业。野农优品是个正在进行的互联网青年农业项目，从品牌化运作的农品电商战略到众筹、金融、生态旅游等众多板块构成的未来野农蓝图。中国缺少像凡客一样的农产品品牌，野农优品不做平台，太难做，其定义为互联网时代的农业品牌电商，采取线上契约种植、线上销售的方式，把农民的土地租用过来，之后给农户耕种的工资并年底分红。

目前，野农主要产品是大米、小米、黑猪，未来会慢慢扩大品类。至于养护及病虫害等，勾英达称，野农会提供全套生产种植技术、种子和各类有机的农药和生态肥。目前，其有人负责生产种植的后端，整个团队有 8 个人，分别负责文案、技术、营销、生产、发货工作。现在的野农优品项目已融资 50 万元，是东北传统企业家所投。勾英达励志要做一个互联网农业的"新农人"。

如今，野农优品项目已在央视播出，也算备受关注。一个出生于 1995 年的男孩，不惧怕巨头、不嫌农业又脏又累。说其初生牛犊不怕虎也好，说其有胆识有魄力也罢，总之，他在做很多牛人、巨头不敢做的农业 O2O 项目，就够了。

创业资源 »

如何采购货物——创业加油站

图书：《如何采购货物——创业加油站》

资源介绍：本书以创业的基本步骤为主线，采用情景剧的形式，全面准确地回答了创业者在创业过程中的焦点问题。书中的两个主人公王大明和晓芳由于对创业知识缺乏认识和了解，以致他们在创业过程遇到了各种各样的问题，创业之路屡屡陷入困境。创业专家李先生的及时出现为他们详细讲解了创业过程中的各种知识和遇到问题时的解决方法，重新点亮了他们的创业之路。十集教学情景剧全面、准确回答创业者 10 项焦点问题！创业专家经典传授，从零开始祝你成功！

第八章　商业模式设计与论证

今天企业之间的竞争，已经不是产品和服务之间的竞争，而是商业模式之间的竞争。

——现代管理学之父　彼得·德鲁克

创业新知 >>

2015 年具有代表性的创新商业模式案例

管理学大师彼得·德鲁克曾经说过："当今企业之间的竞争，不是产品之间的竞争，而是商业模式之间的竞争。"在互联网思维被赋予多重定义的时代，商业模式和传统的商业模式最大的区别在于，不再是关于成本和规模的讨论，而是关于重新定义客户价值的讨论。商业模式就是如何创造和传递客户价值和公司价值的系统。可见，客户价值以及客户价值主张的重要性非同一般。2015 年是万众创业年，众多创业企业爆发，各种各样的创新型商业模式出现在市场中。

1. **大疆——消费级无人机市场的霸主**

企业介绍：深圳市大疆创新科技有限公司（DJI-Innovations，简称 DJI），成立于 2006 年，是全球领先的无人飞行器控制系统及无人机解决方案的研发和生产商，客户遍布全球 100 多个国家。它占据着全球 70％的无人机市场份额。

创新性：无人机以前主要是应用在军事方面，而大疆是第一个将无人机应用在商业领域并获得成功的企业。大疆无人机如今已被应用在军事、农业、记者报道等方面，是可以"飞行的照相机"。

短评：这家公司将目标受众从业余爱好者变成主流用户，而且它在这一过程中还能占据市场的主导地位，这种成功的案例在科技行业发展史上实属罕见。

2. **滴滴巴士——定制公共交通**

企业介绍：2015 年 7 月 15 日，继快车、顺风车之后，滴滴快的旗下巴士业务"滴滴巴士"也正式上线。目前滴滴巴士已经在北京和深圳拥有 700 多辆大巴、1 000 多个班次。

创新性：滴滴巴士是第一个尝试将巴士进行多场景应用的定制巴士。滴滴巴士是关于定制化出行的城市通勤定制服务。它根据大数据测算并推出城市出行新线路。滴滴巴士还将巴士进行多场景应用，比如旅游线路定制、商务线路定制等扩展了巴士出行的场景。

短评：城市通勤定制服务出现的时间并不长，却发展很快。它是关于定制化出行的一种初步尝试。事实上，做定制服务的门槛其实是极高的，而滴滴巴士母公司滴滴出行的互联网技术和用户基础为其创造了有利条件。

3. 百度度秘——表面它陪你聊天，其实你陪它消费

企业介绍：度秘（英文名：duer）是百度在 2015 年世界大会上全新推出的，为用户提供秘书化搜索服务的机器人助理。

创新性：度秘将人工智能带到了可以广泛使用的场景中，是百度强大的搜索技术和人工智能的完美结合体，可以用机器不断学习和替代人的行为。

短评：提起百度就是竞价排名，如今度秘终于可以升级这个原始的广告模式了。今年百度大会上推出的度秘是聊天机器人＋搜索引擎＋垂类 O2O 的整合型产品。它把现在互联网最热、最精尖的技术结合在了一起，百度大动干戈在百度世界大会上发布这款产品，将生态完善化繁为简，满足了"懒人"的生平夙愿。

4. 人人车——"九死一生"的 C2C 坚挺地活了下来

企业介绍：人人车是用 C2C 的方式来卖二手车，为个人车主和买家提供诚信、专业、便捷、有保障的优质二手车交易。

创新性：它首创了二手车 C2C 虚拟寄售模式，直接对接个人车主和买家，砍掉中间环节。该平台仅上线车龄为六年且在 10 万公里内的无事故个人二手车，卖家可以将爱车卖到公道价，买家可以买到经专业评估师检测的真实车况的放心车。

短评：C2C 虚拟寄售的模式被描述为"九死一生"，是因为：第一，二手车属非标品；第二，卖车人和买车人两端需求是对立的；第三，国内一直缺乏第三方中立的车辆评估，鱼龙混杂。因此二手车 C2C 交易困难重重、想法大胆又天真。人人车不被看好却能逃过"C 轮死"的魔咒，是因为其省去所有中间环节，将利润返还与消费者。创始人李健说："如果我能成功，B2C 都要失业了。"

5. e 袋洗——力图用一袋衣服撬动一个生态

企业介绍：e 袋洗是由 20 余年洗衣历程的荣昌转型而来的 O2O 品牌，采取众包业务模式，以社区为单位进行线下物流团队建设，即在每个社区招聘本社区中 40、50、60 个人员作为物流取送人员。

创新性：e 袋洗是第一个以洗衣为切入点进入整个家政领域的平台。e 袋洗的顾客主要是 80 后，洗衣按袋计费：99 元按袋洗，装多少洗多少。e 袋洗致力于将幸福感作为商业模式的核心和主导，推了新品小 e 管家，通过邻里互助去解决用户需求，满足居民幸福感。小 e 管家在小 e 管洗、小 e 管饭的基础上，计划推出小 e 管接送小孩，小 e 管养老等服务，以单品带动平台，从垂直生活服务平台转向社区生活共享服务平台，以保证 C2C 两端供给充足。

短评：e 袋洗在搭建成熟的共享经济平台后，不断延伸出更多的家庭服务生态链，打造一种邻里互动服务的共享经济生态圈。集合社会上已有的线下资源，通过移动互联网实现标准化、品质化转变，帮助人们在生活中获得更便利、个性的服务。

6. 实惠 APP——团购不彻底，直接免费

企业介绍："实惠 APP"是一款基于移动端，主打社区的生活服务类 APP。用户通过入驻实惠 APP 上自己工作的写字楼或居住的社区，可以领取实惠或商家提供的优惠礼品，享用身边的生活服务和便利商品，同时进行邻里间的社交，让用户生活更便捷、更实惠。

创新性：实惠商业模式的创新之处是做免费的团购——颠覆团购低价模式直接 0 元团购。通过平台将商家提供的免费福利，派发给参与中奖的用户。它以城市的上班族为主要对象，可以在写字楼或者社区的位置信息中录入其位置附近的商家名称和商品的福利活动，并通过附近福利、免费抢福利、品牌大揭秘等趣味方式推送给用户，使用户既能得到实惠，又得到良好的游戏体验。

短评：实惠 APP 开启的创新"免费 O2O"模式促进了商家和用户的良性互动，实惠把用户、商户、物业连成一个有机整体，不仅和大型商户开展合作，更包含在社区间的居民、商户、物业等基于地理位置的连接，可看成一个小的社群系统，并围绕这个小的系统展开的线上订单和线下服务。

7. 干净么——餐饮界的360，免费还杀毒

企业介绍：干净么是一个互联网餐饮安全卫生监管平台，基于移动互联网并连接各个环节、各个部门的第三方卫生监管平台，同政府、媒体、商家、用户等多方互动来进行监管。目前在干净么的 APP 上有几百万条数据，15 万家餐厅的食品安全等级评价。

创新性：它是第一家利用互联网思维来打食品安全这场仗的第三方平台，不仅对餐饮商家进行测评、监管，还包含学校、幼儿园、单位食堂等在内，用户可以查阅自己感兴趣商家的卫生安全等级，从而判断是否就餐。

短评："干净么"就好比餐饮界的360，免费还杀毒，目标就是通过扬善惩恶使餐饮行业进入良性竞争循环。食品安全需要社会共治，干净么就是连接政府、媒体和消费者的一个纽带。

8. 很久以前——不久的将来，给小费将成为常态

企业介绍：很久以前是北京簋街一家烧烤店，店内推出的打赏制度被各大餐饮集团引用。

创新性：第一家将餐厅给小费的形式进行互联网思维改良的餐厅。打赏制度：打赏金额为 4 元，打赏人是到店里用餐的顾客，被打赏人是前厅员工，包括服务员、传菜工、保洁人员、炭火工。打赏规则：1. 前厅员工可以向顾客介绍打赏活动，但只能提一次；2. 前厅员工不能向顾客主动索取打赏。展现形式：店内、餐桌展示牌及员工胸牌上印有活动内容——"请打赏：如果对我的服务满意"，吸引顾客眼光。

短评：可别小看了打赏这个小制度，已经有很多的餐饮连锁巨头开始使用这个制度了。4 元钱顾客买不了吃亏，买不了上当，却买了一个好的服务，也给服务员多了一个收入途径。你别嫌少，积少成多可是能大大提升服务员的积极性。

9. 多点（Dmall）——不是多点少点的问题而是快点

企业介绍：多点是一个以超市为切入口的 O2O 生活服务平台，将日常生活消费和生鲜产品作为突破口。

创新性：多点的创新点与京东到家、天猫超市等截然不同。它与商超之间完成系统上的对接：可以通过深度整合的系统，动态地获取商超库存价格等重要数据，同时，多点通过数据分析及供应链控制能力，将 C2B 模式引入商超可以解决其生鲜进销问题。同时，多点自建物流，有自己的配送员。在用户下单后，多点会和合作商家一起分拣货物，然后送货上门。

短评：用户从下单到收货，全程所花时间不超过 1 小时，多点可以说是用户的网上超市，只不过模式比较轻，也比较快。

10. 云足疗——上门 O2O 中的垂直环节

企业介绍：云足疗于 2015 年 1 月正式上线。用户通过云足疗 APP 或微信、电话预约，可以随时随地享受足疗、修脚、理疗服务。用户可以根据云足疗平台上项目、价格、距离、籍贯等信息，选择符合自己要求的服务项目、服务师傅。

创新性：云足疗是第一家也是唯一一家上门足疗 O2O 平台。云足疗砍掉了足疗店等中间环节，让技师和顾客实现无缝对接，不仅解放了长期局限在足疗店的技师们，让他们获得了比同行更高的薪资，同时也让顾客体验到低价便捷的优质上门养生服务。云足疗率先实现了上门足疗服务的标准化，平台通过面试、实名认证、技能考核、系统培训等严格筛选，来保障上线的技师的专业技能和高服务水准。

短评：云足疗属于上门 O2O 中的垂直环节，在 O2O 垂直领域是值得开发的沃土。团队 15 年服务行业的线下实体店的经验，是其能够在资本寒冬中获得融资的关键。

编后语：对上述商业模式进行梳理不难发现："成功商业模式"可进一步划归为"基于技术突破与创新"和"主要依托产业价值链融合与分解"两类，并在不同的领域与产业价值链条上做出了不同程度的创新。这表明，成功的商业模式非常一样而又非常不一样。非常一样的是创新性地将内部资源、外部环境、盈利模式与经营机制等有机结合，不断提升自身的营利性、协调性、价值、风险控制能力、持续发展能力与行业地位等。非常不一样的是在一定条件、一定环境下的成功，更多地具有个性，不能简单地拷贝或复制，而且必须通过不断修正才能保持企业持久的生命力。想要创新商业模式只研究商业模式是远远不够的，不懂经济法则、不懂社会潮流、不懂人文需求，还是不能创新模式。借鉴基础上的创新永远是商业模式中商业智慧的核心价值。

创业基础 >>

一、设计商业模式

（一）商业模式的概念

商业模式是指为实现客户价值最大化，把能使企业运行的内外各要素整合起来，形成一个完整的、高效率的、具有独特核心竞争力的运行系统，并通过最优实现形式满足客户需求、实现客户价值，同时使系统达成持续赢利目标的整体解决方案。商业模式是一个非常宽泛的概念，与商业模式有关的说法很多，包括运营模式、盈利模式、B2B 模式、B2C 模式、"鼠标加水泥"模式、广告收益模式等，不一而足。

商业模式是一个框架，它能帮助你从为顾客创造的价值中抽去一部分形成商业价值。换句话说，企业从顾客那里得到的回报取决于你的产品能为顾客创造多少价值，而不是根据产品成本随意指定的价格涨幅。在确定商业模式和定价的过程中，哪怕不时会有混淆，你还是要牢记它们都是以价值为基础确定的。不过在这个方面，定价的影响要比设计商业模式小得多，因为后者会对企业产生价值的能力产生直接影响。

很多商业实践证明，那些愿意花时间和精力创新商业模式的企业，最终都得到了巨大的回报。有鉴于此，你应当认真思考采用怎样的商业模式来获取价值，不要盲目跟风，照搬行业中大家都在采用的模式。作为新企业，你有很多种商业模式可以选择，但顾客群一旦确定之后再改变商业模式会变得很难。相对于行业中经营模式已经固定的其他企业，商业模式是初创企业可以利用的一大优势。因此，你应当从顾客的角度评估商业模式，对不同的选择进行测试，最终确定能为企业有效获取价值的商业模式。

商业模式是企业应当花时间关注的重要决策，但要提醒创业者，不要因此忽略了企业的价值创造。对一个企业来说，为顾客创造价值和寻找合适的商业模式同等重要，应当实现两者的平衡。你选择的商业模式必须能够体现企业和竞争对手的不同和优越之处，这样对方才会难以复制你的优势。

（二）商业模式画布

设计商业模式的方法有很多，比较常用的是"商业模式画布"。商业模式画布是一种关于企业商业模式的思想，直观、简单、可操作性强。在创业项目和大公司中，商业模式画布都起到了健全商业模式、将商业模式可视化及寻找已有商业模式漏洞的作用，在项目运作前常通过头脑风暴避免错误，减少失败决策带来的损失。商业模式画布常被用于设立创新型项目或打造与众不同的商业模式。

商业模式画布是会议和头脑风暴的工具，它通常由一面大黑板或干脆一面墙来呈现。这块板子按照一定的顺序被分成九个方格，方格的内容如下：

- 客户细分——你的目标用户群，一个或多个集合
- 价值主张——客户需要的产品或服务，商业上的痛点
- 渠道通路——你和客户如何产生联系，不管是你找到他们还是他们找到你，比如实体店、网店、中介
- 客户关系——客户接触到你的产品后，你们之间应建立怎样的关系，一锤子买卖抑或长期合作
- 收入来源——你将怎样从你提供的价值中取得收益
- 核心资源——为了提供并销售这些价值，你必须拥有的资源，如资金、技术、人才
- 关键业务——商业运作中必须要从事的具体业务
- 重要伙伴——哪些人或机构可以给予战略支持
- 成本结构——你需要在哪些项目上付出成本

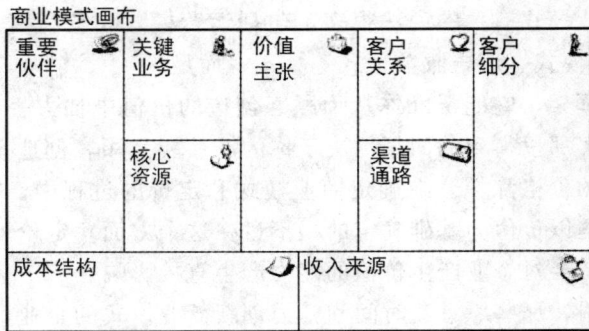

商业模式画布

重要伙伴	关键业务	价值主张	客户关系	客户细分
	核心资源		渠道通路	
成本结构		收入来源		

图 8—1

你可以在一个大房间里，按照以上的顺序依次在九个板块里填写内容——最好是以便签纸的形式，每张纸上只写一个点，直到每个板块拥有大量的可选答案。然后，你们摘掉不好的便笺纸，留下最好的那些，最后按照顺序让这些便签上的内容互相产生联系，就能形成一套或多套商业模式。一个好项目的开头可能就是这么简单。

商业模式画布的优点在于让讨论商业模式的会议变得高效率、可执行，同时产生不止一套的方案，让每个决策者心中留下多种可能性。错误的方案被删除，防患于未然；优秀的方案在半个小时内便确定下来，同时还会产生很多备选方案用来应对变化。商业模式画布是关于全局的集体智慧和长远设计。

二、确定定价策略

确定商业模式后，就要确定定价策略了。定价是一个会发生变化的要素，这一步只是启动定价流程，在后面需要你根据市场反馈对价格进行不断的修正。和很少变化的商业模式不同，产品价格经常会根据市场条件的变化发生改变。有些企业对产品每天定价（如加油站），甚至随时更改价格（如机票）。目前你要做的是确定定价策略，而不是精确的产品价格。定价策略对企业的赢利能力有非常重要的影响，制定定价策略的目的即在实现更多收入和吸引更多顾客这两者之间努力建立平衡。

（一）成本不应成为确定价格的要素

你应当基于产品为顾客创造的价值，而不是基于产品成本定价。成本定价法会让企业严重陷入被动。以软件行业为例，边际成本（复制软件备份的成本）几乎为零，如果按照成本定价企业还怎么赚钱？与此相反，你应当利用产品的价值定位，确定产品能为顾客创造多少价值，然后从中抽取一定比例作为产品价格。这个比例怎么确定，一般要根据行业竞争情况而定，不过 20% 是比较合理的起点，即为顾客留 80% 的价值，因为他们采用你的新产品也是要承担风险的。有些公司（如微软和英特尔）会凭借其市场垄断优势把产品价格定得很高，不过盲目追求短期收入可能为初创企业造成长期问题。如果顾客感觉到企业定价太高，当其他公司开发出替代产品或价格更低的产品时他们会迅速流失。

利用产品创造的价值来定价，具体分成比例应根据你的商业模式和顾客需承担的风险程度确定。例如，采用按月支付服务费的模式，顾客定期付费，还可以随时取消服务，承担的风险较小，因此产品定价要比预付费模式高得多，因为后者会让顾客承担更大的风险，即在尚不了解产品收益的情况下预先全额支付费用。

不要向无关人员透露产品的成本，特别是销售团队，因为好的销售人员会动用所有资源达成销售，甚至不惜成本价格交易。当然，这也正是企业招聘他们效力的原因。如果透露了成本信息，结果可能导致销售人员对产品定价的负面讨论，进而造成员工士气、生产率和赢利能力的下降。

（二）利用影响顾客采购的角色和付费顾客采购流程确定关键价格点

影响顾客采购的角色和付费顾客采购流程，这两步提供了非常宝贵的信息，帮助你了解顾客是怎样确定采购预算的。了解个人采购权限能有效减少销售摩擦。例如某医疗企业在开发新市场时了解到，消费者购买此类产品可以从医疗保险中最高获得 5000 元的费用报销，如果产品定价超过 5000 元，顾客必须自行支付超出的部分，从而对销售过程造成不利影响。考虑到这一因素，尽管该产品独特的价值定位支持更高的产品定价，但该企业还是选择把价格定位 5000 元，此举有效地缩短了销售周期并降低了顾客获取成本。结果这家公司销售量大增，迅速抢占大量市场份额，如果当初定价超过 5000 元肯定不会如此顺利。

（三）了解顾客可选替代方案的价格

你应当从顾客的角度了解市场上有没有替代产品可以选择，以及顾客愿意为这些产品（包括他们当前使用的产品）支付的价格。注意调查哪些替代产品可以为顾客提供相似的收益、这些替代产品的价格如何，以及和你的产品有何差异。在这一步中，注意搜集数据进行定量分析。

（四）不同类型的顾客支付不同的价格

创业者常常会发现，产品销售数量只有你想象中的一半，但产品的第一批购买者愿意支付你预想的两倍的价格。也就是说，根据顾客在采购时间上的早晚差异，不同类型的顾客会支付不同水平的价格，因此针对顾客类型采用差异化定价策略可保证企业获得更高的利润。

1. 技术粉丝：他们是最早购买产品的人，他们热爱技术，对任何新产品都会积极采购。这个群体包括普通消费者，也包括在大学实验室、国家实验室或在大型企业中工作的人。他们通常只买一件产品，但因为是急需和优先采用，他们愿意支付高得多的价格。

2. 早期采用者：他们对产品价格不敏感，凡事喜欢争先，希望获得更多关注和附加服务，是定价策略中不可忽略的群体。

3. 早期多数派（实用主义者）：他们是企业赖以实现可持续业务的群体，也是我们通常在讨论和规定定价策略时主要考虑的价格点。

4. 晚期多数派（保守主义者）：这个顾客群体处于产品销售周期后半段，此时产品的定价策略已经非常清晰明确。这个群体喜欢严格定义的、保守的价格方案。

5. 观望迟疑派：这个群体处于产品销售周期末端，此时你的企业产品很可能已经成功出售。

（五）对早期试用者和"灯塔型顾客"灵活定价

这两类顾客在企业创业初期具有重要作用。早期试用者能帮助你改善产品，灯塔型顾客能显著影响行业内其他用户的采购决策。对于他们，你应当采用灵活的方式定价，比如打折预付、免费或低成本试用等，这样才能保证他们的采购和对产品的满意度。这些顾客能帮助你做案例研究、现场研讨，或是在市场中形成有效的产品宣传。但是，千万不要把全部产品提供给他们，也不要在后续费用上打折，因为这样会暗示你的产品价值很低，为创业失败埋下伏笔。你应当让早期试用者签订价格保密协议，同时对后期顾客坚定采用不同的定价，因为针对前者的一次性交易制定的定价策略显然不能和后期稳定销售时采用的策略同日而语。此外，如果要选择对软件或硬件产品做出打折，建议对硬件产品打折，对软件产品维持始终如一的价格。这是因为，顾客很容易查询到硬件产品的成本，但软件产品的成本就很不透明了。同样，如果硬件产品升级你可以很轻松地加价，但软件产品价格一旦确定就很难再更改了。

（六）涨价总比降价难

一开始把价格定高一些以后再打折，肯定要比定价低不断涨要容易得多。通常，早期采用产品的顾客要比晚期采用的顾客预算更充足，而后者更倾向于以较低的价格采购已经不算最新的技术。如果一开始价格定得很低，你会发现很难说服顾客再接受提高的价格。有时候，企业需要根据对市场信息的了解提高市场价格，但能成功做到这一点的企业很少。

三、估算顾客终身价值

确定了初步的定价方案，下面要为你的新企业算笔账了，你获取新顾客的成本是不是远低于公司从现有顾客身上实现的价值？如果无法准确得出这个结论，你就无法解决产品开发、财务、管理和营业支出等其他成本问题。估算顾客终身价值和顾客获取成本能帮助你确定企业在登陆市场的盈利状态。

（一）顾客终身价值的构成要素

顾客终身价值是一个重要的创业指标，它不但能确定企业能否存活，而且能帮助你发现和关注那些能推动业务可持续性和营利性的重要环节。需要注意的是，我们的计算结果可能是一个范围而不是精确数字。也就是说，你要了解的不是一个数字，而是更深入地了解数字背后的构成要素。这样你才能意识到哪些方面存在风险以及怎样提升顾客终身价值。了解顾客的终身价值及其变化趋势，你才能及时调整业务，保证产品的效益有效支持企业的生存、持续和发展。下面是计算顾客终身价值时需要考虑的元素：

1. 一次性收入（如有）：通常，如果你的产品采用的是一次性预付费模式，实现的即一次性收入。

2. 重复性收入（如有）：服务维修费和耗材的重复采购都属于重复性收入。

3. 额外收入：指向顾客追加销售产品的机会。在这种情况下，销售团队无须额外付出即可向顾客销售附加产品，由此产生的即额外收入。注意分析前面确定的决策单元和销售周期，低估其中任何一个要素都会导致错误结论。

4. 每种收入来源的毛利水平：毛利指产品价格减单位产品生产成本所得之差。这里的成本不包括销售营销成本（此项计入顾客获取成本）以及研发和行政支出等管理成本。

5. 顾客维持率：对于每一种重复性收入，维持率是指愿意重复付费使用产品的顾客比例，通常以月维持率或年维持率表示（与此相对的是顾客流失率，即不再付费购买产品的顾客比例）。为简单起见，我们假定顾客一旦停止支付重复费用，以后就不再接受产品的追加销售。对于长达数年或数月的长期合同，假定顾客未支付所有款项，如顾客提前终止合同，不应视为流失顾客。

6. 产品生命周期：对于每一种一次性收入，生命周期指顾客重新采购或停止继续使用之前产品预计可持续的时间。

7. 二次采购率：对于每一种一次性收入，二次采购率指当前产品使用寿命结束后，愿意继续向你采购同一产品的顾客比例。

8. 企业的资本成本率：资本成本率以年率形式体现，指的是企业以负债或权益形式向投资者借贷所支付的成本。对于毫无经验的创业新手来说，比较合适的比例是每年35％～75％。这个比例较高是因为投资者的资金很难在几年时间内一次性收回。由于你是新创办的企业，投资者也要承担巨大风险。处于这些因素的考虑，投资者会对企业借贷的资金收取较高的费用。

（二）计算顾客终身价值

顾客终身价值是企业从第 0 年到第 5 年可实现利润的净现值。作为新企业，你应当以 5 年为周期计算顾客的终身价值。如果超出这个周期预测利润，企业的复合资本成本会远远高于顾客提供的价值，从而使计算失去意义。超过 5 年之后顾客仍会为企业提供价值，但你也要考虑企业的资本成本率。

顾客终身价值以单位顾客金额体现，为此你必须统计每个顾客支付的所有产品的价格。对于每一种收入来源，利用边际收入和顾客维持率计算产品销售第一年顾客为你创造的利润，以及随后 5 年的利润。使用二次采购率计算更新产品的顾客，不要用顾客维持率计算。

然后，把每年通过各种收入实现的利润相加。再根据资本成本率求取利润净现值，即从利润总额中减去投资者应得的投资利息。第 0 年的净现值等于你实现的利润，其后每年的利润净现值可使用下面的公式计算：

$$净现值＝利润×（1－资本成本率）^t$$

公式中，t 代表第 0 年之后的年数。

顾客终身价值本身无法说明你的业务是否盈利，你还需要确定顾客获取成本。假设每个顾客的终身价值是 1 万元，获取成本是 1 千元，那说明你的业务很赚钱；但是如果顾客获取成本是 5 千元，说明你的业务存在风险，充其量是不赚不赔。

四、绘制销售流程图

了解了顾客终身价值，接下来要解决的问题是"为产品开发一个新顾客需要付出多少成本"？顾客终身价值的计算似乎有些复杂，实际上顾客获取成本的计算更为复杂，也更容易出错。顾客获取成本这个概念相对简单，但创业者总是会严重低估企业获取新顾客所付出的成本。为真实了解获取顾客企业要在销售流程中付出多少成本，你应当以事实而不是主观看法为基础进行严格准确的评估，所以我们有必要在计算顾客获取成本之前，绘制销售流程图，为企业绘制短期、中期和长期销售渠道。

（一）不同时期的销售策略

所有初创企业都一样，顾客获取成本一开始都非常高，然后随着时间慢慢下降。企业创立之初接触顾客达成交易的过程需要付出很多的时间和资金，当企业业务逐渐成熟开始扩大规模时销售流程的成本会显著下降。为了便于分析，我们把销售流程分为三个时间段，你可以在每一个时间段采用不同的销售方式或多种销售方式。

1. 短期销售策略

针对短期销售流程，企业要关注的是为产品创造需求和订单。由于顾客并不了解你的新产品，你必须和顾客进行直接沟通，向他们说明企业的价值定位和产品的独特之处。否则，市场是不会主动认识你的产品的。直接和潜在顾客沟通还有另一个好处，它能让你根据顾客反馈快速迭代，对产品进行功能改善。相比之下，如果通过经销商等中间环节销售产品，企业很难做到这一点。这是传播销售阶段，在产品需求形成时结束。

直接销售人员，也叫商业开发人员，是这一阶段非常值得投资的资源。不过，他们成本很高，而且需要一定的时间才能提高销售速度，好的销售人员很难留住，企业在招聘之前很难区分优秀和平庸的销售人员。你必须确保销售人员在这个阶段非常出色，而不是等企业拥有丰富经验之后再锦上添花。除了上述问题，直接销售人员可以说是初创企业唯一和最好的选择。

网络营销手段，如入式营销，社交媒体营销和电话营销，可以帮助缓解企业在此阶段对直接销售人员的需求。有些产品，特别是网络应用程序，可通过免费试用和用户登记等方式实现产品推广，避免对直接销售人员的过度依赖。采用这种方式的好处是，它能提供更深入的顾客分析，这一点是人力销售渠道无法实现的。

2. 中期销售策略

在这个阶段，随着口碑和分销渠道的建立，企业要关注的重心不再是需求创造而是订单实现。这个阶段要开展顾客管理，确保现有顾客的维护以及针对他们的额外销售机会的开发。为服务偏远市场或终身价值较低的少数顾客，企业需要利用分销商或增值分销商。这样可以让直接销售人员（他们的成本最高）持续关注终身价值较大的大多数顾客。利用分销商或增值分销商可以有效降低顾客获取成本，但企业必须向它们转让一部分利润。根据行业的不同，企业需要转让的利润比例一般在 15％～45％，有时会更高。顾客获取成本的下降以及企业利用现有分销渠道快速进入新市场的优势，可以在一定程度上弥补单位利润的下降。当出现这种情况时，企业需要利用产品的顾客终身价值寻找应对之策。顾客终身价值越高，到达这个阶段的时间越长。通常，经过这三个阶段的速度越快越好，特别是在顾客终身价值较低的情况下。

3. 长期销售策略

你的销售团队关注的是如何完成顾客订单。企业不再强调需求创造，在需要的时候会继续顾客管理。长期销售策略经常采用互联网和电话营销等手段。随着竞争对手的加入，企业应调整销售策略，以便顺利进入这个阶段实现稳定发展。

（二）绘制销售流程

为开发短期、中期和长期销售策略，企业必须了解应当采用哪些销售渠道以及这些渠道未来会出现哪些变化。你可以根据前面的产品使用案例绘制销售流程，销售流程包括产品宣传、顾客培育以及销售实现。销售流程应解决以下重要问题：

- 目标顾客怎样发现存在的问题或机会？
- 目标顾客怎样了解该问题的解决方案？了解可能存在未知的产品机会？
- 目标顾客了解你的企业之后，如何分析产品采购流程？
- 你是怎样销售产品的？
- 你是怎样收费的？

完成销售流程开发之后，你可以和行业内经验丰富的专家一起讨论修改。绘制销售流程图具有很重要的意义，它有助于说明企业如何进入市场，逐步修改销售策略，直至最终建立成本低廉的顾客获取长期策略。销售流程可以推动顾客获取成本的降低，顾客获取成本和顾客终身价值可以定义企业的赢利能力。

五、估算顾客获取成本

顾客获取成本是一个非常重要的指标，是关乎企业成败的重要因素。通常，在销售流程早期阶段，顾客获取成本大于顾客终身价值。在可持续的业务中，顾客获取成本会逐渐降低，直到大大低于顾客终身价值。企业要解决的重要问题是要花多长时间才能让顾客获取成本低于其终身价值，原因很简单，在实现这个目标之前你的企业始终都是入不敷出的。

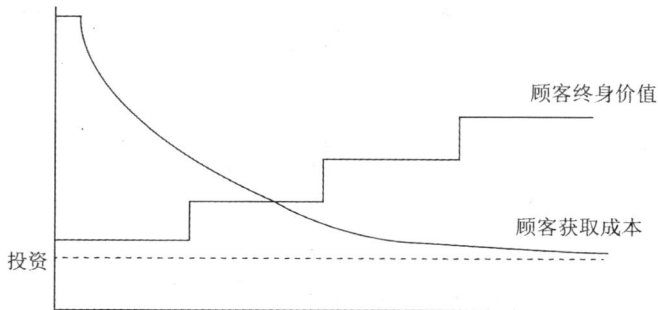

图 8—2

如上图，在可持续业务最终，顾客获取成本会逐渐低于顾客终身价值。在销售流程的长期阶段，顾客获取成本曲线会逐渐平缓，需要继续进行投资（图中虚线），但其投入低于顾客的终身价值。通过向现有顾客追加销售，顾客终身价值也会随着时间增长。如果你的产品成为市场标准而且鲜有竞争对手，企业定位权力有时也会增加。图中展示的顾客终身价值增长过于乐观，实际情况没有这么夸张。阴影部分体现的是企业实现正向现金流之前的烧钱速度。

计算过程需要你深入了解销售流程。你不必担心计算结果可能不准确，重要的是要请一位富有经验的人帮助你设计预算，了解这些成本的变化会对企业的赢利能力造成怎样的影响。

准确有效地计算顾客获取成本的方法是，先汇总一段时间的销售营销费用表，然后用总成本除以这段时间获取的新顾客数量。

汇总销售营销费用时，注意包括销售营销方案中所有重要项目，如销售演示、车辆、差旅、招待、电话、互联网、演示材料、技术支持、网站开发、咨询顾问、会展、房地产、行政管理、电脑等。此外，别漏掉团队管理人员在销售活动中产生的成本，这些都是相关的开支。

随着销售流程的变化，顾客获取成本会有所不同。你的企业正处于学习曲线中，会在目标顾客群形成有效的口碑。这些都意味着顾客获取成本应当随着时间的推移持续进行计算，可采用三段计算法来体现顾客获取成本的变化趋势。时间段的选择是根据产品生命周期确定的，产品生命周期直接关系到顾客利用你的产品实现价值定位所需的时间。比较典型的分段方式是：销售第一年为一段，第二年和第三年为一段，第四年和第五年为一段。由于初创企业的情况各不相同，时间段的划分可能有一些差别。暂且以这种分类方式来计算。

销售营销费用除以指定的时间段可得销售营销期间总成本，即 TMSE（t），其中 t 指第一期、第二期或第三期。如果在 TMSE（t）中有很大一部分是维持现有顾客而不是获取新顾客的成本，应将其从中减去。我们把顾客维护成本表示为后期支持期间成本，即 IBSE（t）。对于企业在该期间获取的新顾客（指已向其交付产品并收回账款的顾客）数量，我们用期间新顾客数量表示，即 NC（t）。

根据上面的定义，我们可以准确计算出任何给定期间的顾客获取成本，公式如下

$$\text{COCA（t）} = \frac{\text{TMSE（t）} - \text{IBSE（t）}}{\text{NC（t）}}$$

$$\text{顾客获取成本} = \frac{\text{销售营销期间总成本（t）} - \text{后期支持期间成本（t）}}{\text{期间新顾客数量（t）}}$$

计算出三个阶段的不同数值后，绘制一个坐标轴，以 X 轴为时间，Y 轴为顾客获取成本，用曲线连接三个数值点。下图显示的是正常顾客获取成本曲线，呈逐渐下降趋势。虚线 X 代表的是顾客获取成本的稳定状态。当产品销售量大增，产品、企业和市场趋向成熟，进入销售流程的长期阶段时，这种稳定状态就会出现。

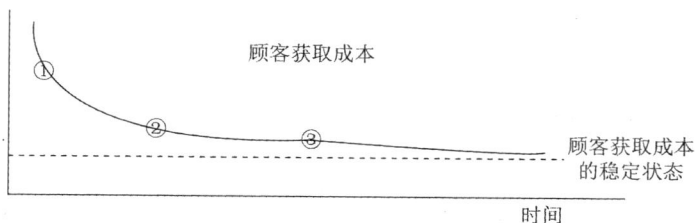

图 8－3

通过分析顾客终身价值和顾客获取成本，很多初创企业都会暴露致命问题。不过，它们更重要的意义在于帮助企业了解推动业务成功的因素有哪些。分析这两个要素不像分析财务报表那么复杂，它们能帮助你及时做出调整和修正，让你通往成功的道路变得更加清晰。记住，在进行计算时千万不要盲目乐观。你要了解的是真实的数据而不是梦想的结果。

创业思维 >>

一、确定顾客终身价值时需要考虑的问题

问题： 在确定顾客终身价值时，需要考虑哪些因素？

参考思路：

在确定顾客终身价值时有很多因素需要考虑，即使你的顾客终身价值很低，无法保证企业生存，你也要首先考虑这些因素，然后再考虑能否通过调整它们对顾客终身价值产生影响。

1. 商业模式非常重要

商业模式的选择极大地影响着顾客终身价值和你的收入。使用费等重复性收入模式可以增加收入，但需要投资者预先投入额外资本，造成很高的资本成本率。一次性预付费模式可以有效降低企业初期投入的资本额，但在收入方面不如持续性收费模式有利可图。

2. 顾客终身价值关乎利润而非收入

在确定准确的顾客终身价值时，企业毛利和资本成本率都是不可缺少的因素。创业者经常简单地把各种收入加总，错误地认为这就是顾客终身价值。实际上，顾客终身价值真正关注的是利润而不是收入。

3. 不要忽视营业成本

为简化顾客终身价值的计算，我们没有体现营业成本。因此，顾客终身价值必须远高于顾客获取成本，企业才能盈利。营业成本在计算产品毛利时没有统计在内，这些成本可根据产品销售数量分摊，你的产品销量越高，单位管理成本就越低。

4. 不同收入有不同的毛利

把低利润核心产品和高利润附加产品合二为一可以有效提高顾客终身价值。这种做法能有效增加公司的总收入，不但提供了利润更高的重复性收入来源，而且便于公司和顾客保持密切联系和销售更多产品。

5. 顾客维持率也很重要

顾客维持的时间越长，其终身价值就越高，这是企业能够提高赢利能力的一项重要因素。顾客维持率的稍微提高即可实现累计利润的重大改善。

6. 寻找追加销售机会锦上添花

正如上面的第 4 点所说，向顾客追加销售额外产品可以为企业利润带来重大改善，需要注意的是，你应当根据用户形象的需求追加销售，而不是一味追求销售额增长。过度强调追加销售的问题在于，它会让企业走上歧路，忘记为顾客创造价值的根本目的，从而失去顾客的信任。

二、降低顾客获取成本的方法

问题： 降低顾客获取成本至关重要，那么如何降低呢？

参考思路：

因为企业要创造市场，就会导致初期顾客获取成本总是很高（远高于后期成本和顾客终身价值）。只有想办法降低成本才能提高利润水平。下面是降低顾客获取成本的一些常见做法：

1. 谨慎使用直接销售手段，虽然有效但这种方式成本很高

创业初期组建销售团队似乎是不可避免的，但要牢记这是成本极高的销售方式。作为替代选择，可以考虑投资技术手段，如利用电话营销、网站推广、社交媒体等方式降低销售成本。

2. 尽可能实现自动化销售

如果有可能，即使需要重大投资也要开发自动化顾客获取流程。通过拥有海量会员的网站推广产品，可以形成产品信息的病毒式传播，让大量顾客了解你的产品细节。产品营销也可以实现自动化，你可以推出用户奖励机制或参考团购模式的做法，迅速拓展销售机会。

3. 提高销售机会转化率

你应当努力把潜在销售机会转变成真实销售，提高销售机会转化率。在前面的过程中，销售人员可能联系了很多潜在顾客但最终并没有形成销售，这些工作也投入了巨大的成本。提高转化率可以打开销售漏斗实现更多有效销售，从而为企业增加收入降低顾客获取成本。

4. 降低销售机会开发成本，提高销售开发质量

在行业展会上搜集一堆名片会带来很多销售机会（这种销售开发方式成本较低），但大部分都是无效或低质量的销售机会。你可以在销售流程中利用各种工具和技术手段提高销售开发质量，同时关注销售机会的主要来源，这样才能有效提高销售机会转化率。

5. 加快销售流程

通过关注潜在顾客销售周期的速度，你可以缩短销售周期，进而对顾客获取成本的降低产生积极影响。

6. 选择商业模式时注意思考顾客获取成本

商业模式的设计对顾客获取成本具有显著影响。我们可以关注商业模式中的各个环节，尽量寻找可以优化的环节，例如缩短销售周期，通过对商业模式的调整，来降低顾客获取成本，往往可以起到显著的效果。

7. 口碑效应

降低顾客获取成本最有效的方式是建立企业和产品的正面口碑。这样可以极大地缩短销售周期，削弱顾客的议价能力，吸引高质量顾客关注产品，有效推动销售人员实现更多销售。事实证明良好的顾客口碑的确可以为企业带来巨大回报。

8. 关注目标市场

在这个过程的早期阶段，你应当关注登陆市场，不要为其他市场的顾客分心，这样不但可以强化产品的口碑，而且可以改善销售团队的表现。它能帮助你让销售人员成为行业专家，加速整个销售周期（针对相同决策单元的重复销售和顾客获取流程能有效提高销售表现），进而降低顾客获取成本。

创业技能 >>

技能训练一　评估商业模式

将你设计的商业模式，按以下标准以小组互评的方式分别进行评估和比赛。

主营业务	模式名称	独特价值	不可复制	可操作性	持续稳定	扩展延伸	整体协调	具营利性	具创新性	总分	模式点评
		20	15	15	15	10	5	5	15	100	

技能训练二　模拟销售流程

现在，有一只签字笔，给你10分钟的时间，先来进行产品再设计、制订营销策略和销售策略、意向客户筛选和制订销售流程与计划等准备工作，然后面向其他团队，开展你的销售工作。

注意体会你的销售流程，观察其他团队的销售流程。哪个团队的销售流程最好？好在哪里？

在此项活动中，你有哪些心得感悟？获得了哪些销售经验和技能？

创业实践 >>

设计并描述你的商业模式

结合本章知识与方法，设计并描述你的商业模式，然后展示给其他团队。

创业榜样 >>

"饿"出来的传奇

2009 年 4 月，上海交通大学几个在读大学生共同创立"饿了么"。发展 5 年，它已无声无息地出现在越来越多人的生活中。2014 年，"饿了么"与大众点评网达成战略合作，获得点评网以及其他投资人总计 8 000 万美元的入股。未来双方将在商户渠道、内容资源、手机客户端等各方面展开合作。

源自校园

2008 年，还在上海交通大学机械与动力工程学院读硕士一年级的张旭豪认为，打工要争取别人的认可，但只要自己做的东西被市场认可，个体就是有价值的。有一天，在宿舍里，张旭豪等几个室友打电脑游戏，玩到午夜 12 点，饿了。打电话叫外卖，送份宵夜吧。谁知电话要么打不通，要么没人接。大家又抱怨又无奈，饿着肚子聊起来。"这外卖为什么不能晚上送呢？""晚上生意少，赚不到钱，何苦。""倒不如我们自己去取。""干脆我们包个外卖吧。"没想到聊着聊着，创业兴趣被聊了出来。这几个研一的硕士生开始讨论和设计自己的外卖模式，这一聊就聊到了凌晨四五点。

当天他们便正式行动。先是"市场调研"——暗访一家家饭店，在店门口记录店家一天能接多少外卖电话、送多少份餐。随后，他们毛遂自荐，从校园周边饭店做起，承揽订餐送餐业务。在宿舍里设一门热线电话，两个人当接线员、调度员，并外聘十来个送餐员。只要学生打进电话，便可一次获知几家饭店的菜单，完成订单。接着，送餐员去饭店取餐，再送到寝室收钱。这一模式完全依靠体力维持业务运转，没有太大的扩张余地。唯一的好处是现金流充沛：餐费由他们代收，餐馆一周结一次款。

几个月下来，大大小小 17 家饭店外包给张旭豪做外卖。他们专门花了几万块钱，印制了"饿了么"外送册，不仅囊括各店菜单，还拉来了汽车美容等周边商家广告，结果基本收回制作成本。整整 1 万本外送册覆盖到了每个寝室，"饿了么"在校内出了名。每天从午间干到午夜，要接 150～200 份单子，每单抽成 15%。忙的时候，张旭豪也在校区内跑腿送饭，连叹"不休学就创不了业"，团队里有两人选择退出，张旭豪不得不思变。他准备取消热线电话，取消代店外送，让顾客与店家在网上自助下单接单。

网络并非他们专长，张旭豪在校园网上发帖，招来软件学院的叶峰入伙。他们没有照搬或修改其他网站的架构，而是编制和开发新的架构。足足花了半年开发出的网络平台可按需实现个性化功能，比如顾客输入所在地址，平台便自动测算周边饭店的地理信息、外送范围，给出饭店列表和可选菜单；而在平台那头，饭店实时接到网络点单，可直接打印订单及外送地址。在网址注册上，他们也不用"www."和".com"，掐头去尾只用了简简单单的"ele.me"。创业伊始，大家还讨论过公司名称问题，最终，"饿了么"这句学生间的点外卖口头禅最终胜出，以它的亲切顺口成了公司的响亮大名。最初的启动资金全靠几个人东拼西凑，连学费都没能幸免。为了全情投入，张旭豪主动放弃去香港理工大学深造的机会，与康嘉一起选择休学。而叶峰则在 2010 年本科毕业后，放弃了进入微软的机会，和大家一起奋斗创业。

全面开拓

只有互联网能够大规模复制并且边际成本递减。2009 年 4 月，"饿了么"网站上线，原有配送服务被砍掉，专注于网上外卖订餐。与"饭统网"或"订餐小秘书"不同，"饿了么"没有呼叫中心这一环节，用户需求可以直达餐馆。

为了打广告，他们又设计了一道程序。一夜间，以校园 BBS"站内信"的形式，自动向 BBS 学生用户发送了 3 万多份"电子传单"。结果被 BBS 站长发现，全站屏蔽了与"饿了么"相关的全部内容，甚至无法输入这些字符。张旭豪一气之下找校长室投诉。虽然结果还是站内处罚、账户被封一年，但同时得到的广告效果则是，几乎全校学生都听说了"ele.me"。

上网初始，加盟店就达到了 30 家左右，每天订单量达 500～600 单，且每月以 60％至 70％的速度增加。校方推荐和鼓励他们不断参加创业大赛、申请创业基金，团队先后获得至少 45 万元资助和奖励。

交大闵行校区已被"打"下，"饿了么"开始向外突破。首先便是同一条东川路上的华东师范大学闵行校区。正巧此时，华东师大国贸专业的闵婕慕名而来，成为"饿了么"团队第一个外校生，也是第一个女生。她被聘为高校市场负责人。

吸引学生可以靠线上、线下的广告，吸引更多饭店加盟就得靠"扫街"了。"饿了么"通常两人一组，沿街进店推销。一拍即合的当然是少数，更多店家都是将信将疑——"凭什么我在你网上开个页面、放份菜单，你就要抽 8％？"张旭豪的策略是"谈，不断谈，谈到老板不想跟你再谈，就谈成了"。最忙时，他们每天"扫"100 家饭店，其中最难谈的饭店就天天回访，"谈"了 40 多个回合才拿下。如法炮制，"饿了么"不仅攻下华师大，连附近的紫竹科学园区也被纳入其"势力范围"，顾客群从大学生拓展到企业白领。目前，以交大周边地区为主，"饿了么"平台注册会员超过 2 万人，日均订单 3 000 份，年交易额达千万元量级。

张旭豪又在网上找到曾经拥有同样梦想的人——陈强。这个上海工程技术大学学生也曾在校开办"QQorder"订餐网站，但撑了 3 年，终于团队告吹。张旭豪请陈强出山担任"饿了么"首席运营官。就这样，拥有 7 所高校的松江大学园区也将成为"饿了么"的地盘。而张旭豪电脑里的定制地图上，沪东北、沪东南的所有大学及市中心的办公区写字楼都被标上了红点，甚至还有杭州、北京……

到 2012 年，"饿了么"网站上的交易额已经达到 6 亿元，网站收入接近 1 000 万元。

需要指出的是，外卖的平均客单价只有 20 元左右。从上海西南的闵行高教区起步，网站业务扩展到了北京、杭州、广州的高教区和写字楼，推出了 App 和 Android 客户端，公司人数也从 2011 年的 80 人扩充到 200 人。

强强扩张

一定要套用某种时髦商业话语的话，"饿了么"是典型的"O2O"模式：线下产品和服务通过互联网吸引用户，互联网成为线下交易的前台。到目前为止，除团购以外，尚无非常成功的"O2O"企业实践，而团购也因为缺乏黏性、恶性竞争而备受诟病。

网上外卖订餐业务的潜力在于，无论对学生还是上班族，使用互联网订快餐都是一个常态化的基础性功能。外卖送餐半径通常在两到三公里内，送餐时间控制在 40 分钟内，使得"饿了么"网站在某一特定地理区域的用户流量可以高度集中，用户精准度甚至可能高过百度。一旦将城市切分成一个个两三平方公里的小区域，长期精耕细作之下，不同区域上的商家就能够发现"饿了么"网站流量的价值。这是一个超越餐饮的概念，也是很多 LBS 互联网公司梦寐以求的事情。

在接受大众点评的 8 000 万美元投资后，"饿了么"正在发力一轮新的疯狂扩张。短短五个月里，覆盖城市从 20 个一路逼近 200 个，员工人数从 200 人骤增至 2 000 多人。同时，饿了么对外公布的日订单数也呈现 10 倍的增长，从接受投资时的 10 万单直线上升到 100 万单。即使是在以高速成长为特征的互联网行业，这几个数字摆出来也足以让人瞠目结舌。造成这种惊人增长局面的原因是张旭豪半年前提出的"下沉"战略——把业务下沉到 200 多个城市。

决定加速把业务扩张到全国二至四线城市，主要有两方面的原因：首先，在与大众点评 CEO 张涛交流过程中，获得了很多 O2O 经验和教训——大众点评由于下沉稍慢，错过了很多机会，这让"饿了么"警醒。另一方面，阿里和美团相继在去年年底，成立了自己的外卖 O2O 业务"淘点点"和"美团外卖"，张旭豪称，"饿了么"现在占据约 70% 的市场份额，但阿里和美团强大的资源和电商运营经验，仍然对"饿了么"造成了足够的威胁。面对强大的"巨人"，"饿了么"的速度需要更快，在极速中形成竞争壁垒。"外卖 O2O 行业将在一年之后确定格局。现在正是扩张市场的重要时机，必须要快。"

此外，在早期，饿了么无法在 PC 互联网时代快速扩张，但是在移动互联网时代，O2O 迎来了最好的发展契机。张旭豪说，以前培养一个区域的用户使用"饿了么"的习惯可能需要一年，现在只要几周的推广就可以。就如腾讯创始人马化腾所说："智能手机已经成了人类器官的延伸，移动互联网才是真正的互联网。它的使用时长、流量会比 PC 有 10 倍以上的增长。"移动互联网让人们的消费习惯变迁了，购物和查询都会依赖移动互联网，定外卖也是。"特别是年轻人，他们是互联网的原住民，所有事都喜欢在网上解决，很多用户还躺着床上就开始用"饿了么"定吃的，晚上睡觉之前还会预订第二天的外卖。"

移动互联网还加快了线下餐厅对于 O2O 的融入程度。由于"饿了么"主要服务的餐厅是中小餐厅，最初这些餐厅要使用"饿了么"的商家系统（Napos），必须有一台电脑，还要拉一根网线，有了移动互联网之后，中小餐厅的老板只要在手机上装一个 APP 就可以接收"饿了么"的外卖订单。目前"饿了么"上的商家 70% 都使用了"饿了么"的移动端，而在三四线城市这个比例更高。移动互联网冲破了曾经横在"饿了么"和中小餐饮商家之间的壁垒。如今"饿了么"月订单金额已经超过 3 亿人民币，70％来自移动端。

在商家运营端，"饿了么"使用区域运营模式，即某个城市区域中的餐厅，只为自己力所能及（主要是物流送达）的街道或小区提供服务（这个区域可以由商户根据自己的配送能力随时进行调整）。例如五道口区域约有上千家餐厅，能给在这个区域定外卖的用户提供外卖服务。这种做法不但保证了外卖的送达时间（在"饿了么"提供第三方物流体系前，自配送是餐厅的主要配送方式），也使得"饿了么"的运营体系就像在某个区域建立起一个虚拟的 Supermall（超级商场）。

"饿了么"会在每个需要开辟的城市区域，设置一个市场经理，市场经理负责这个区域的地推，地推不但涉及把商家引入"饿了么"平台，还必须负责这个区域的客流和经营情况，需要和商家一起开展市场推广。与团购"做生意"式的推广不同，"饿了么"是提供一个区域的长期服务。张旭豪把这种模式称为"人人都是 CEO"——每个市场经理都是某个区域的 CEO。目前"饿了么"地推团队约有 1 500 人，平均每人负责 100 多家餐厅。一个区域经理在某个区域建设好之后，会被派往下一个区域。"饿了么"覆盖了 200 个城市，接近 2 000 个区域。

其实，"饿了么"有个奇怪的公司名字：拉扎斯。张旭豪说，这是梵文"激情"的音译。作为一个 26 岁的上海青年，他有着与脸书网站创始人马克•扎克伯格一样的年龄和英文名。他虽已早早成婚，却租了闵行市郊一幢别墅，和伙伴们一起办公住宿。一场百城大战，加上一次转型之役，"饿了么"能否在狂飙式的扩张中找到平衡，成为外卖行业真正的领跑者，仍需要时间的检验。

创业资源 ▶▶

商业模式观察网

网站名称：商业模式观察网：http://www.symsgcw.com/

资源介绍：定位于商业模式研究与商业模式实践的网站。内容主要包括商业模式实践探索、学术研究、管理分享、精选案例、创业学院、精品课程，以及各种商业模式分析与构建商业模式方法等。透过大量的案例剖析，深入浅出的介绍，让商业模式不再晦涩难懂。在这里，您既可体验鲜活而精彩的盈利模式案例，聆听专家学者对商业模式难点问题的解答，又可掌握实用工具，并紧扣时代前沿，与广大经理人和精英切磋盈利模式之道。

第九章　产品设计与验证

> 最大的愉悦不是无止境地获得物质上的回报，而是创造财富并为他人提供帮助。
>
> ——安利杰·温安洛

创业新知 >>

精益创业改变一切

　　创业是一种冒险，无论是科技初创公司、小微企业还是大企业的创业项目，莫不如此。几十年来，创业者几乎已经轻车熟路：撰写商业计划书，说服投资人，组建团队，推出产品，最后就是使出吃奶的力气把产品卖出去。在这套标准动作中，说不准你就会在哪个环节上犯下致命的错误，而且概率还很高：哈佛商学院什卡·高希（Shikhar Ghosh）的最新研究显示，75％的初创公司都会失败。

　　然而，有一种反传统的模式，极大地降低了创业风险。这种模式叫作"精益创业"（Lean Start-up），它注重实验而非精心计划，聆听用户反馈而非相信直觉，采用迭代设计而非"事先进行详细设计"的传统开发方式。尽管刚刚出现几年，精益创业所阐述的一些概念，例如最简化可实行产品（Minimum Viable Product）和转型（Pivoting），已经快速在创业圈生根发芽。精益创业的三原则如下所述：

　　首先，创业者承认他们在创业第一天只有一系列未经检验的假设，也就是一些不错的"猜测"。创始人一般会在一个被称为"商业模式画布"的框架中总结出其假设，而不是花几个月来做计划和研究，并写出一份完备的商业计划书。从本质上说，这是一张展示公司如何为自己及客户创造价值的图表。

　　其次，精益创业者积极走出办公室测试他们的假设，即所谓的客户开发。他们邀请潜在的使用者、购买者和合作伙伴提供反馈，这些反馈应涉及商业模式的各个方面，包括产品功能、定价、分销渠道以及可行的客户获取战略。该方法的关键在于敏捷性和速度，新公司要快速生产出最简化且可实行产品，并立即获取客户的反馈，然后根据消费者的反馈对假设进行改进。创业者会不断重复这个循环，对重新设计的产品进行测试，并进一步做出调整（Iterations），或者对行不通的想法进行转型（Pivots）。

最后，精益创业者采取敏捷开发的方式。敏捷开发最早源于软件行业，是一种以人为核心、迭代、循序渐进的产品开发模式，它可以与第一步中的客户开发有机结合。传统的开发方式是假设消费者面临的问题和需求，周期常常在一年以上。敏捷开发则完全不同，通过迭代和渐进的方式，它预先避开无关紧要的功能，杜绝了浪费资源和时间。这是初创公司创建最简化可实行产品的过程。

与传统模式相比，精益模式在降低初创企业风险的同时，也能帮助企业更快、更便宜地推出客户真正需要的产品。精益模式迅猛发展的同时，其他商业与技术趋势也在不断打破阻碍初创企业成型的藩篱。这些力量汇集在一起，正彻底改变创业战场的格局。

创业基础 >>

一、确定重要假设条件

现在，你已经了解了顾客，知道产品能为他们带来哪些价值，他们怎么购买产品，获取顾客需要付出多少成本，以及产品销售能为企业带来多少利润。但是，作为一个尚未开发产品的初创企业，你的很多结论都是根据逻辑分析和市场研究所做的假设，在未经确认和测试之前，你并不清楚它们是否有效成立。在前面的步骤中你已经测试过其中一些假设，在这里你要做的是直接对重要的假设条件进行严格测试。确定和分解假设条件并不复杂，但创业者经常会忽略这一步，信赖自己的直觉或研究结果而不是对有关业务和顾客行为的假设进行实际测试。要知道，行动永远比语言更有力。

首先回顾前面完成的每一个步骤，列出那些根据原始市场调查合理推断出来的结论。想想看，你对用户形象的优先需求理解是否正确？顾客在购买产品时是否认为你的价值定位合理？他们是否愿意花费时间和精力把你的产品应用到日常工作生活中？在这些问题中，毛利率是一项值得关注的假设条件。你的成本目标是否准确？如果是硬件产品，你需要审核原材料账单，认真分析其中重要项目的成本。如果是软件开发项目，你也要做类似的工作，列出重要的开发问题，假设条件和成本项目。确定并认真审核这些可测试的假设条件对企业很有帮助，它能让你更深入地分析创业活动中最关键的内容。

另外两个需要测试的假设条件是"找到前期顾客"和"决策单元"。在你已经确定的顾客中，有没有能够推动其他顾客购买产品的"灯塔型"顾客？有没有可能打消其他顾客购买意图的"关键顾客"？有没有企业尚未发现的其他关键顾客？最重要的是，这些灯塔型顾客和关键顾客是否有兴趣购买你的产品。

你需要按照重要程度列出前5～10个假设条件。在进行测试之前可以把假设条件分解为更细小的模块，保证每一条假设代表一个具体明确的方面，然后在下一步利用设计好的实验方式加以测试。

二、测试假设条件

确定了重要假设条件，接下来要设计实验方式，以成本最低廉、速度最快和最简单的方式对它们进行测试。你需要搜集经验数据，证明你的假设条件可行或不可行。实际上，设计这样的实验不需要开发具体的产品或软件，它更多的是依靠逻辑能力。前面严格的原始市场调查以及对用户形象的持续关注已经为我们提供了很好的基础，当你开始测试假设条件时，可以保证这些条件都是和你的企业高度相关的。

确定假设条件之后，要测试它们并不困难。比如，要测试成本目标，你可以向供货商征询报价及产品的明细清单，了解按你的采购量估算的成本是否准确。通过这种做法，你可以很快发现成本预算中存在的问题。

想要测试灯塔型顾客和关键顾客对产品的兴趣，只需观察他们是否有以下行为：

- 为你的产品或解决方案预付费用（最为理想的情况）
- 为你的产品支付定金（较为理想）
- 签订采购意向书（尚可）
- 同意试用（可以接受）
- 满足一定条件才有兴趣采购（不太好，但勉强可以接受）

如果你要和顾客面对面沟通，最好带一个有经验的局外人，观察对方是否热衷于你的产品，强烈渴望购买，抑或表现得非常客气，只是来了解一下相关信息。

测试重要假设条件，特别是那些具有重要意义的假设条件，如成本目标和灯塔型顾客的采购兴趣，能帮助你有效做好产品销售准备。这是因为，它可以和前面所做的原始市场调查形成互补，防止出现重大因素的遗漏。市场调查和实验验证结果的结合，可以让企业更好地开发产品和实现销售。

三、定义最小可行商业产品

虽然对产品充满信心，但是别忘了我们的资源很有限。接下来要破釜沉舟，推出顾客愿意付费购买的最小可行商业产品。不过，只需开发最基本的产品功能即可，这样既能降低风险，又能以科学的方式继续测试假设条件。

最小可行性产品是"精益创业"理论中的概念，本书所说的"最小可行商业产品"必须具备三个核心要素：

- 顾客通过使用产品获得价值；
- 顾客为产品支付费用；
- 产品可以推动顾客反馈循环，利用顾客反馈进行迭代，不断开发出更好的产品；
- 最小可行商业产品应当兼具简单性和基本功能性。

如果你能减少初始产品的变量，在无须开发全部功能的情况下向顾客快读交付基本可用的产品，企业成功的概率就会显著提高。因此我们要做得很简单——列出所有产品假设，删除其中不太重要的，利用重要假设开发顾客可用的初级产品，然后看对方是否愿意购买。

四、验证顾客会付费使用产品

现在你要把最小可行商业产品带到目标顾客面前，测试顾客是否接受并付费使用由各种假设条件组合而成的产品，从而证明你的个别假设组合在一起时仍真实有效；并且要用数据说明有多少顾客会采用你的产品，记住不要凭主观臆测，要凭真实数据；还要设计指标衡量最小可行商业产品在顾客中形成的口碑。

根据之前你对产品和顾客了解的各种信息，你一定很乐观地判断出产品是可行的。但是，最终你必须有真实顾客接受产品，而顾客的行为不一定总是理性的。所以，当你通过个别实验验证方案可行之后，在投入大量时间和资金启动业务之前，一定要保证顾客会使用你的产品，并且是愿意付费使用。

即使目标顾客对产品的采用率没有你想象得那么高，这样做也能为你的最小可行商业产品提供重要的真实数据。现在，你正和顾客一起实现迭代式学习反馈循环，它的意义在于提供企业通往成功的重要法宝——顾客偏好。如今我们有各种工具可以衡量顾客是否喜欢企业的产品，创业者应当充分利用这些工具。

一方面，了解目标顾客会不会购买和使用产品固然重要；另一方面，衡量顾客在市场中向其他用户宣传产品的力度也同样重要。你的产品在市场中能引发多大程度的正面口碑？这个指标就是通常所说的病毒系数。在这一步，你必须衡量顾客对产品的正面评价，因为这样可以形成有效口碑，降低企业的顾客获取成本。

创业思维 》》

一、为什么创业者专注做一个产品最好

问题：我们不断地强调：创业者要保持专注，专注于一个市场、专注于一个产品。你是如何看待这个说法的呢？

参考思路：

对于一个创业团队来说，每天都有很多让他们分心的事——无意义或从客户那里得来的好点子，团队成员和指导专家——也许会让你的事业偏离轨道。比钱更有价值的是时间。转移你的注意力会使你的创业团队平庸，或让竞争对手追上你的脚步。

1. 时间就是金钱

最开始的时候，确定问题之所在和尽快想出解决方案是最重要的。你很容易专注，因为没有太多事要处理——不论是你才创业，或是你已经种子融资。正因为如此，你的时间很固定，你要抓紧时间做产品或服务来为你的前方指路。

一旦你发现了一些前进方向，创造了一个可以与客户产生共鸣的产品，这时你需要双倍下注，开始构建一个特别的产品。这时候，你更多要操心的不是产品，而是要参加的活动，像是结交人脉、招聘合适的人才。你得每天运营公司，组建一支团队——同时让你的品牌具有知名度和独特之处，创造一个用户喜爱的产品。

2. 接受你不能做的一切

你知道你不能一个人解决所有问题，和这一样困难的是，你需要学会说不。举个例子，当你的客户告诉你想要些其他功能，你知道这些功能也是有需求的，但能做不意味着你就要做。

如果你按照客户的想法去做了，这会导致你的工作能量转移，主要产品就不能很好，只能算是不错。但如果你珍惜时间，专注于一件主要产品，那你会意识到，这对你多有作用。以开发 APP 为例，不是产品功能多就更受用户欢迎，要真正抓住用户想要的东西，然后做到极致。虽然是技多不压身，但也要术业有专攻。

3. 专注会提升你的核心价值

专注不仅仅是为了创造伟大的产品，也能将对产品的理念向外界传递。它能够帮你更好地和客户交流，让他们了解你现在做的是什么，与其他产品有什么区别。以实体产品为例，它减少了选择的复杂性，因此用户更愿意购买。以软件产品为例，它使得用户界面变简洁，用户就更愿意去使用。

一旦你学会专注，尽可能减少分心的可能，你会发现以前总觉得不够用的时间变得宽裕，这样你就可以有时间去打造一个极致的体验，能够提升的内容包括服务水平差异，如客户支持，快递时间和快递打包速度。

因为我们只有一个产品，所以我们有时间和用户交流，收集反馈信息，来持续迭代更新，完善产品。如果我们有很多产品要同时照顾，那只能是心有余而力不足。

专注也给我们打造精益和稳定的供应链的时间，供应链都可以随着销售额增长而变强大。我们有更多的时间招聘人才，采访行业高手，同时开发支持产品的服务流程。

4. 简化任务

既然以专注为核心宗旨，那我们每周就得问问自己：我们可以减少业务范围吗？我们能够更专注一些吗？对于我们目前在着手的项目，它们是否符合我们之前的目标设定？客户会不会觉得还不够简洁？

对任务有一个清晰的描述真的很重要。如果任务清晰，公司的项目就可以自行进行调整，而不是全要在你的掌控下。团队成员可以自己发现问题、解决问题。

要记住使你的创业公司与众不同，因为机会随时都会到来。不要因为构造太多产品或太多功能导致自己的实力变弱。记得保持专注，让自己与众不同。

二、移动创业者该如何面对 BAT 三座大山

问题：随着移动互联网逐渐成熟，以前随便做个 APP 就收获大量用户，跑马圈地的情况再难以出现，传统互联网巨头们已经认识到移动互联网的重要性，如百度、阿里、腾

讯（BAT）纷纷布局卡位，或推出自己的产品和服务，或投资收购，在移动互联网建立护城河，俨然已经成为移动创业者面前的大山。那么，移动创业者们该如何面对这些大山呢？

参考思路：

创业总是伴随着艰辛和劳累，BAT 三座大山看起来可怕，但也只是无数困难中的一个，如果被它们吓倒，那干脆不用创业了。只要在开始阶段想好面对 BAT 的对策，那么就无须忧虑，是大山还是垫脚石，只取决于你所站的高度。

1. 正面硬撼，虎口拔牙

要相信：颠覆的机会还是有的。每一次新技术的应用都会带来新的商机，甚至是新的商业模式。移动互联网这一波浪潮，新技术不是一个两个，而是一大批，其中的某些就有可能对巨头们的传统业务造成冲击。比如百度的搜索，移动搜索和 PC 搜索有很多不同，未来可能有一种产品会完全代替搜索引擎。创业者如果能抓住技术趋势，从核心来瓦解巨头们的传统业务，是有可能对巨头造成威胁的，因为巨头如果抄袭，就相当于自己颠覆自己，这个难度远比一般人想象得要大。

2. 避开巨头，专注小而美

第一种做法的难度很大，并且还有技术、时机等因素，有的时候太超前了也是会死的。相对而言，这里说的第二种做法就没那么难，我们既然知道巨头不好碰，避开就行了。那么巨头们尚未涉及的领域有哪些呢？移动互联网相比传统互联网最重要的一点就是，它拓展了线下，有机会将线上和线下结合起来，这当中就有很多的想象空间，这就是 O2O 创业。

O2O 的一大特点就是巨头很难抄袭，因为 O2O 需要在线下投入很大精力，而巨头们也许在线上技术非常强大，但在线下并没有那么多的实力。比如打车 APP，几家创业公司做得风生水起，百度、高德等后来者虽然也推出了打车功能，但市场反响微乎其微，腾讯阿里要参与进来，只能通过投资的方式。

除了 O2O 创业，巨头们不好介入的领域还有：传统行业、细分垂直领域，在这些领域，巨头们要么没有行业内经验，要么对细分领域的挖掘做不到足够深入，因此给了创业者以机会。

3. 与巨头合作，一起赚钱

除了挑战巨头和避开巨头之外，其实还有其他的选择，就是和巨头合作，借助它们的平台，实现共赢。这个思路其实是复制 PC 互联网上的"内容—渠道"模式，开发者提供内容，巨头们提供平台也就是渠道，然后分成，一起赚钱。目前，腾讯在这方面的动作最大，因为它有手机 QQ 和微信这两个超级 APP，做平台是理所当然的事。至于百度和阿里，前者推出了移动网盟、收购 91 手机助手，后者则继续稳固其电商平台的地位，同时开始打造云计算和云 OS。

和巨头合作有收益，但也有一定的危险性，比如巨头有可能抄袭你，还有平台可能会变得非常强势，开发者分成越来越少。这里就需要提前做好防备，比如，不要太依赖单一渠道，并且尽力做好自己的渠道，这样方能不受制于人。

创业技能 >>

技能训练一　产品调查问卷

下面这份调查问卷，是为了验证产品的重要假设条件而设计的。小组讨论：

1. 这份问卷可以验证出哪些假设条件？

2. 根据已知信息，你认为还有哪些假设条件需要验证，而这份问卷并没有体现的？

3. 完善这份产品调查问卷，看哪一组做得最好。

产品调查问卷

本公司即将推出一款新产品：一种可以测量您身体数据的项链，只要您家里有电脑，有宽带，通过我们的分析软件，就可以给您提供健康情况评估的报告，饮食建议和锻炼建议，以及一些疾病的早期预防，另外软件提供与其他用户交流的功能（慢性疾病和保健等话题，软件终身免费升级）。

1. 请问您的年龄？

A. 25 岁以下　　　　　　　B. 26～35 岁　　　　　　　C. 36～45 岁

D. 46～55 岁　　　　　　　E. 55 岁以上

2. 请问您每月可支配的收入大概为？

A. 500 元以下　　　　　　 B. 500～1 000 元　　　　　 C. 1 000～1 500 元

D. 1 500～2 000 元　　　　 E. 2 000 元以上

3. 您关心自己每天的运动、饮食以及作息习惯对身体健康造成的影响吗，是否愿意借助电脑工具来帮您做出分析？

A. 愿意　　　　　　　　　　B. 不愿意

4. 下列对象给出的对您健康的分析，根据相信程度依次排序是 _____

1）一般的保健医生

2）大医院的专科大夫

3）朋友邻居

4）电脑根据你的习惯做出的分析

5）自己的个人经验

5. 您是否患有慢性病？如果患有，您是否能接受通过网络的帮助（同其他购买该产品的用户进行交流）找到改善身体状态的办法？

A. 网络不可信，不愿意

B. 如果会上网的话愿意尝试

6. 您希望每隔多少时间对身体健康进行一次分析

A. 每天　　　　　　　　　　B. 每周　　　　　　　　　　C. 每月

D. 每 3 个月　　　　　　　　E. 每半年

7. 您觉得产品定价应该在什么范围？

A. 200 元以下　　　　　　B. 200～300 元　　　　　　C. 300～400 元

D. 400～500 元　　　　　　E. 500 元以上

8. 如果您考虑购买该产品，您希望在哪里买到，是否希望专业人员给您做详细介绍？

A. 药店

B. 电脑城

C. 医疗器械专营店

D. 医院

E. 其他（网络订购，电话订购）

9. 您会上网吗，如果不会上，您上网最大的障碍是什么？

A. 不愿意学　　　　　　　B. 没有人教　　　　　　　C. 很少用电脑

10. 如果您愿意在网上和患有相似慢性病的人讨论健康以及如何对抗疾病的话题，那么对语音聊天的功能的需求程度如何？（5 题选不愿意的用户可以不回答此问题）

A. 非常需要

B. 还行，也能接受打字交流的方式

C. 没有这个功能也没关系

11. 您是否希望软件自带一些娱乐功能？如果希望，什么样的娱乐功能引起您的兴趣？

A. 自己玩的小游戏

B. 可以和其他人互动的网络游戏

C. 音乐

D. 文学

E. 其他_____

12. 您希望软件还能提供哪方面服务（可以多选）

A. 专家网络在线健康讲座

B. 电视节目预报

C. 股票信息

D. 新闻

E. 某些疾病的医疗信息（口碑好的医院和医生）

F. 保健品推荐和打假

G. 其他_____

您对产品的意见和建议：

_____

_____

_____

感谢您的支持！

技能训练二　案例分析：微信的成长史

早在 2010 年 10 月，腾讯广州研发中心产品团队便开始在团队经理张小龙的带领下，开始着手微信的开发。张小龙此前曾经开发过 Foxmail 和 QQ 邮箱等颇受业界好评的产品。而这一次，微信成为张小龙又一个得意的产品。

2011 年 1 月 21 日，微信发布针对 iPhone 用户的 1.0 测试版。该版本支持通过 QQ 号来导入现有的联系人资料，但由于仅有即时通讯、分享照片和更换头像等简单功能，因此并不为外界所看好。在随后 1.1、1.2 和 1.3 三个测试版中，微信逐渐增加了对手机通讯录的读取、与腾讯微博私信的互通以及多人会话功能的支持，截至 2011 年 4 月底，腾讯微信获得了四五百万注册用户。

2011 年 5 月 10 日，微信发布了 2.0 版本，该版本新增了语音对讲功能。该功能的加入，使得微信的用户群第一次有了显著增长。而从 2.1 和 2.2，再到 2.5 版本中对视频信息的支持以及"查看附近的人"这一功能的加入，再一次引爆了微信用户的增长点，此时微信用户已达 1500 万。用户通过该功能可以轻松找到身边同样试用微信的用户，使得微信这样一个以熟人间通讯为主的软件兼具了同陌生人进行社交的功能，也就是说，微信自此以后再也不是单纯的即时通讯软件，而更多地开始朝向社交类应用发展。

2011 年国庆当日，微信发布 3.0 版本，该版本加入了现在广为大家所知的"摇一摇"和漂流瓶功能，增加了对繁体中文语言界面的支持，并增加港、澳、台地区，以及美、日等国的用户绑定手机号。"摇一摇"功能极具创造性和趣味性，从而进一步增加了微信的社交属性，而漂流瓶则是整合了 QQ 邮箱的相关功能。新增的繁体中文界面以及对五个地区手机号码绑定的支持，则意味着微信开始迈出了国际化的步伐。从微信 3.1 到 3.5，微信先后增加了英文界面，以及支持全球超过 100 个国家的短信注册。这进一步吸引了来自全球的用户使用微信这一服务。截至 2011 年底，微信的用户数已经达到 5 000 万。

2012 年 3 月，微信用户数突破 1 亿大关。4 月 19 日，微信发布 4.0 版本。这一版本增加了类似 Path 和 Instagram 一样的相册功能，并且可以把相册分享到朋友圈。微信朋友圈的推出进一步增加了微信的用户黏度。根据微信团队最新监测的数据显示，微信朋友圈每天的发帖量已经大大超过了微博最鼎盛的时刻。同时，为了更加有利于微信的国际化，从 4.0 版开始，微信的官方英文名称被定为 Wechat。

2012 年 7 月 19 日，微信 4.2 版本增加了视频聊天插件，并发布网页版微信界面。从此，微信不单单是一款社交化的手机即时通讯客户端，还把触角伸向了桌面领域。而视频聊天插件的推出，在为用户提供免费视频语音通话的同时，更是被认为将会使运营商"颗粒无收"，甚至有人认为微信将使腾讯成为第四大运营商。

2012 年 9 月 5 日，微信 4.3 版本增加了摇一摇传图功能，该功能可以方便地把图片从电脑传送到手机上。这一版本还新增了语音搜索功能，并且支持解绑手机号码和 QQ 号，进一步增强了用户对个人信息的把控。

2012 年 9 月 17 日，腾讯微信团队发布消息称微信用户数突破 2 亿。而仅仅过去不到

4 个月，2013 年 1 月 15 日深夜，腾讯微信团队在微博上宣布，微信用户数突破 3 亿。从 2011 年 1 月 21 日，到 2013 年 1 月 15 日，不到两年的时间，微信便获得了超过 3 亿用户。这一成就的取得毫无疑问值得整个团队骄傲。

2013 年 2 月 5 日，微信发布 4.5 版本。这一版本支持实时对讲和多人实时语音聊天，并进一步丰富了"摇一摇"和二维码的功能，支持对聊天记录进行搜索、保存和迁移。同时，微信 4.5 还加入了语音提醒和根据对方发来的位置进行导航的功能。从中可以看到微信将进一步整合腾讯内部资源，并可能会模仿 Siri，往人工秘书方向发展。

2013 年 8 月 5 日，微信 5.0 版本发布，强化"扫一扫"功能，添加了表情商店和游戏中心，微信公众账号被分成订阅号和服务号……

截至 2016 年 1 月，微信的最新版本已经到了 6.3。

微信的升级，还将继续……

阅读上面的案例，讨论：

1. 微信，为什么如此成功，并至今未被超越？

2. 微信每一次版本的更新，依据的是什么？为什么总能成功地获取更多用户？

3. 开发"最小可行商业产品"的意义在哪里？

创业实践 »

设计你的最小可行商业产品

结合本章知识与方法，设计你的最小可行商业产品，然后展示给其他团队。

创业榜样 »

中意斯正装的诞生之路

谭中意，2006 年毕业于中国人民大学信息学院，2007 年任职 NEC 软件工程师，2008 年 6 月底辞职创业，筹备服装电子商务项目。2008 年 10 月，中意斯正装网诞生并开始运营。现在他已和多家加工厂建立了稳定的合作，批量订单也上升到 5 000 件以上。

很多创业者的想法都源于自己在生活中的某种不满足，谭中意也不例外。2006 年毕业时，买套面试正装很困难：商场的正装太贵、学生代理备货少、很难买到合身的。看到高校毕业生对正装的巨大需求，他找到了创业的着眼点。

基本经营模式：电子商务——网上销售，量体裁衣

谭中意将办公地点设在租金低的五环外。网上下单后，团队成员就会到学生宿舍量尺寸。

几个月的时间里，谭中意跑遍了广州、温州等服装工业聚集区，终于找到了一个厂家，老板认同电子商务，与谭中意建立了合作。

坚持的过程很艰难。最困难时，公司现金加上几个人身上的现金一共都不到 100 元。痛定思痛，谭中意开始思考业务模式存在的问题：员工上门不能带很多款式和面料，定制也很难规模化。于是公司改变了策略：以提供成衣为主，定做为辅。

改进：研究大学生体形特点

"市场上的西服消费群体主要是中年人，腰围和胸围差别很小。这种型号学生穿着肩宽合适，身上就会晃荡。"

市场上的西服一般是 10 个尺码，他们就做 20 个尺码，这样一般人都能选到适合自己的尺码。

对于特别体形，如体重 200 kg 以上或身高 1.5 米以下的男生，再提供定做。

后来，谭中意把办公场所搬到了人大学生创业园，并在学校附近开设实体店，方便学生试穿。

公司成立之初，谭中意就提出了口号：同品质正装仅售专卖店 5 折。供货商有意见，因为影响了原有的商场渠道销售。于是谭中意注册了自己的商标，并设计了布标、防尘袋、包装等，与原有渠道以示区分。

创业资源 >>

新产品开发从入门到精通实战指南

图书：《新产品开发从入门到精通实战指南》

资源介绍：互联网时代，企业要想成功开发新产品，需要具备哪些条件？要想将新产品成功推向市场，又需要具备哪些条件？搞清楚这些问题并能采取准确的策略，是企业在互联网时代激烈的市场竞争中制胜的法宝。

本书深入讲述了互联网时代新产品开发的基础知识，提出了互联网时代新产品开发和投放市场的方法。同时，本书还剖析了新产品开发在互联网时代所面临的挑战，并给出了企业应对挑战的方法。全书共分为五部分，分别针对上述问题展开了详细的讲解，囊括了作者在产品开发领域丰富的经验与认知。可以说，本书是一本系统、全面、实用性强的新产品开发指南性图书。

第十章　产品开发与融资

创业者在企业成长的各个阶段都会努力争取用尽量少的资源来推进企业的发展，他们需要的不是拥有资源，而是要控制这些资源。

——哈佛商学院教授霍　华德·史蒂文森

创业新知 ≫

大众创业创新的融资新途径

（一）众筹拓宽投融资渠道

众筹是随着互联网技术的发展而出现的一种新的融资方式。为支持"大众创业万众创新"，我国政府号召通过众筹这样的互联网金融方式来服务广大创业者，帮助解决小微企业，特别是创业企业融资难的问题，从而对传统金融服务起到一定的补充支持作用。所谓众筹，是指通过网络平台发起项目向大众筹集资金，并由项目发起人为投资人提供一定回报的融资模式。一般说来，众筹可以按照回报的具体类型分为四种：回报众筹、股权众筹、债权众筹、公益众筹。回报众筹是指出资人通过互联网平台对众筹项目进行投资，并获得产品或服务。在我国，股权众筹主要是指通过互联网形式进行公开小额股权融资活动。债权众筹是指投资者对项目或公司进行投资，获得其一定比例的债权，并在未来收取利息、收回本金。公益众筹是指通过互联网平台发起的公益捐赠活动。

在"大众创业、万众创新"的大潮中，小微企业应是最有活力、最为积极从事创新活动的群体，尤其是科技型小微企业。在当前经济形势下，我国企业融资难，特别是小微企业融资更难，已经对我国企业成长和经济发展形成一定阻碍。众筹模式的推广和应用，将有助于小微企业破除发展中的融资难题，从而保护我国创业创新事业的活力。

企业融资主要有两种方式：债权融资和股权融资。目前，在我国金融市场上，债权融资的渠道非常丰富，包括债券市场、银行、小贷公司、P2P等。然而，在我国，股权融资的渠道相对有限。由于债券融资和股权融资的性质截然不同，因此难以相互替代。

股权资本是企业的永久性资本，企业无需偿还，投资者获得的回报与企业的经营成果成正比。债权融资则需要企业承担按期付息和到期还本的义务，这种义务与公司的经营状况和盈利水平无关。通过债权融资的企业，抵御风险的能力更差，特别是对于科技型小微企业。相对生产型、贸易型等其他类型的小微企业，科技型小微企业几乎没有固定资产，并且初期投入大、投入周期长，风险更高，更是难以通过债权方式实现融资。众筹是具有互联网时代特色的新型融资方式，丰富了小微企业的融资渠道，为小微企业乃至大众创业带来了更多可能和动力。股权众筹更是开拓股权融资的新模式。

更进一步说，我国的经济转型也需要有充足的股权融资渠道来配合。经济转型本质上就是通过转变资源配置和经济发展方式，来实现经济的持续快速发展。然而对于企业来说则是翻天覆地的革命，是企业生产模式、经营模式和管理模式的全方位变化。这就意味着，经济转型对于企业来说具有极大的不确定性，而在此过程中企业也无法找到相应的风险对冲方式。想要实现这种高风险的变革，经济转型中的企业需要寻找到与之相匹配的高风险偏好的投资者，借助股权融资的形式来获得资金。股权众筹正是在经济转型中顺应企业需求的融资方式。

2011 年，众筹正式进入中国。经过了 4 年的发展，截至 2015 年 6 月，我国共有 211 家众筹平台，53 家是 2015 年上半年新诞生的平台。2015 上半年，我国众筹平台成功募集 46.66 亿人民币。目前，我国的众筹平台主要分为两大板块：产品众筹板块，即回报众筹，和私募股权版块，即股权众筹，并辅以公益众筹。除公益项目外，众筹平台方会收取项目募集资金或股权的一定比例作为平台服务费。

（二）股权众筹的融资模式

目前，我国较为有代表性的股权众筹平台是京东股权众筹。我们在此以京东为例，详细介绍一下股权众筹。2015 年 3 月 31 日，京东宣布股权众筹正式上线。2015 年 7 月 29 日，证券业协会发布《场外证券业务备案管理办法》之后，京东众筹将其"股权众筹"平台更名为"私募股权"。京东股权众筹采用的是"领投＋跟投"模式，即在众筹平台上发起股权众筹项目后，由专业投资人"领投"，社会公众自由选择跟投。投资者在投资后将获得项目企业的相应股权。领投人负责与企业沟通，并具有相应的决策权，跟投人不参与日常性管理。项目财务只对投资者公开。跟投人将支付给领投人 20％的投资收益作为回报。这种模式可以吸纳有丰富经验和战略资源的优质投资者作为领投人，最大限度地提高项目选择的成功率，进而带动更多拥有一定闲置资金的跟投人加入，提高社会资金利用率。

每个项目的领投人原则上只有一名。融资人应当在融资项目预热阶段与有意投资的领投人接洽。有意向的领投人会对项目进行尽职调查并出具尽调报告或领投理由。当领投人最终确定后，由融资人及领投人共同提交项目上线申请。

开始股权众筹之前，众筹平台会事先把路演的排期公布出来。路演当天，领投人、跟投人和项目方交流沟通。一般主要采取网上路演或者微信路演的方式。

股权众筹融资成功后，领投人与跟投人将融资资金转入众筹平台委托的第三方机构的资金账户或托管账户。投资人与融资人根据项目认购结果签订投资协议。待融资人办理工商变更手续并通过众筹平台审核后，该第三方机构根据指定的流程和规定将相应款项转入融资项目公司。

我国现有的股权众筹业务属于私募股权业务的一种。所谓私募股权，即 Private Equity（PE），是指通过私募形式对私有企业，即非上市企业进行的权益性投资，在交易实施过程中附带考虑了将来的退出机制，即通过上市、并购或管理层回购等方式，出售持股获利。为了控制风险，股权众筹一般只接受经历了天使轮投资后的融资项目。

创业基础 »

一、开发产品方案

确定顾客会付费使用产品之后，你必须为产品确定发展战略。在这一步中，你可以根据前面对后续市场所做的了解开发产品方案。以最小可行商业产品为基础，确定要为登陆市场顾客开发哪些产品特征；占领登陆市场后，确定可以向哪些毗邻市场销售产品以及针对每一个新市场如何调整产品。

在开发最小可行商业产品时，你要确定和组合的是产品最基本的特征。在开发产品方案时，你必须根据用户形象的需求对产品特征进行选择，然后重新组合成产品。或许你觉得有些特征是用户一开始就需要的，但随着对产品和顾客的深入了解，你会发现它们其实并不重要，反而是那些被你忽视的特征更受顾客青睐。

为确保开发流程和开发思路保持一贯的高质量，在产品开发过程中确定一套标准非常重要。通常，当新的产品特征或功能发布之后，市场需要一段时间才能发现其缺陷并促使企业做出改善。因此，确定一套验证产品质量的流程，保证产品开发思路的质量，这样做是非常有必要的。如果企业只强调快速开发新的产品特征而忽略了对质量的持续关注，最终一定会出现各种质量问题。

思考何时扩展市场的问题也同样重要。用户形象是为登陆市场设计的，当你在市场中成为事实标准，产品拥有重要市场份额之后（通常为 20％ 或更高），便会形成在该市场中的优势地位。实现了正向现金流，现在你可以考虑进入其他市场了。毕竟，登陆市场之所以叫"登陆"，是因为它只是创业的起点而已。

尽管下一个市场会有不同的用户形象，你依然可以利用企业的核心优势继续开发业务。根据新用户形象的需求以及企业的发展战略，下一个产品可能完全不同于现在的产品，可能对当前产品做出重大修改，可能是当前产品的重新包装，或者和当前产品一模一样。

随着企业的前进，产品方案会出现各种变化。因此，你不必费心研究细节，也不要在这个方面投入太多时间。你要做的是大致了解企业接下来要进入哪个市场，明确后续市场的规模。

确定产品方案有点儿像评估市场规模，目的是让你抬头观望远方，不要过度专注于登陆市场。毕竟，登陆市场只是你创业的第一步，接下来企业必须向其他市场扩展。产品方案能提供长期视野，让你的思考目标变得更加远大，特别是在产品和组织机构设计方面。

不过这一步无须花费很多时间，因为你还要确保顾客会付费使用你的产品，否则会在进入毗邻市场之前便耗尽资金。随着对登陆市场了解的深入，产品方案也会出现调整。产品方案的意义在于为你提供系统化的开发指导，没有它你的创业之路无异于盲人摸象。

二、了解融资

融资，是指资金的融通。狭义的融资，主要是指资金的融入，也就是通常意义的资金来源，具体是指通过一定的渠道、采用一定的方法、以一定的经济利益付出为代价，从资金持有者手中筹集资金，组织对资金使用者的资金供应，满足资金使用者在经济活动对资金需要的一种经济行为。广义的融资，不仅包括资金的融入，也包括资金的运用，即包括狭义融资和投资两个方面。

这里，创业融资是指创业者为了将某种创意转化为商业现实，通过不同渠道、采用不同方式筹集资金以建立企业的过程。创业者应该根据新创企业在不同发展阶段的资本需求特征，结合创业计划以及企业发展战略，合理确定资本结构以及资本需求数量。

常见融资渠道有：

（一）私人资本融资

私人资本包括创业者个人积蓄、亲友资金、天使投资等。

据世界银行所属的国际金融公司（IFC）对北京、成都、顺德和温州四个地区的私营企业的调查，我国私营中小企业在初始创业阶段几乎完全依靠自筹资金，其中，90％以上的初始资金是由主要的业主、创业团队成员及家庭提供的，银行和其他金融机构贷款所占的比例很小，私人资本在创业融资中具有不可替代的作用。有调查显示：大学毕业生的创业资金约80％来自于个人和家庭的资金。

1. 个人积蓄

尽管有些创业者没有动用过个人资金就办起了新企业，但这种情况非常少见。这不仅因为从资金成本或企业控制权的角度来说，个人资金成本最为低廉，而且还因为创业者在试图引入外部资金时，外部投资者一般都要求企业必须有创业者的个人资金投入其中。所以，个人积蓄是创业融资最根本的渠道，几乎所有的创业者都向他们新创办的企业投入了个人积蓄。

创业者可以通过转让部分股权的方式从合伙人那里取得创业资金，创办合伙企业。或通过公开或私募股权的方式，从更多的投资者那里获得创业资金，成立公司制企业。将个人合伙人或个人股东纳入自己的创业团队，利用团队成员的个人积蓄是创业者最常用的筹资方式之一。

2. 亲友资金

对于新创企业来说，除了个人积蓄之外，身边亲朋好友的资金是最常见的资金来源。亲朋好友由于与创业者个人的关系而愿意向创业企业投入资金，因此，亲友资金是创业者经常采用的融资方式之一。

在向亲友融资时，创业者必须要用现代市场经济的游戏规则、契约原则和法律形式来规范融资行为，保障各方利益，减少不必要的纠纷。创业者还要在向亲友融资之前，仔细考虑这一行为对亲友关系的影响，尤其是创业失败后的艰难困苦。要将日后可能产生的有利和不利方面告诉亲友，尤其是创业风险，以便将来出现问题时将对亲友的不利影响降到最低。

3. 天使投资

天使投资指个人出资协助具有专门技术或独特概念而缺少自有资金的创业家进行创业，并承担创业中的高风险和享受创业成功后的高收益；或者说是自由投资者或非正式风险投资机构对原创项目构思或小型初创企业进行的前期投资，是一种非组织化的创业投资形式。

你就是自己最大的天使，你身边的人就是你最大的天使，天使投资是熟人道德经济。

天使投资分为两类：一类是有行业背景的天使投资，一类是没有行业背景的天使投资。这两类天使投资，从行为及预期，到和创业团队的合作都非常不一样。从资本的角度来说，这两类投资人都是非常好的来源。创业者早期仍需要资金，而来源非常有限，所以才寻求天使投资的支持。否则，完全可以自己做得稍微成熟一些再寻求早期风险投资。倘若创业团队早期并非单纯缺乏资金，则寻找具有行业背景的天使投资会更加理性。

（二）机构融资

和私人资金相比，机构拥有的资金数量较大，挑选被投资对象的程序比较正规，获得机构融资一般会提升企业的社会地位，给人以企业很正规的印象。

机构融资的途径有银行贷款、非银行金融机构贷款、交易信贷和租凭、从其他企业融资等。

1. 银行贷款

比较适合创业者的银行贷款形式主要有抵押贷款和担保贷款两种。缺乏经营历史从而也缺乏信用积累的创业者，比较难以获得银行的信用贷款。

（1）抵押贷款

抵押贷款指借款人以其所拥有的财产作抵押，作为获得银行贷款的担保。在抵押期间，借款人可以继续使用其用于抵押的财产。抵押贷款有以下几种：①不动产抵押贷款。不动产抵押贷款是指创业者以土地、房屋等不动产作抵押，从银行获取贷款；②动产抵押贷款。动产抵押贷款是指创业者用机器设备、股票、债券、定期存单等银行承认的有价证券，以及金银珠宝首饰等动产作抵押，从银行获取贷款；③无形资产抵押贷款。无形资产抵押贷款是一种创新的抵押贷款形式，适用于拥有专利技术、专利产品的创业者，创业者可以用专利权、著作权等无形资产向银行作抵押或质押获取贷款。

（2）担保贷款

担保贷款指借款方向银行提供符合法定条件的第三方保证人作为还款保证的借款方式。当借款方不能履约还款时，银行有权按照约定，要求保证人履行或承担清偿贷款连带责任。其中较适合创业者的担保贷款形式有：①自然人担保贷款。自然人担保贷款是指经由自然人担保提供的贷款。可采取抵押、权利质押、抵押加保证三种方式；②专业担保公司担保贷款。目前各地有许多由政府或民间组织的专业担保公司，可以为包括初创企业在内的中小企业提供融资担保，像北京中关村担保公司、首创担保公司等，其他省、市也有很多此类性质的担保机构为中小企业提供融资担保服务，这些担保机构大多属于公共服务性非营利组织，创业者可以通过申请，由这些机构担保向银行借款。

（3）信用卡透支贷款

创业者可以采用两种方式取得信用卡透支贷款：一种方式是信用卡取现，另一种方式是透支消费。

信用卡取现是银行为持卡人提供的小额现金贷款，在创业者急需资金时可以帮助其解决临时的融资困难。创业者可以持信用卡通过银行柜台或是 ATM 机提取现金灵活使用。透支取现的额度根据信用卡情况设定，不同银行的取现标准不同，最低的是不超过信用额度的 30%，最高的可以将信用额度的 100% 都取出来；另外，除取现手续费外（各银行取现手续费不一），境内外透支取现还须支付利息，不享受免息待遇。

创业者还可以利用信用卡进行透支消费，购置企业亟须的财产物资。

（4）政府无偿贷款担保

根据国家及地方政府的有关规定，很多地方政府都为当地的创业人员提供无偿贷款担保。如上海、青岛、南昌、合肥等地的应届大学毕业生创业可享受无偿贷款担保的优惠政策，自主创业的大学生，向银行申请开业贷款的担保额度最高可达 100 万元，并享受贷款贴息；江苏省镇江市润州区创业农民可通过区农民创业担保基金中心，获取最高 5 万元贷款，并由政府为其无偿担保；湖南省各级财政安排一定的再就业资金，用于下岗失业人员小额贷款担保基金及贴息等四个方面；浙江省对持《再就业优惠证》的人员和城镇复员转业退役军人，从事个体经营自筹资金不足的，由政府提供小额担保贷款。

（5）中小企业间互助机构贷款

中小企业间的互助机构是指中小企业在向银行融通资金的过程中，根据合同约定，由依法设立的担保机构以保证的方式为债务人提供担保，在债务人不能依约履行债务时，由担保机构承担合同约定的偿还责任，从而保障银行债权实现的一种金融支持制度。信用担保可以为中小企业的创业和融资提供便利，分散金融机构的信贷风险，推进银企合作。

（6）其他贷款

创业者可以灵活地将个人消费贷款用于创业，如因创业需要购置沿街商业房，可以用拟购置房子作抵押，向银行申请商用房贷款，若创业需要购置轿车、卡车、客车、微型车等，还可以办理汽车消费贷款。除此之外，可供创业者选择的银行贷款方式还有托管担保贷款、买方贷款、项目开发贷款、出口创汇贷款、票据贴现贷款等。

尽管银行贷款需要创业者提供相关的抵押、担保或保证，对于白手起家的创业者来说条件有些苛刻，但如果创业者能够提供银行规定的资料，能提供合适的抵押，得到贷款并不困难。

2. 非银行金融机构贷款

非银行金融机构指以发行股票和债券、接受信用委托、提供保险等形式筹集资金，并将所筹资金运用于长期性投资的金融机构。根据法律规定，非银行金融机构，包括经银监会批准设立的信托公司、企业集团财务公司、金融租赁公司、汽车金融公司、货币经纪公司、境外非银行金融机构驻华代表处、农村和城市信用合作社、典当行、保险公司、小额贷款公司等机构。创业者还可以从这些非银行金融机构取得借款，筹集生产经营所需资金。

（1）保单质押贷款

保险公司为了提高竞争力，也为投保人提供保单质押贷款。保单质押贷款最高限额不超过保单保费积累的70％，贷款利率按同档次银行贷款利率计息。如中国人寿保险公司的"国寿千禧理财两全保险"，就具有保单质押贷款的功能：只要投保人缴付保险费满2年，且保险期已满2年，就可以凭保单以书面形式向保险公司申请质押贷款。

（2）实物质押典当贷款

当前，有许多典当行推出了个人典当贷款业务。借款人只要将有较高价值的物品质押在典当行就能取得一定数额的贷款。典当费率尽管要高于银行同期贷款利率，但对于急于筹集资金的创业者来说，不失为一个比较方便的筹资渠道。典当行的质押放款额一般是质押品价值的50％～80％。

（3）小额贷款公司

小额贷款公司由自然人、企业法人与其他社会组织投资设立，不吸收公众存款，经营小额贷款业务的有限责任公司或股份有限公司，发放贷款坚持"小额、分散"的原则。小额贷款公司发放贷款时手续简单，办理便捷，当天申请基本当天就可放款，可以快速地解决新创企业的资金需求。截至2012年3月末，全国共有小额贷款公司4878家，贷款余额达4447亿元，小额贷款公司已经成为缓解小微企业融资难的新渠道。

3. 交易信贷和租赁

交易信贷指企业在正常的经营活动和商品交易中，由于延期付款或预收货款所形成的企业间常见的信贷关系。企业在筹办期以及生产经营过程中，均可以通过商业信用的方式筹集部分资金。如企业在购置设备或原材料、商品过程中，可以通过延期付款的方式，在一定期间内免费使用供应商提供的部分资金；在销售商品或服务时采用预收账款的方式，免费使用客户的资金等。

创业者也可以通过融资租赁的方式筹集购置设备等长期性资产所急需的资金。融资租赁是指实质上转移与资产所有权有关的全部或绝大部分风险和报酬的租赁。资产的所有权最终可以转移，也可以不转移。融资租赁是集融资与融物、贸易与技术更新于一体的新型金融业务。由于其融资与融物相结合的特点，出现问题时租赁公司可以回收、处理租赁物，因而在办理融资时对企业资信和担保的要求不高，所以非常适合中小企业融资。此外，融资租赁属于表外融资，不体现在企业财务报表的负债项目中，不影响企业的资信状况，对需要多渠道融资的中小企业非常有利。据统计，西方发达国家25％的固定资产几乎都来自租赁。[①] 企业在筹建期，通过融资租赁的方式取得急需设备的使用权，解决部分资金需求，获得相当于租赁资产全部价值的债务信用，一方面可以使企业按期开业，顺利开始生产经营活动，另一方面又可以解决创业初期资金紧张的局面，节约创业初期的资金支

---

①金玮：我国中小企业融资路径探讨，当代经济，2012（11）。

出，将用于购买设备的资金用于主营业务的经营，提高企业现金流量的创造能力；同时融资租赁分期付款的性质可以使企业保持较高的偿付能力，维持财务信誉。

4. 从其他企业融资

尽管在大多数情况下，企业是资金的需求而不是提供者，但是对于不同行业的企业，或者在企业发展的不同时期，部分企业还是会有暂时的闲置资金可以对外提供，尤其是一些从事公用事业业务的企业，或者已经发展到成熟期的企业，现金流一般会比较充足，甚至会有大量资金需要通过对外投资的方式实现较高收益。对于有闲置资金的企业，创业者既可以吸收其资金作为股权资本，还可以向这些企业借款，形成债权资本。

（三）风险投资

根据美国风险投资协会的定义，风险投资是指职业的金融家投入到新兴的、迅速发展的、有巨大竞争潜力的企业中的股权资本。在我国，对于风险投资尚未形成统一的看法，比较普遍的观点是：风险投资是由专业机构提供的投资于极具增长潜力的创业企业并参与其管理的权益资本。从定义上可以看出，中美关于风险投资的界定有所不同，其投资对象有一定的差别。这是因为中国是一个发展中国家，很多行业方兴未艾，所以传统行业，像零售、农产品之类的，虽然没有技术含量，但拥有一个广阔的、快速发展的市场，使得这些传统行业的市场增长速度和回报率并不低于高科技行业，所以，中国的风险投资不仅投资高科技项目，也对传统领域，如教育、医疗保健这样的项目感兴趣。

1. 创业者寻求风险投资的步骤

一般来说，创业者寻求风险投资需要经过以下十个步骤，如下图所示：

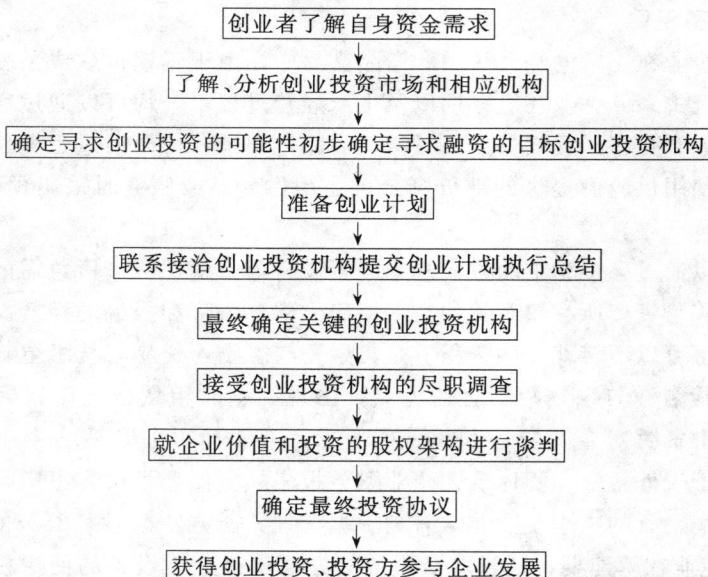

```
┌─────────────────────────────────┐
│   创业者了解自身资金需求          │
└─────────────────────────────────┘
              ↓
┌─────────────────────────────────┐
│  了解、分析创业投资市场和相应机构  │
└─────────────────────────────────┘
              ↓
┌─────────────────────────────────────────┐
│ 确定寻求创业投资的可能性初步确定寻求融资的目标创业投资机构 │
└─────────────────────────────────────────┘
              ↓
┌─────────────────────────────────┐
│         准备创业计划              │
└─────────────────────────────────┘
              ↓
┌─────────────────────────────────────┐
│ 联系接洽创业投资机构提交创业计划执行总结 │
└─────────────────────────────────────┘
              ↓
┌─────────────────────────────────┐
│    最终确定关键的创业投资机构      │
└─────────────────────────────────┘
              ↓
┌─────────────────────────────────┐
│   接受创业投资机构的尽职调查       │
└─────────────────────────────────┘
              ↓
┌─────────────────────────────────┐
│ 就企业价值和投资的股权架构进行谈判  │
└─────────────────────────────────┘
              ↓
┌─────────────────────────────────┐
│       确定最终投资协议            │
└─────────────────────────────────┘
              ↓
┌─────────────────────────────────┐
│ 获得创业投资、投资方参与企业发展    │
└─────────────────────────────────┘
```

2. 创业者获得风险投资的渠道

创业者获得风险投资的渠道主要有以下几种：给投资人发邮件，参加行业会议，请朋友帮忙介绍以及借助融资顾问的帮助。

第一，给投资人发邮件。想获得风险投资最简单的方法就是给投资人发邮件，一般的风险投资都有自己的网站，上面公布有自己的邮箱，创业者可以将自己的创业想法或者商业计划书发到公开的邮箱中，期待能够得到投资者的关注，并最终获得投资。采用这种方式的成本最低，但效率也最低；虽然风险投资者会关注到投到邮箱的邮件，但是那些递交给投资机构的商业计划书，成功融资的只有1%。

其次，参加相关行业的会议或者创业训练营。这些会上或训练营上会有很多投资人，创业者可以利用茶歇或者休息的时间尽可能接触较多的风险投资者，或者接触自己感兴趣的投资者。这种方式的优点是在短时间内能够见到很多的投资者，但由于时间短，不一定有机会认识或结识他们，另外，这种场合对创业者的说服能力要求较高。

第三种，请朋友帮忙介绍。如果有朋友做过融资的，或者已经得到风险投资的，可以请他们帮忙介绍，这种方式较前两者成功的概率稍大，毕竟接受过风险投资并且取得经营成功的人的介绍本身就是一种名片，投资者可以借由介绍人的介绍对创业者或创业项目有一定了解，通过对介绍人的了解对创业者给以初步的肯定。但是，这种方式接触的面可能较窄，朋友认识的投资者可能并不是我们需要的类型，而真正适合的人未必是朋友认识的人。

最后一种渠道是聘用投行帮助做融资。通过投行或融资中介的帮助寻找风险投资的成功率较高，一是他们对中国活跃的投资人很了解，能够帮助创业者和投资者进行沟通；另一方面，信誉高的投行本身就为创业者的项目成功性增加了砝码；第三，投行会运用自己的经验帮助创业者挑选更合适的投资人。但是采用这种方式的成本也较高。

（四）政府扶持基金

创业者还可以利用政府扶持政策，从政府方面获得融资支持。

政府的资金支持是中小企业资金来源的一个重要组成部分。综合世界各国的情况，政府的资金支持一般能占到中小企业外来资金的10%左右，资金支持方式主要包括：税收优惠、财政补贴、贷款援助、风险投资和开辟直接融资渠道等。[1]

随着我国经济实力的增强，政府对创业的支持力度，无论从产业的覆盖面还是从政府对创业者的支持额度都有了很大进展，由政府提供的扶持基金也在逐步增加。如专门针对科技型企业的科技型中小企业技术创新基金，专门为中小企业"走出去"准备的中小企业国际市场开拓资金等，还有众多的地方性优惠政策等。创业者应善于利用相关政策的扶持，以达到事半功倍的效果。

1. 再就业小额担保贷款

再就业小额担保贷款：根据中发〔2002〕12号文件精神，为帮助下岗失业人员自谋职业、自主创业和组织起来就业，对于诚实守信、有劳动能力和就业愿望的下岗失业人员，针对他们在创业过程中缺乏启动资金和信用担保，难以获得银行贷款的实际困难，由政府设立再担保基金。通过再就业担保机构承诺担保，可向银行申请专项再就业小额贷款。该政策从2003年初起陆续在全国推行，并不断扩大小额担保贷款的范围，目前再就业小额担保贷款的适用范围包括：年龄在指定范围内（一般为60岁以内，地方政策可能

---

①陈乐忧：中小企业融资它山之石，财会通讯（综合），2008（10）。

有所不同），有创业愿望和劳动能力，诚实守信，有《下岗证》或者《再就业优惠证》的国企、城镇企业下岗职工、退役军人、农民工、外出务工返乡创业人员、吸纳下岗失业人员达到地方规定的小企业、合伙经营实体或劳动密集型企、大中（技）专毕业生、残疾人员、失地农民等符合条件的人员。

2. 科技型中小企业技术创新基金

科技型中小企业技术创新基金是于 1999 年经国务院批准设立的，为扶持、促进科技型中小企业技术创新，用于支持科技型中小企业技术创新项目的政府专项基金，由科技部科技型中小企业技术创新基金管理中心实施。创新基金重点支持产业化初期（种子期和初创期）、技术含量高、市场前景好、风险较大、商业性资金进入尚不具备条件、最需要由政府支持的科技型中小企业项目，并将为其进入产业化扩张和商业性资本的介入起到铺垫和引导作用。创新基金以创新和产业化为宗旨，以市场为导向，上联"863""攻关"等国家指令性研究发展计划和科技人员的创新成果，下接"火炬"等高技术产业化指导性计划和商业性创业投资者。根据中小企业和项目的不同特点，创新基金通过无偿拨款、贷款贴息和资本金投入等方式扶持和引导科技型中小企业的技术创新活动，促进科技成果的转化[①]。

3. 中小企业国际市场开拓资金

中小企业国际市场开拓资金是由中央财政和地方财政共同安排的、专门用于支持中小企业开拓国际市场的专项资金。市场开拓资金用于支持中小企业和为中小企业服务的企业、社会团体和事业单位（以下简称"项目组织单位"）组织中小企业开拓国际市场的活动。该资金的主要支持内容包括：举办或参加境外展览会；质量管理体系、环境管理体系、软件出口企业和各类产品的认证；国际市场宣传推介；开拓新兴市场；组织培训或研讨会；境外投（议）标等方面。市场开拓资金支持比例原则上不超过支持项目所需金额的 50%，对西部地区的中小企业，以及符合条件的市场开拓活动，支持比例可提高到 70%[②]。

4. 天使基金

由政府有关部门和社会各界有识之士出资、设立的鼓励和帮助大学生自主创业、灵活就业的基金称为天使基金。如北京青年科技创业投资基金由北京科技风险投资股份有限公司出资设立，与共青团北京市委、北京市青年联合会和北京市工商局共同管理的一项基金。其特点之一是以个人为投资主体，孵化科技项目的快速成长，凡在电子信息产业、新材料、生物医药工程及生命科学领域拥有新技术成果，45 岁以下的自然人均可申请创投基金，资金投资区域为北京地区。

5. 其他基金

科技部的 863 计划（http：//www. 863. gov. cn/）、火炬计划（http：//program. most. gov. cn/）等，连同科技型中小企业技术创新基金一起，每年都有数十亿资金用于科技

---

①创新基金网站，网址：http：//www. innofund. gov. cn/innofile/se _ 02. asp
②中小企业国际市场开拓资金网站，网址 http：//smeimdf. mofcom. gov. cn/

型中小企业的研发、技术创新和成果转化；财政部设有利用高新技术更新改造项目贴息基金，国家重点新产品补助基金；国家发展和改革委员会设有产业技术进步资金资助计划、节能产品贴息项目计划；工业和信息化部设有电子信息产业发展基金（http：//www.itfund.gov.cn/）等[1]。

各省市等为支持当地创业型经济的发展，也纷纷出台政策，支持创业。主要有人力资源和社会保障部设立的开业贷款担保政策、小企业担保基金专项贷款、中小企业贷款信用担保、开业贷款担保、大学生科技创业基金等。

创业者应结合自身情况，利用好相关政策，获得更多的政府基金支持，降低融资成本。

（五）知识产权融资

知识产权融资也是创业者值得关注的融资方式，在国内外已有诸多成功案例。知识产权融资可以采用知识产权作价入股、知识产权抵押贷款、知识产权信托、知识产权资产证券化等方式。

1. 知识产权作价入股

2014年3月1日实施的《公司法》第27条规定："股东可以用货币出资，也可以用实物、知识产权、土地使用权等可以用货币估价并可以依法转让的非货币财产作价出资。"允许知识产权入股，明确了知识产权作为生产要素的原则。新《公司法》还规定，不再限制股东（发起人）的货币出资比例，无形资产可以百分百出资。这说明股东可以专利、商标、软件著作权等无形资产进行百分之百的出资，有效地减轻股东货币出资的压力。

根据新公司法的规定，除了法律、行政法规规定不得作为出资的财产除外，股东可以用知识产权等用货币估价，并可以依法转让的非货币财产作价出资。对作为出资的非货币财产应当评估作价，核实财产，不得高估或者低估作价，必须经过专业的知识产权评估才可以作为出资依据。

2. 知识产权质押贷款

知识产权质押贷款是指以合法拥有的专利权、商标权、著作权中的财产权，经评估后向银行申请融资，是商业银行积极探索的中小企业融资途径。2006年全国首例知识产权质押融资贷款在北京诞生，2008年国家知识产权局确定了知识产权质押融资的试点城市。很多地市出台了质押贷款管理办法，如浙江2009年1月20日出台"浙江省专利权质押贷款管理办法"，为金融机构、企业操作知识产权质押提供了规范指引；2009年9月和11月，广州市知识产权局、武汉市知识产权局分别和有关银行签署了促进知识产权质押融资的合作协议；2010年财政部、工业和信息化部、银监会、国家知识产权局、国家工商行政管理总局、国家版权局共同发布了《关于加强知识产权质押融资与评估管理，支持中小企业发展的意见》的通知，进一步推进了知识产权质押融资工作的开展。[2]

知识产权质押融资可以采用以下三种形式：质押——知识产权质押作为贷款的唯一担

---

①杜耀华：中小企业如何获取政府财政支持，现代乡镇，2003（9）。

②中央政府网站，网址：http：//www.gov.cn/zwgk/2010-09/01/content_1693449.htm

保形式；质押加保证——以知识产权质押作为主要担保形式，以第三方连带责任保证（担保公司）保证作为补充组合担保；质押加其他抵押担保——以知识产权作为主要担保形式，以房产、设备等固定资产抵押，或个人连带责任保证等其他担保方式作为补充担保的组合担保形式。

知识产权质押贷款仅限于借款人在生产经营过程中的正常资金需求，贷款期限一般为1年，最长不超过 3 年；贷款额度一般控制在 1 000 万元以内，最高达 5 000 万元；贷款利率采用风险定价机制，原则上在人行基准利率基础上按不低于 10％的比例上浮；质押率为：发明专利最高为 40％，实用新型专利最高为 30％；驰名商标最高为 40％，普通商标最高为 30％；质物要求投放市场至少 1 年以上；还款方式根据企业的现金流情况采取灵活多样的还款方式。

3. 知识产权信托

知识产权信托是以知识产权为标的的信托，知识产权权利人为了使自己所拥有的知识产权产业化、商品化，将知识产权转移给信托投资公司，由其代为经营管理，知识产权权利人获取收益的一种法律关系。依据知识产权的类型，结合我国目前已有的信托案例，当前的知识产权信托包括专利信托、商标信托、版权信托等方式。在美国、欧洲、日本等国家，知识产权信托已广泛用于电影拍摄、动画片制作等短期需要大量资金的行业的资金筹措。流动资金少的文化产业公司，在投入制作时，可与银行、信托公司签订信托构思阶段新作品著作权的合同，银行或信托公司向投资方介绍新作品的构思、方案，并向投资方出售作品未来部分销售收益的"信托收益权"，制作公司等则以筹集到的资金再投入新作品的创作。

2000 年 9 月武汉市专利管理局、武汉国际信托投资公司联合策划、构架的"专利信托"在武汉市首先推出，推动了金融资本与无形资本有机结合，引起国内外投资界、企业界的广泛关注。但目前为止，知识产权信托在我国的发展状况并不理想，还需要在立法完善和政策支持上多加关注。

4. 知识产权资产证券化

知识产权资产证券化是发起人将能够产生可预见的稳定现金流的知识产权，通过一定的金融工具安排，对其中风险与收益要素进行分离与重组，进而转换成为在金融市场上可以出售的流通证券的过程。知识产权资产证券化的参与主体包括发起人（原始权益人）、特设载体（SPV）、投资者、受托管理人、服务机构、信用评级机构、信用增强机构、流动性提供机构。近几年，美国、英国、日本等国家的知识产权资产证券化发展迅速。在美国，知识产权资产证券化的对象资产已经非常广泛，从电子游戏、音乐、电影、娱乐、演艺、主题公园等与文化产业关联的知识产权，到时装设计的品牌、最新医药产品的专利、半导体芯片，甚至专利诉讼的胜诉金，几乎所有的知识产权都已经成为证券化的对象。在日本，产业省早在 2002 年就声明要对信息技术和生物等领域企业拥有的专利权实行证券化，成功地对光学专利实行了资产证券化。

创业思维 >>

一、做好融资准备

问题：创业融资并不容易，需要做好哪些准备？

参考思路：

所谓"知己知彼，百战不殆"，融资准备工作也必须从"内外"两大因素入手：做好内部建设，对企业现状和发展前景有清晰的认识；同时逐步了解外部的融资环境，可以通过聘请专业融资顾问获得帮助，为成功融资创造条件。具体包括以下几项：

（一）企业自身建设

涉及盈利模式、管理团队、市场客户和产品技术等几大要素。其中管理团队具有管理能力、凝聚力和进取心，是创业成功的重要保证。

（二）制定融资战略

需要考虑的问题有：融资的时机、所需资金的数量、融资采取的方式等。企业还应当根据不同的发展阶段来考虑融资数量和资金投入的时机。融资方式的选择需要结合自身条件和各种融资渠道的风险、成本综合考虑。

（三）资料和人员的准备

将企业的情况和融资计划表形成简明、有说服力的书面文档，凸显企业价值，使投资者通过相关材料对企业有清楚的认识。需要注意的是，随着融资各项工作的到位，内部操作人员专业素质缺乏亦可能导致融资谈判失败，所以适时地组织内部人员参加专业培训也是重要的准备。

（四）聘请外部专家

由于创业者往往缺乏融资经验与时间精力，聘请专业融资顾问应该是最好的选择，他们将为融资的各个步骤提供专业意见，并利用积累的融资渠道为企业引荐合适的投资者。

（五）接触潜在投资者

创业者和投资者之间是一种长期合作关系，需要达成充分的相互了解与信任。企业应在广泛调研的基础上，根据自身的发展模式和价值取向进行选择与接触。事实上在与投资者的交流中，创业者往往能够获得很多有利于企业发展的宝贵建议。

二、延续创业活动还需要做的工作

问题：随着最小可行商业产品开发的完成，似乎创业已告一段落，为了保证创业的顺利进行，我们还需要关注哪些方面的知识？

参考思路：

本书"训练篇"的内容提供的框架能帮助你更好地启动创业，提高成功创业的机会。

这仅仅是创业的起点。创业绝非盛大赛事，而是创业者的孤独远行，它需要明智的思路和不断地调整。作为创业者，切忌光说不练，而是要始终努力前进，不断根据顾客的反馈测试自己的创意和产品，直至实现最后的成功。在实际创业中，你还需要学习很多方面的知识，就本书涉及的内容，也需要你不断地深入了解和探索，这里是不可能详尽说明所有内容的，仅列举几个，示为启发：

（1）组建和管理创业团队

（2）开发产品，不断优化

（3）执行销售，建立销售团队

（4）服务顾客，开发客服流程

（5）建立财务部门，管理现金流

（6）融资，扩展业务规模

（7）强调创业领导力和业务升级

（8）开发利用优秀企业管理准则

（9）建立企业文化

创业技能 》》

技能训练一　案例分析：万达的发展战略

搜集相关资料，分析万达的发展战略，观察万达是如何一步步扩大市场规模、丰富产品体系的，思考万达能够不断迭代升级的成功因素。

表 10－1　万达发展战略

万达产品	第一代	第二代	第三代
产品种类	纯商业	纯商业	商业、酒店、写字楼、住宅
选址	核心商圈黄金地段	核心商圈黄金地段	城市副中心、城市的开发区及 CBD
规模	5 万平方米	15 万平方米	40～80 万平方米
业态	购物功能组合	购物功能组合	24 小时不夜城＋集成功能组合
主力商家	超市＋家电＋影院	超市＋建材＋家电＋影院	百货＋超市＋家电＋影院
建筑形态	单个盒子式	组合式	综合体、盒子＋街区＋高层的组合
案例	长沙、南昌、青岛	沈阳、天津	宁波、上海、北京、成都

技能训练二　完美的演讲

1. 模拟融资现场，每个团队派一名代表展示团队的项目，注意：只有 3 分钟的时间进行展示，3 分钟后马上停止。其他学生要认真聆听，并粗略记下对每个演讲的思考和印象。

2. 全部展示后，要求学生将自己的笔记与"演讲评估表"（见下表）进行比较，同时完成对每个演讲的评估。

表 10－2　演讲评估表

	评分	评论
创意（清晰易懂地描述产品或服务）		
顾客（明确描述初始目标市场及其规模）		
需求（明确陈述并理解问题或机会匹配）		
商业模式（各个要素是明确理解的）		
差异化（已经识别并证实了某些与目标顾客共鸣的独特特征）		
团队（团队拥有所需的技能、资源和经验）		
资金（融资计划是合理的，识别到了具体数量的资金需求）		

3. 针对每一个演讲，讨论以下问题：

（1）有人能描述产品或服务是什么以及如何发挥作用的吗？

（2）谁是目标顾客以及要解决的问题是什么？

（3）这是个好机会吗？为什么？

（4）存在任何情境因素导致你相信这是一个好机会吗？

（5）该产品是独特的或与竞争产品以及其他替代产品有何不同吗？

（6）项目计划如何赚钱？

（7）团队的技能与企业的需求一致吗？

（8）启动新企业需要什么资源？

（9）你觉得信息沟通的方式如何？

（10）在给定的时间范围内，演讲者可以做些什么来改进演讲内容和沟通方式？

（11）之前的评估与运用"演讲评估表"之后的评估，有哪些区别？

创业实践 >>>

制定你的产品开发方案

结合本章知识与方法，制定你的产品开发方案，然后展示给其他团队。

融资就像第 101 次求婚

创业一年中，李南有大半年时间在和各种投资人接触，现在，他决定放弃。投资人觉得公司还是种子期，还是不成熟，这让他感觉有些悲凉。不过，他也更加清楚地认识了自己在别人眼中的价值和项目存在的瑕疵。融资，就像 101 次求婚一样，可能要身经百战、反复磨砺才能促成。

融资是创业者的必修课，李南从名牌大学毕业后就开始了打工兼创业之旅，原本他从不屑于"忽悠投资人的钱"，但是，慢慢地他发现单打独斗的确不是一件容易的事情，而且能够得到融资也不再是他所认为的"忽悠"，而是一种生存技能。

毕竟是初出茅庐，李南的融资经验不足。第一次谈判，就被投资人批驳而彻底丧失信心：商业模式并非别具一格，目前运作的项目不稳定，未来计划不太现实……如果再加上一般电商的运作模式，投资人就直接给判了死刑，完全不容他再赘述发展目标。一直自信满满的李南，头一次觉得自己的项目竟然有这么多瑕疵，自己竟然这么多缺点，这让他一度迷失了方向。

以前，李南总爱说自己做项目不是纯粹为赚钱，而盈利是投资人最关心的问题，李南的回答彻底触动了投资人的底线，有了这样的失败经历后，他开始改变自己的说法，并把自己的宏伟蓝图描述得非常动人。但这种缺乏数据支撑的虚化说辞似乎也不受欢迎，尤其面对资深金融背景及有丰富经验的投资人。

李南发现，投资人对创业者的信任超过一切，如创业者的学历、自身修养、谈吐和社交能力。有的投资人比较感性，见过创业者后，就能迅速判断"此人是否是做这件事的料子"，至于团队能力如何，很多投资人对此并不是太关注，甚至有的投资人都不会问团队的具体情况，这让李南很诧异。

最让李南无语的是，有的投资人告诉他，"你现在的模式国外刚兴起，而且已经开始有成功融资案例了"，当他在心里窃喜不已时，投资人却说，"不过，我们暂时还不打算投资这样的项目，因为国内环境与国外很不一样。"

有时，李南跟投资人相谈甚欢，对方非常认真地倾听、做笔记，时不时向他提出细节的问题，可是到最后他才发现，其实对方认真倾听主要是因为从没有接触过这个投资领域，不了解才做笔记。至于能否投资一个完全陌生的领域，那就更没谱了。

还有的投资人，给李南的项目每一项都打了满分，投资人最后让李南等决策，并承诺很快就有结果，但是，哪怕几十万元人民币的投资金额，从口头承诺到现金到账，足足要耗费 6 个月至 9 个月的时间，可李南的项目马上就要上线，根本没有时间等待，在他的催促下，对方答应提前，但是投资额度会压缩得非常有限，跟李南想象中的相去甚远。最后，李南没有办法，只好暂时放弃融资。

李南总结，一个好的项目必须确实能解决一个关键问题，而且这个关键问题能够迅速积累用户或者挣到钱；同时要让投资人相信自己能做好，并且比别人做得更好。至于壁垒、商业模式都是后话。

创业资源 >>>

创 客

网站名称：创客：http://www.v2ipo.com/

资源介绍：创客是创业者和投资人最佳的交流和创新创业投融资平台。创客在定位方面不再拘泥于传统的企业孵化器和简单的 PE 投资，而是贯彻左手投资、右手融资、产业整合的策略。通过与政府协作，提供系统化、全面化、专业化的产业培育管理团队，也与政府一起共同搭建培养创新型企业以及区域型企业发展建设的"基地"。创客拥有 600 人的政策、技术、经济、金融和管理专业团队，100 多名各行业领军专家的顾问咨询团队。汇集了超过 10 万项发明创新成果，6 000 余家遍布各产业的实业企业集群。通过创业投资成功支持 300 多家企业成功创业，具备独到的创业投资眼光与专业的资产管理能力。

第十一章　创业计划制订

> 　　创业对大多数人而言是一件极具诱惑力的事情，同时也是一件极具挑战的事。不是人人都能成功，也并非想象中那么困难。但任何一个梦想成功的人，倘若他知道创业需要策划、技术及创意的观念，那么成功已离他不远了。
>
> ——哈佛大学教授　拉　克

创业新知 ≫

创业大赛的制胜诀窍

美国麻省理工学院斯隆管理学院在创业方案大赛中积累的取胜诀窍如下：

1. 组建一个包括技术人才和管理人才在内的具有综合性技能的团队。组建起来的团队成员每人都能力十足，堪称创业家，同时又能灵活、协调、有效地工作，这是历届胜出团队的经验总结。

2. 开发出一种盈利模式，而不仅仅是一项发明。"仅仅说明你的产品或服务的性质还不够，还要清楚地阐明谁、为什么、在哪里、什么时候、如何做等这些关键问题。技术方面的东西不论如何具体，都不能取代清楚明确的市场营销方案"，这是往届胜者的经验之谈。仅仅是技术发明，而不构成一种盈利模式的创业方案不是一个好的方案。

3. 从各方面人士那里获取忠告，不论他们是同学、教师，还是竞争对手或家庭成员。

4. 分析顾客：他们在寻找什么？

5. 分析竞争对手：你有哪些他们不具备的长处？

6. 展示你有能力获得一种持续的、有竞争力的优势，例如你能够设立市场进入障碍，或是拥有自主知识产权，使得对手们无法夺取你的市场。千万记住告诉评审专家们，哪些人是你的顾客，他们如何能够从你的产品或服务中得到好处。

7. 写作的文字要直接、中肯。创业设计方案是需要呈交给创业大赛、创业园的评审专家，或是呈交给投资人的，而这些读者都会认真阅读你所提交的文字。要花费足够的时间和精力来撰写你的创业方案提要和创业方案全文，要严肃认真。

8. 制定你创业方案和时间安排时一定要实事求是、有根有据，避免好高骛远、不着边际。

9. 不要刻意在技术方面、质量方面和价格方面展开竞争。

10. 创业大赛的评审专家们，或者潜在的投资者们，能够吸引他们的是你如何分析出一大片市场空间，他们喜欢的是潜力巨大、增长快速的业务。如果你正在做的是如何创造一项业务，那你就能获胜了。

创业基础 »

一、创业有计划，成功更把握

"凡事预则立，不预则废"，做任何事情只有预先计划才能成功。创业活动与寻宝有许多共同之处，寻找宝藏是一件很艰苦的工作，需要大量的调查寻访活动，从成百上千的可能中判断宝藏的内容和埋藏点。所以寻宝首先需要的是一张寻宝图，以这张图为资本，筹集资金、雇用人员、租赁船只、购买特殊的设备等。对于创业者来说，创业计划就是寻宝者的寻宝图。如果没有这张图，创业者可能就会迷失方向而误入歧途。创业计划是整个创业过程的灵魂。

创业计划又称商业计划，是对构建一个企业的基本思想以及与企业创建有关的各种事项进行总体安排的文件，它从企业内部的人员、制度、管理以及企业的产品、营销、市场等各个方面对即将创建的企业进行可行性分析。创业计划包含创业定位、营销计划、财务计划、组织管理等，用来描述创办一个新的风险企业时所有相关的外部及内部要素。创业计划有时也叫行路图。创业计划主要回答三个问题：我们现在哪里？我们将去哪里？我们如何到达那里？

计划可以是短期的，也可以是长期的；可以是战略性的，也可以是操作性的。尽管不同的计划服务于不同的职能，但所有的计划都有一个重要目的，即在快速变化的市场环境下，为创业者提供指导准则和管理架构。

创业计划的基本目标有：

（一）分析和确定创业机遇与内容；

（二）说明创业者计划利用这一机遇发展新的产品或服务所要采取的方法；

（三）分析和确定企业能否成功的关键因素；

（四）确定实现创业所需要的资源以及取得这些资源的方法。

创业计划应该由创业者准备，然而在准备过程中，也可向其他人员咨询。律师、会计师、营销顾问、工程师等在创业计划的准备过程中都将起到非常重要的作用。为了确定是聘用一个顾问还是利用其他资源，创业者需要对自己的技能做一个客观的评价。

二、撰写计划有规律

车库科技创投公司（Garage Venture）的盖伊·川崎（Guy Kawasaki）将他的撰写商

业计划方法概括在一条"10—20—30 法则"中，对创业者撰写好商业计划很有借鉴意义。他建议，企业家在阐述商业计划时能用 10 张 PPT 在 20 分钟内用 30 号的字体将你的创业思想阐释清楚。

"10—20—30 法则"阐述了简洁对于商业计划书的重要性，不仅是内容，主要是思路。精简的内容意味着明确的思路，明确的思路意味着核心的优势。在竞争激烈，许多二三线队伍依赖细枝末节搏出位的中国创投市场，哪支团队要能靠雷打不动的核心竞争力吸引投资人，他们一定是行业中最优秀的。

当然，光简洁是不够的，一份好的商业计划书还应该具有以下重要因素：

（一）项目简介

你发现了什么需求，你拿出了什么解决方案，你的解决方案有什么优势。与很多创业者认为的不同，这部分根本不需要长篇大论。如果产品逻辑清晰，几句话就可以将痛点描述清楚。投资人不是普通用户，他们深谙行业的规矩，常识性解释无需一一写出，说明你的创新点所在即可。

（二）市场预期

有多少用户可能使用你的产品，百万级、千万级还是亿级？在中国，一个产品的目标用户停留在百万级，我们就认为它不算一个潜力巨大的产品。当然，市场预期不能仅看用户数量，一些用户数少但客单价高的产品或服务也可以被认为有很大的市场预期，比如各类 2B 服务（互联网市场领域的一种是企业对企业之间的营销关系）。但总体来说，更多的用户意味着更多的可能性，一个亿级的需求哪怕商业模式还不明确也是值得一投的——有用户就有转化！

（三）运营数据

有多少注册用户，多少活跃用户，网站有多少页面浏览量（PV），官微粉丝几位数，传播效果如何？有收入的话，收入怎样，利润怎样，平均客单价是否合理？投资人没法仅通过商业计划书就试用你的产品，因此运营数据成了产品以外最直观的体验。一点儿数据都没有的话，反省一下，是否该早点儿开始接触用户，别忘了精益创业啊。

（四）团队背景

主要分为两部分，你自己和你的团队。名校名企和知名项目的经历会给你一个优秀的标签，没有标签的创业者也不要气馁，你可以具体说说自己在相关行业的经验及成就。团队部分，要体现专人专用的思维，在合适的岗位打出合适的简历——这个人是谁，做过什么，现在负责什么，而不是粗暴地把一群牛人聚在一起。另外，区分合伙人及普通员工，不要让投资人以为你们的股权划分有问题。如果你没有合伙人？这种情况是很难融资的，先去扩充团队吧。

（五）渠道优势

名人明星创业，成熟企业转型，都会为新项目带来很多现有渠道。除此之外，你或团队的亲朋好友提供的资源，也请大大方方地摆出来。团队里有巨头出走员工，与巨头建立了合作关系，吸引了巨头的关注（邀请入驻孵化器、战略注资、并购意向等），这些都是渠道优势的一部分。但请注意：相比技术和团队，渠道优势并非真的优势，因为渠道是别人也可以用的。渠道仅作锦上添花，绝不能拿来当核心竞争力忽悠。

（六）产品壁垒

就是技术优势了，抄袭难度越大评分越高。要注意产品壁垒虽然很有价值，但这种价值要建立在产品本身价值的基础上，做一件别人根本没兴趣抄袭的事情是徒劳的。对于有市场的项目，我们将其壁垒分为如下五类：

• 不可能抄袭：存在某种绝对性的保障致使其技术或模式是不可能被抄袭的，常见于生物医药类产品或政府特许经营类产品。

• 抄袭难度很大：没有绝对的保障，但在技术上或模式上的复制门槛导致无法复制。比如有突出个性的团队或个人，eicoDesign、罗辑思维、马佳佳等。

• 有一定抄袭难度：在技术上或模式上可以复制，但需要耗费大量成本，大部分国内的技术性创业企业位于该层面。

• 抄袭门槛较低：模式和技术都比较清晰，只要组建好团队可以随时抄袭。

• 抄袭无门槛：该产品已经标准化，任何一个人都可以轻易地复制，如垂直类社区、垂直类媒体、无技术含量的硬件产品。

（七）刚性需求

根据马斯洛需求层次理论进行判断，看一个项目是不是瞄准了真实存在的需求，还是创业者自身的"矫情"。有足够潜力成长为大公司的项目一定试图满足人们更基础、更本质的需求，而看起来很不错现实中却实属小众的项目常常将注意力集中在了需求的塔尖。

（八）同业竞争

我们一般不相信某个创业项目会没有竞品或替代品。就算你没有写出，投资人也会自己思考、自己去查。竞品当然越少越好，竞品太多或者有太强大的对手时，比起思考怎样应对投资人，不如先想想还要不要做下去。将竞品写出来的好处是你可以同时写出相较他们的优势以及战胜他们的策略，而且可以避免投资人认为你思虑不足或缺乏信心。

（九）融资开价

你的估值是多少以及你出让多少股权。如何估值的问题我们会在之后的章节谈到。立场上，你的需求是估值越高越好，出让比例越低越好，而投资人正好相反。估值和出让比例可以人为调整，于是创业者和投资人有了博弈的空间。

（十）财务计划

你为什么需要融资。把你半年或一年内的预算写出来吧，这笔钱到手后怎么花，按照项目，也按照时间，定性也定量。粗陋甚至有漏洞的财务计划会令投资人提高警惕，所以预算一定要认真编制。这部分也是我接触到的商业计划书中最常被轻视的，中国创业者有必要提高企业的财务能力。

三、展示计划有技巧

（一）明确创业计划的展示对象

1. 企业内部（员工或股东）

表述清晰的书面商业计划，有助于澄清创业目标，协调团队的各项工作，增强团队凝聚力和行动力，激发团队一致行动向目标前进。

对于企业职能部门经理而言，通过分析各环节和未来战略目标的商业计划，能确保自己所做的工作与企业整体计划方向一致。

需要注意的是：商业计划必须严格保密，严防落入竞争者手中。为了保密，有些企业会限制商业计划的复本数量，对特定对象准备特定复本，并要求：不用时将计划放在文件柜或办公室锁好以确保安全。此外，在商业计划封面印刷"机密文件，未经许可，严禁复印"等字样。

2. 投资者和其他外部利益相关者

投资者、潜在商业伙伴、潜在客户、前来应聘的关键员工等外部利益相关者是创业计划的第二类读者。

要吸引这些人，创业计划不要过分乐观，过分乐观会破坏创业计划的信度。

创业计划必须明确显示商业创意可行，并与那些风险更小的投资选择相比，商业创意能给潜在投资者带来更高的资金回报；对于商业伙伴、客户和前来应聘的关键员工而言，仍须如此。

创业计划必须论证其商业创意的可行性，并开发出一套行之有效的商业模式，并深入认识所处的竞争环境。并注意要展现的事实，即用事实说话。

（二）向投资者陈述创业计划的技巧

1. 陈述准备

与投资者会面之前，创业者一定要准备好幻灯片，而且内容要以预订的陈述时间为限。

陈述的首要原则是严格遵守会议时间地点安排，做好充分准备。如果需要视听设备，应事先准备好。注意：不要花费太多时间纠缠于产品或服务的技术，要多花点时间陈述自己企业的自身情况；千万不要忘记重要材料（如申请专利的具体时间等），若创业者回答不上来或者模棱两可的话将给投资者留下很差的印象。

注意事项：（1）要确保陈述流畅通顺；（2）幻灯片要简洁鲜明；（3）陈述内容应通俗易懂（忌专业术语）；（4）陈述企业自身状况而非技术或产品；（5）避免遗忘一些重要的资料。

2. 陈述的关键点以及陈述技巧

陈述仅需要使用 10～15 张幻灯片，不追求全面，要抓重点，尤其是投资者可能感兴趣的部分。

公司：用 1 张幻灯片迅速说明企业概况和目标市场。

机会（尚待解决的问题和未满足的需求）：这是陈述的核心内容，最好占 2～3 张幻灯片。

解决方式：企业将如何解决问题或如何满足需求，该项内容需要 1～2 张幻灯片。

管理团队：用 1～2 张幻灯片简要介绍每个管理者的资格和优势。

产业、目标市场：用 1～2 张幻灯片介绍企业即将进入的产业及目标市场状况。

竞争者：用 1～2 张幻灯片简要介绍直接和间接竞争者，并详细介绍企业如何与目标市场中的现有企业竞争。

知识产权：用 1 张幻灯片介绍企业已有的或待批准的知识产权。

财务：简要说明即可。强调企业何时盈利，为此需要多少资本，以及何时实现现金流持平，最好用 2～3 张幻灯片。

需求、回购和退出战略：用 1 张幻灯片说明企业需求的资金数目及设想的退出战略。

3. 现场答辩与反馈

创业者要敏锐预见投资者可能会提出什么问题，为此创业者就可以做好准备。

投资者可能会用很挑剔的眼光看创业计划，这时，创业者可能会很泄气。其实，投资者仅仅是在做分内的事情，提出的问题可能会有很大的帮助，会给创业者很大启发的。

回答问题阶段是非常重要的，此时投资者往往考察创业者是否挖掘到问题的本质，以及对新创企业了解多少。

现场回答投资者问题要注意：

（1）对投资者问题的要点有准确理解，回答具有针对性而不是泛泛而谈；

（2）能在投资者提问结束后迅速做出回答，回答内容连贯、条理清楚；

（3）回答问题准确可信：回答问题建立在准确的事实和可信的逻辑推理上；

（4）特定方面的充分阐述：对投资者特别指出的方面能做出充分的说明和解释；

（5）整体答辩的逻辑性要求：陈述和回答的内容有整体一致性；

（6）团队成员在回答时有较好的配合，能协调合作、彼此互补，对相关领域的问题能阐述清楚。

四、参加大赛有帮助

大学生创业计划竞赛不是普通意义上的大学生的专业比赛。创业计划不是单纯的、个人的、集中在某一个专业的学生竞赛，而是以实际技术为背景，跨学科的优势互补的团队之间的综合较量。竞赛的意义也不局限于大学校园，从某种程度而言，创业计划竞赛是高等院校与现实社会和大学生与企业之间的互动与沟通。

参加创业计划大赛，创业者将有以下收益：

（一）系统学习创业知识

参赛者在创作创业计划的过程中，一般可以通过大赛提供的系统培训，以及学习、交流，全面地接受创业者所应具备的知识和技能训练。

参赛者通过参加竞赛，可以获得对产品或服务从构想变为现实的全局把握。在完成商业计划的过程中，培养沟通能力、说服能力、组织能力。在接受挑战的过程中，增强创业的勇气、信心和能力。参加项目大赛的经历本身也是一种财富。

（二）磨炼创业团队

参赛者通过比赛，可以结识未来创业的合作伙伴，参赛小组的成员将最有可能在将来形成创业合作关系，开创成功事业。在此过程中，创业团队可以得到磨合，磨炼团队创业能力，形成创业凝聚力。

参赛者将有机会加入一个充满智慧和活力的小组，与小组伙伴携起手来，接受挑战。参赛者将体验到前进中相互激励的力量，和交流中灵感火花的跳跃，以及成功时分享的喜悦。在这一过程中，参赛者会感受团队精神的力量，培养创业精神。

（三）积累商业资源网络

参赛者通过比赛，可以结识风险投资家。国内风险投资家若对本次大赛表示了浓厚兴趣，将对具有实际运作价值的作品，进行投资可行性分析。参赛者可以向风险投资家充分展现自己的产品或服务的巨大市场前景，为进一步创业赢得资金。参赛者还将结识商界和法律界人士，为将来创业建立良好的商业关系网络。同时，很多新闻单位对全国大赛比较关注，可以借助媒体向社会推荐自己和产品整体形象，为未来创业建立良好的媒体资源。

（四）验证完善创业计划

参加创业比赛的过程，就是设计、论证、实施、优化完善创业项目的实施方案的系统过程。参赛过程中，有创业团队的精心参与，有指导老师的专业指导，有大赛评委的精彩点评，有各参赛团队和参赛项目的交流，这些都是其他形式所不具备的创业论证优势。

创业思维 >>

一、创业一定要准备创业计划吗

问题：创业一定要准备创业计划吗，有了创业计划才能成功创业吗？

参考观点：

很多事实表明，创业，并一定要有创业计划，很多成功的创业者并没有准备创业计划。当时我们应该看到，准备创业计划对于创业有很多好处，如更好地了解市场，防范风险，等等。总之，对于大学生创业者来说，准备创业计划是非常有必要的。

初创企业的创始人不能一味地扩大营运规模，而应关注并妥善处理资金预算、市场预测，以及材料、人员之类的相关要素的协调等管理问题。如果这些问题没有做好充分准备，那么高速地增长只能带来巨大的风险。这一点，创业者在最初制订创业计划的时候就应牢牢地树立务实的思维。

很多创业者在创业的时候非常仓促，根本没有投入足够的时间对创业项目的可行性进行调研。大多数的创业者是因为急于求成，没有进行充分的市场调研。通常，一个创业者有了构想时会将其讲给合作者或家人听，以寻求肯定和认可。但他的内心并不非常渴望找寻事实真相，而是希望有人对他给予认可。有的创业者往往头脑一热拍脑袋凭直觉来决策，根本没有从自己最熟悉、最擅长的业务起步。只是道听途说某某行业好赚钱，就贸然投资，而在创业活动深入到一定程度后，方才发现自己的经验、知识、能力和人际关系都与创业项目不吻合甚至相差太远并导致失去竞争力。所以，创业者在创业初期，就要本着务实的精神，踏踏实实地结合自己的实际情况和能够整合的资源客观地制订创业计划，是最明智的选择。

二、投资人最看重的是什么

问题： 创业计划书常常是为了展示给投资人，期望得到投资。那么投资人最看重的是什么？

参考观点：

以下列举了几位知名投资人的投资原则，可以说代表了一些投资人的普遍看法。

（一）雷军：三条投资原则

作为创业者的雷军总结出他在互联网创业的"七字诀"秘诀：专注、极致、口碑和快。那么作为天使投资者的雷军，对于投资有何秘诀呢？

在同行眼中，雷军有两个特点：第一，他偏爱从大公司出来、有一定管理经验的人，而他之前没有做过；第二，你要想办法找到他身边熟悉的人来做介绍人，具备这两点基本上就能搞定他。

对于项目，就雷军个人风格而言，他特别关注的不是商业模式，而是市场规模。雷军更偏爱平均年龄35岁的创业者。而对大学刚毕业的人，雷军是不投的。在他看来，刚毕业的都最好不要创业，而最好是要么找个创业公司，要么找个大公司，先提高技能，有相应的商业网络，等一切都准备好了再创业。

雷军曾总结自己的三条投资原则：第一条就是人要靠谱、不熟不投；第二就是大方向没问题；第三个就是小方向被验证。

（二）徐小平：投资如看人

在他看来，天使投资最深的哲学，就是坚定不移地判断人，而不是判断模式。徐小平认为，天使投资人，应该有一颗天使的心，即对创业者无条件的爱和关怀。

如何判断人，徐小平有自己的四个角度：

1. 学习力：包括过去、现在和未来的学习能力，比如学历就代表一个人过去的学习能力。

2. 工作力：包括工作经验、技能和资源等。

3. 影响力：也叫个人魅力，就是感染他人的能力。

4. 坚持力：能够克服困难走过去。

另外，徐小平会从三个角度来判断团队：

1. 团队吸引力：团队成员之间是否有那种互相爱慕仰慕的情感，觉得能跟这个人一起工作很棒。

2. 团队互补力：团队成员间互补，但也不单纯地是指能力，也包括性格。

3. 团队协调力：一堆人一起做事，一定会有冲突，团队从冲突走到妥协的能力非常重要。

（三）蔡文胜：喜欢草根和千万用户

天使投资人、4399 董事长蔡文胜分享了他在寻找和挑选创业者时看中的三点：第一，从用户角度看产品价值；第二观察用户规模，规模越大，赚钱就容易；第三，看创业的团队。

第一，用户角度。"你做的这个事情，未来可发展的空间有多大。比如你现在告诉我你做的产品是基于 PC 方面的项目，我就没有多大兴趣。因为在我看来 PC 已经开始没落，这个趋势很清楚，大家也都知道。"

第二，用户规模。"产品初期，比如说关于小游戏的项目，一天 100 万的流量是没有意义的，因为赚不到多少钱。但如果对于某些行业，比如钢铁，虽然网站一天的访问量在 3 万，但它是有价值的，因为中国钢铁厂也就几百上千家，它的访问量足够，而且这个行业的价值太大了，你要赚它的钱就容易。"

第三，团队。"十年前，4399 都是一个人在做，但 2007、2008 年开始，个人再去做一个产品、一个公司就很困难了。'hao123' 在 2003 年的时候，一天就有一千万的访问量，但整个中国没几个人知道是谁做的，也不知道有这个网站，可以说是市场给了三年的时间，让它慢慢来做。但是今天，大家每天都在想做什么公司赚钱，包括大公司也虎视眈眈，很少有那种让你有三年的时间慢慢来的机会，所以我们需要有一个团队，能够很快地把事情做起来，包括找到一些互补。"

关于寻找项目，网站出身的蔡文胜指出，他会比较关注个人流量方面，"庞大的站长资源和市场上第一时间了解到的产品相关数据，是两个很重要的渠道。第三个就是朋友同人之间的介绍"。

（四）熊晓鸽：只琢磨 3 件事

在熊晓鸽看来风投就像漂流，一定要看对河流，看对河流往前划就行了，只要不被淹死，总能游到目的地，到的早一点儿赚钱就会多一点儿，到晚一点儿赚得就少一点儿。

"我的工作就是做投资，只琢磨 3 件事：一是市场，二是产品，三是管理团队。实际上，最根本的就是琢磨人。琢磨一个项目进入的时机，还要观察项目的团队对资本的复杂态度。"

对于团队和项目哪个更重要？熊晓鸽指出，选对了河流，团队就是划船的舵手，本事好一点儿就不翻船，能够很快到达终点；本事差一点儿可能就会翻船，所以团队是这里面最重要的一环。

创业技能 >>

技能训练一　创业计划书的目录

编写一份创业计划书，包括哪些内容？

先编写一份目录，然后和下面这份目录进行对照，看看有什么不同。

完善你的目录，并和同学讨论为了写好这份创业计划书，你需要做哪些准备？

××公司创业计划书

目　录

1.0　内容概要

1.1　公司介绍

1.2　公司服务

1.3　组织管理

1.4　公司战略与文化

1.5　市场分析

1.6　营销策略

1.7　财务分析

1.8　风险分析

1.9　退出机制

2.0　公司描述

2.1　公司简介

2.2　公司战略

2.3　组织管理

2.4　企业文化

3.0　市场分析

3.1　外部环境

3.2　行业分析

3.3　市场调研

3.4　消费者定位

3.5　竞争分析

4.0　公司服务

4.1　服务总概

4.2　具体服务

5.0　营销策略

5.1　营销战略

5.2　营销目标

5.3　营销手段

6.0　财务分析

6.1　总投资估算

6.2　成本费用估算

6.3　主营业务收入预测

6.4　预计财务报表

6.5　财务假设

6.6　财务分析

6.7　敏感性分析

6.8　审计

7.0　风险分析

7.1　市场风险

7.2　管理风险

7.3　财务风险

8.0　风险资本的退出

9.0　附录

9.1　××公司市场调查报告

9.2　公司筹备日历

9.3　服务流程

9.4　服务质量差距分析模式

9.5　竞争者分析

9.6　团队介绍

技能训练二　百万横财游戏

一、根据小组创业项目，让小组讨论成立公司的启动资金及未来半年与 1 年的资金需求预测。

二、让小组用彩笔在白纸上画出拟成立公司的发展阶段及其规划草图。要用收入规模、员工数量、市场范围与规模等进行描述。

三、给小组派发 5 万元的支票，要求他们必须在接下来的 6 个月内将全部用在公司的成长上。然后让学生列出用这 5 万元完成的最关键的 5 件事情。

四、派发 50 万元支票，重复步骤 3 的活动。

五、派发 500 万元支票，重复步骤 3 的活动。

六、让学生重绘使用 500 万元后的企业发展草图。

七、分析讨论：在此变化过程中，企业发展的目标愿景与规划发生了什么变化？现在分析最原始的公司发展草图如何？有支票后的 3 张图分别包含哪些内容？最后一张图的不同之处在哪里？现在的想法如何？

八、结论：通过"资金""市场"和"管理"三个模块，进行结构化分析思考，在企业成长过程中，三者之间的关系如何？

创业实践 》》

制作路演 PPT

路演时，创业者如何吸引到投资人的注意力？该如何制作自己的路演 PPT？你可以试着通过 9 页 PPT 来完成。

第 1 页：你是谁——品牌名称，创始人姓名及身份。此处可做简单的自我介绍。

第 2 页：你解决的是什么问题（市场）——直奔痛点，看看你是"帮世界解决问题"的产品还是"给世界制造问题"的产品。一般来说，当然是前者比较靠谱。

第 3～4 页：你是怎么解决这个问题的（产品、逻辑）——你推出了什么样的产品，这个产品是怎样把问题解决掉的？产品是否成熟，整个业务是否能通畅地跑下来，还是遇到了难以跨越的障碍？一般来讲，到了融资这一步，你应该已经解决掉产品逻辑上所有的障碍了。

第 5～6 页：为什么是你能解决这个问题（优势、竞品分析）——你的核心竞争力在哪儿，为什么别人都没做就你做了，为什么别人都没做成就你做成了，为什么别人以后都会被你超越？如果你并没有能够显然超越别人的优势，之前空谈市场都是白搭。

第 7 页：你们已经做了什么（里程碑）——主要是为了表示你并不是拿着一个 idea 就来融资了，以及用已有的运营数据证明你们的这套思路是可行的，流程是可以顺下来的。不曾经过用户测试的产品不是好产品，更复杂的业务需要的也不只是用户的测试，而是要与合作伙伴、上下游都形成对接，并且能自然获取更多用户。这些复杂的内容，真的做到了就比什么设想都强。

第8页：团队——豪华版的自我介绍，当然也不是读简历，主要是说明团队没有短板而且各司其职、人尽其才，与项目无关的经历就不要多说了。

第9页：财务预估，融资信息——你的融资是为了什么，有了融资能在半年或一年内实现什么样的增长，融资到手怎么花，这些就是细节问题了，与产品关系不大，但仍然要合理。出来融资，最好别是因为活不下去了，而应该是追求更快的成长。

按照以上规则制作的商业计划书，简明扼要地指出了投资人最在乎的问题，最透明地剖析了产品的核心逻辑，就事论事，直入主题，十分抓人眼球。这种BP是日常展示用和融资路演用两相宜的，是一种质朴、务实的计划书。

写作这种计划书的同时，创业者自身也得以梳理思路，理顺产品逻辑。如果由此在见投资人前先发现问题并作出更改，就更是好事。

当然，这种计划书表面上是写作技巧，实质上要求的还是产品本身足够合理、足够优秀。不瞄准痛点的，逻辑不通的，竞品过多的，没经过验证的产品，再怎么写计划书也是无济于事。

创业榜样 》》

从计划开始创业的大学生

一个大学生将参加商业计划大赛、撰写商业计划看作重要手段，帮助自己构建了有关"爱语吧网"的思路，选定了正确的功能效用，整合了各部分要素，获得了资金等各项支持。

在2011年中国第一届移动云计算硕士研究生专业开学典礼后，北京航空航天大学软件学院刚刚入学的穆德国同学向软件学院创业中心的评判专家们陈述了自己的商业创意：在中国有4亿人在学英语，这是一个很了不起的市场。随着移动技术的发展和人们的时间碎片化，移动学习将会极大满足人们对学英语的需求。专家们在赞同这个观点的同时，决定成立软件学院"爱语吧"创业实验室，聘请穆德国担任"爱语吧"实验室执行主任，带领移动云计算和交互式设计硕士研究生，学习、开发、应用相结合参与创新、创意、创业，打造最好的外语学习应用平台。

穆德国及其同伴具有技术天赋，在成立"爱语吧"实验室之前，他们开发了几款英语学习试用品，发布到人人网和QQ空间并获得了初步成功。其中基于Flash开发的四六级听力应用拥有50万用户，深受大学生的欢迎。当他们继续工作并获得其他人的反馈后，就开始将群组平台当成一个商业创意。

"爱语吧"经过一年多的成长，已经成功研发出数十款外语学习应用产品，包括VOA慢速英语和常速英语、BBC六分钟英语、英语四六级听力、爱语背单词、美语怎么说，还有日语听力、网页应用、Android应用、苹果平台的iphone和ipad应用等，在国内拥有

400 多万用户。其中在 2012 年年底推出的六款 VOA 系列应用，全部进入苹果商店新品推荐，占据了新品推荐中前 10 名的 6 个名额，确立了"爱语吧"在外语学习应用方面的领先地位。2012 年 9 月 27 日 CCTV《共同关注》栏目报道了这一创新的校园孵化器模式，得到了社会各界的赞同。如今"爱语吧"已经同培生、北语社等国内外知名的出版机构建立了良好的合作关系，并成为北京开放大学官方英语学习平台。

"爱语吧"正逐渐发展起来，穆德国等人打算继续完善他们的商业计划，参加其他商业融资计划。

创业资源 >>

创业计划书：从创意到方案

图书：《创业计划书：从创意到方案》

作者：布鲁斯·R. 巴林杰（Bruce R. Barringer），美国俄克拉荷马州立大学创业学院小马隆·米切尔基金会的主席，并兼任创业学院院长，曾先后获得密苏里大学博士学位，艾奥瓦州立大学工商管理硕士（MBA）学位。曾为许多以技术为基础的孵化器提供服务，积极参与由学生为主导的创业与创业俱乐部活动。

资源介绍：本书提供了创业计划书写作每一步的指导意见，能够让读者去深入思考创建企业的过程中所遇到的一些重要问题，这可能是本书最引人注目的突出优势。通过把一份完整的创业计划书贯穿于全书的每一章，从而使此份创业计划书撰写中所考虑的问题可以为希望创建企业的读者提供借鉴，也为他们撰写创业计划书提供了模板。读书对象：本书既可用于本科生、MBA 和研究生的创业计划课程，也可供从事创业咨询活动的专家参考。

第十二章 创办新企业

> 成功企业的 9F 要素：创办人（founder）、抓住重点（focus）、决策迅速（fast）、机动灵活（flexible）、不断创新（forever innovating）、精简机构（flat）、精打细算（frugal）、待人友好（friendly）和充满乐趣（fun）。
>
> ——《网上创业理论与实践》

创业新知 >>

十大创业新政

2015 年 4 月 27 日，国务院以国发〔2015〕23 号印发《关于进一步做好新形势下就业创业工作的意见》，部署进一步促进就业鼓励创业，以稳就业惠民生助发展，这是指导当前和今后一个时期就业创业工作的纲领性文件。对《意见》进行梳理，总结为以下十大创业新政：

（一）民办企业"三证合一"

深化商事制度改革，进一步落实注册资本登记制度改革，坚决推行工商营业执照、组织机构代码证、税务登记证"三证合一"，年内出台推进"三证合一"登记制度改革意见和统一社会信用代码方案，实现"一照一码"。

（二）注册企业场所可"一址多照"

放宽新注册企业场所登记条件限制，推动"一址多照"、集群注册等住所登记改革。

（三）推进创客空间等孵化模式

总结推广创客空间、创业咖啡、创新工场等新型孵化模式，加快发展市场化、专业化、集成化、网络化的众创空间，实现创新与创业、线上与线下、孵化与投资相结合，为创业者提供低成本、便利化、全要素、开放式的综合服务平台和发展空间。

（四）众创空间税收优惠

落实科技企业孵化器、大学科技园的税收优惠政策，对符合条件的众创空间等新型孵化机构适用科技企业孵化器税收优惠政策。有条件的地方可对众创空间的房租、宽带网络、公共软件等给予适当补贴。

（五）创业担保贷款提高额度

将小额担保贷款调整为创业担保贷款，针对有创业要求、具备一定创业条件但缺乏创业资金的就业重点群体和困难人员，提高其金融服务可获得性，明确支持对象、标准和条件，贷款最高额度由针对不同群体的 5 万元、8 万元、10 万元不等统一调整为 10 万元。鼓励金融机构参照贷款基础利率，结合风险分担情况，合理确定贷款利率水平，对个人发放的创业担保贷款，在贷款基础利率基础上上浮 3 个百分点以内的，由财政给予贴息。

（六）整合发展就业创业基金

整合发展高校毕业生就业创业基金，完善管理体制和市场化运行机制，实现基金滚动使用，为高校毕业生就业创业提供支持。

（七）税收减免

高校毕业生等重点群体创办个体工商户、个人独资企业的，可依法享受税收减免政策。毕业年度内高校毕业生从事个体经营，在 3 年内以每户每年 8 000 元为限额依次扣减当年应缴纳的营业税、城市维护建设税、教育费附加、地方教育附加和个人所得税，限额标准最高可上浮 20%。

（八）优先转移科技成果

鼓励利用财政性资金设立的科研机构、普通高校、职业院校，通过合作实施、转让、许可和投资等方式，向高校毕业生创设的小微企业优先转移科技成果。

（九）支持举办创新创业活动

支持举办创业训练营、创业创新大赛、创新成果和创业项目展示推介等活动，搭建创业者交流平台，培育创业文化，营造鼓励创业、宽容失败的良好社会氛围，让大众创业、万众创新蔚然成风。对劳动者创办社会组织、从事网络创业符合条件的，给予相应创业扶持政策。

（十）大力加强创业教育

把创新创业课程纳入国民教育体系。《国务院办公厅关于深化高等学校创新创业教育改革的实施意见》（国办发〔2015〕36 号）从健全创新创业教育课程体系、创新人才培养机制、改进创业指导服务等 9 个方面促进大学生创新创业。

创业基础 》》

一、企业创立有条件

创业者在决定创业之前，首先应该清楚自己该不该设立企业，以及何时设立。大量的调查表明，企业的设立时机得当与否对新创企业的成功有着重要的影响。一般来说，具备以下一个或几个条件时，企业的设立才有可能成功。

（一）具备了设立企业的外部环境

创业需要有适当的制度环境、政策环境、金融环境、市场环境、科技环境和人文环境等。传统计划经济时期个人无法创业，原因关键在于那时缺少个人创业的经济制度与政策环境。良好的外部环境也为很多创业者提供了设立企业的良好时机。

政府对创业者的帮助和支持表现在对新创企业提供包括房产、水电、通信方面的基础设施，鼓励创业的财政支持和税收等方面的政策支持，以及对特定行业的发展支持等。没有政府政策的支持，新创企业很难在艰苦的投入大于收益的阶段获得持续的发展动力和回报。比如，政府对于高科技企业的创办给予了良好的支持，包括制定具有引导性的政策、制定新的法律法规；建立高新技术创业园区、减免部分新创企业税收；提高新创企业的审批效率；鼓励留学人员创业等。创业者在做出创业决策时，需要考虑新创企业的产品和服务是否符合当地政府的要求，企业的经营业务将受到政府鼓励还是抑制。能够享受哪些优惠政策，需要履行怎样的企业义务。

（二）有了强烈的做老板的意识

很多创业者在强烈的做老板的意识下创立了自己的企业。对很多人来说，在一个公司里做一般甚至高级员工，有较高的薪资或比较舒适的办公环境以及较好的福利，按照公司统一的战略规划及统一的步调进行日复一日、年复一年的那份工作。自己创办企业基本上可以选择自己喜爱的事业去开创，按照自己喜欢的方式去做自己喜欢的事情。在自己创办的企业里为自己工作，做自己喜欢的事情，实现自己的人生理想和抱负，是大多数创业者的创业动因。显然，一个没有做老板的欲望的人是无法创业的。因为他不可能有应对创业之挑战、机遇、困难、烦恼的任何心理准备。即使他受人挑动，或盲目上阵创办企业，也必然会败下阵来。也正是在这种强烈的自己做老板的意识驱动下，很多企业应时而生。

（三）出现了有利的市场机会

很多很好的商业机会并不是突然出现的，而是对于"一个有准备的头脑"的一种"回报"。或是当一个识别市场机会的机制建立起来之后才会出现，例如，一个创业者在每一次酒会上都询问与会者，是否在使用某种产品的时候发现有什么不够令人满意之处；另一个创业者则时时关注着他的外甥和侄女正在玩什么玩具，他们是否对玩具感到满意。市场机会的出现是创业者意识到机会的到来，有准备的创业者会适时创立自己的企业。

寻找市场空白，这可能是最直接有效的发掘有利市场机会的方法了。有空白就存在着巨大的消费需求。但问题是创业者本人看到的市场空白别人往往也能看到，即使你先看到，以后也容易被后来者模仿甚至超越。在温州有一个拥有千万资产的人叫叶建林，他创业成功的秘密就是"生意一火就转行"。从开酒楼始，到大排档，火锅店，每一次他都创当地行业之先河，而且盈利颇丰。道理就在于他能敏锐地发现和抓住市场空白，捷足先登。

（四）开发了能创造市场的产品

这是创业者起步创业最为直接的可能性。清华大学材料系学生邱虹云发明了多媒体超大屏幕投影电视，该产品曾在清华大学第二届学生创业大赛获得一等奖及首届全国大学生科技创业大赛一等奖，被专家称之为"具有革命意义的产品"。1999年5月，以这一技术为核心技术，由当时清华大学几名在校学生创立的高科技企业视美乐科技发展公司注册成立了。由于其产品具有广阔的市场潜力，视美乐公司很快于1999年7月获得上海市第一百货商店股份有限公司250万元的风险投资，从此走上了快速发展的道路。

（五）有了能创造市场的商业模式

21世纪是信息世纪，互联网的飞速发展极大地推动了信息的数字化和网络化，信息的获取和传递变得非常容易。目前网上用户已超过5亿人，一些著名的大公司和中小公司纷纷上网，通过互联网获取和发布信息，直接进行网上交易。借助互联网的顾客可以随时在网上购物，公司也可以利用互联网为消费者提供适时、特定服务，企业之间也可以通过互联网进行产品销售或购买，因此在互联网上蕴藏着大量的商机。

由于B2C（企业对顾客）模式在中国已经有了一定的发展。同时，从美国、欧洲等发达国家电子商务已经取得的成绩来看，B2B电子商务在未来具有很好的发展前景，一大批B2B电子商务公司在世界各地不断地涌现出来。由此可以看到，一个有着巨大市场潜力的商业模式也能带动大批企业的创立。

（六）有机会掌握独立创业的独特资源

这里说的独特资源有很多种，例如获得了某种有利于自己独立创业的特许权也是一种独特资源。创业者一旦拥有了这类权利，就不会遇到过多的竞争者，就不会进入一个拥挤的市场，创业成功的概率自然会大大提高。

二、选择企业的组织形式

创业者在创立企业的时候，必须解决的一个重要问题是企业应选择什么样的法律组织形式。这个决策主要取决于创业者和公司投资者的目标，并考虑纳税地位、承担的法律责任及在企业经营和融资活动中的灵活性。

依据我国现行法律规定，个人创立新企业的法律形式主要有有限责任公司、合伙企业、个人独资企业、个体工商户等。不同的企业类型有着不同的设立条件和注册资本限额。

• 有限责任公司。又称有限公司，是指符合法律规定的股东出资组建，股东以其出资额为限对公司承担责任，公司以其全部资产对公司的债务承担责任的企业法人。

• 合伙企业。是指自然人、法人和其他组织依照《中华人民共和国合伙企业法》在中国境内设立的普通合伙企业和有限合伙企业。合伙企业由各合伙人订立合伙协议，共同出资、合伙经营、共享收益、共担风险，并对合伙企业债务承担无限连带责任。

• 个人独资企业。简称独资企业，是指由一个自然人投资，全部资产为投资人所有的营利性经济组织。独资企业是一种很古老的企业形式，至今仍广泛运用于商业经营中，其典型特征是个人出资、个人经营、个人自负盈亏和自担风险。

· 个体工商户。是在法律允许的范围之内，依法经核准登记，从事工商业经营的自然人。

通过以上分析，我们可以看出企业的不同法律形式之间的区别，创业者选择自己的法律形式时，要从下面四个方面认定：（一）业主数量和注册资本；（二）成立条件；（三）经营特征；（四）利润分配和债务责任。

一个新创企业可以选择不同组织形式，或者由一个独立体创办单一业主制企业，或者由几个人创办合伙制企业，或者成立法人公司制企业。但无论选择怎样的形式，都必须根据国家的法律法规要求和新创企业的实际，科学衡量各种组织形式的利弊，决定合适的组织形式。

（一）不同形式企业中创业者的权利与义务比较

1. 个人独资企业

个人独资企业由自然人个人投资建立，其所有权属于投资者个人，投资者对该企业拥有绝对的管理、处分和收益权。投资者在个人独资企业的各项权利受到法律的保护，任何单位和个人不得违反法律、行政法规的规定，以任何方式强制个人独资企业提供财力、物力、人力；对于违法强制其提供财力、物力、人力的行为，个人独资企业有权拒绝；任何侵犯个人独资企业及个人独资企业投资者合法权益的行为，将会受到法律的制裁。

而在个人独资企业的责任方式上，基于投资者与企业的密切联系，其个人财产与企业财产紧密相连，个人独资的所有者应当就个人独资企业的债务承担无限连带责任。当企业的财产不能够偿还企业债务时，所有者必须以个人的其他财产承担偿还债务的责任。

2. 合伙企业

合伙企业由两个或两个以上合伙人，通过订立合伙协议而建立。因此，合伙人对合伙企业的权利和义务，主要体现在对内关系和对外关系上。

对内关系，即合伙人之间、合伙人与合伙企业之间的权利义务关系。对内关系主要由合伙协议所确定。一般来说，合伙人享有的权利包括：亲自或选举代表管理企业事务的权利、决定企业重大事务的权利、了解企业财务和经营状况的权利、对企业事务提出异议的权利、分配企业利润的权利、退出合伙企业的权利。合伙人对企业权力的大小及行使的方法一般都在合伙协议中作出约定，合伙人之间的关系应当严格按照合伙协议及有关的法律来认定。

而在对内义务上，合伙人不得自营或者同他人合作经营与本合伙企业相竞争的业务；除合伙协议另有约定或者经全体合伙人同意外，合伙人不得同本合伙企业进行交易。此外，代表其他合伙人执行合伙企业事务的合伙人，在经营合伙企业时，还应当尽到合理的义务。如果因其故意或者重大过失，给合伙企业造成损失的，依法承担赔偿责任。

对外关系，即合伙人与第三人之间的权利义务关系，一般情况下，合伙人的个人财产与合伙企业的财产不发生联系，合伙人不对合伙企业与第三人的行为承担义务。但是作为例外，当合伙企业的债务过高，企业财产不足以清偿到期债务时，合伙人的个人财产与企业的财产就发生了联系，各合伙人应当就企业的债务承担连带责任。值得注意的是各合伙人承担连带责任的清偿比例应当按照合伙协定对利润和损失的分配比例来计算。合伙人由于承担连带责任，所清偿额超过其应当承担的数额时，有权向其他合伙人追偿。

同样，合伙人与其债权人的债务关系，并不等同于企业与合伙人之债权人的债务关系。《中华人民共和国合伙企业法》规定合伙企业中某一合伙人的债权人，不得以该债权抵消其对合伙企业的债权；合伙人个人负有债务，其债权人不得代为行使合伙人在合伙企业中的权利。合伙人个人财产不足清偿其个人所负债务的，该合伙人只能以其从合伙企业中分取的收益用于清偿；债权人也可以依法请求人民法院强制执行该合伙人在合伙企业中的财产份额用于清偿。

3. 有限责任公司

在有限责任公司当中，公司财产与股东的个人财产是严格相分离的，公司股东只就其出资额为限对公司承担责任，而公司以其全部资产对公司的债务承担责任。因此，创业者在有限责任公司的权利更体现为一种对内的股东权利。主要表现如下：

股东有权查阅股东会会议记录和公司财务会计报告。股东按照出资比例分取红利。公司新增资本时，股东可以优先认缴出资。但股东在公司登记后，不得抽回出资。股东之间可以相互转让其全部出资或者部分出资。股东向股东以外的人转让其出资时，必须经全体股东的半数以上同意；不同意转让的股东应当购买该转让的出资，如果不购买该转让的出资，视为同意转让。经股东同意转让的出资，在同等条件下，其他股东对该出资有优先购买权。

有限责任公司股东会由全体股东组成，股东会是公司的权力机构，享有广泛的权利。包括：决定公司的经营方针和投资计划；选举和更换董事，决定有关董事的报酬事项；选举和更换由股东代表出任的监事，决定有关监事的报酬事项；审议批准董事会的报告；审议批准监事会或者监事的报告；审议批准公司的年度财务预算方案、决算方案；审议批准公司的利润分配方案和弥补亏损方案；对公司增加或者减少注册资本作出决议；对发行公司债券作出决议；对股东向股东以外的人转让出资作出决议；对公司合并、分立、变更公司形式、解散和清算等事项作出决议；制订公司章程。

此外，因为有限责任公司的规模一般较小，多数情况下，有限责任公司的股东也会担任公司的董事长、总经理等高级管理职务，此时，该股东就享有了对公司内部事务的管理权、公司外部事务的代表权，也享有依据其工作而获得报酬及其他福利的权力。但同时也承担着受股东会监督，忠实勤勉履行管理职责的义务。

（二）不同法律形式企业的利弊比较

不同的企业制度不仅在法律形式与规定上有着较大的差别，而且其适用程度随创业者选择的新企业的法律制度的不同而有很大的变化。因此有必要对创业者所选择的各种法律形式进行利弊比较分析。

1. 从新事业启动成本方面进行分析

对于白手起家的创业者而言，启动成本无疑是他们创建自己企业的第一屏障。越复杂的组织，创办成本也越高。相比来讲，费用最少的是个人独资企业，只有注册企业或商品名的费用。在合伙企业中，除注册外还要订立合伙协议，这就涉及一些专业中介机构的咨询成本及谈判成本。有限责任公司和股份有限公司相对来讲比较"昂贵"，因为其在成立前需要履行一系列法律所规定的程序，这就不可避免地会产生一系列费用。

2. 从新事业的稳定性方面进行分析

无论对于创业者、投资者还是消费者，企业能否长久的存续，是否能够稳定地发展下去都是他们最关心的问题之一。个人独资企业完全是基于创业者个人能力、资金等因素而建立起来的，如果创业者死亡或个人情况发生改变，独资企业的稳定性就会发生动摇。而在合伙企业中，合伙人之间的信任是建立合伙企业的基础，合伙人之一的死亡、退出或信赖基础的丧失都可能导致合伙企业结束。我国的合伙企业法对入伙和退伙做出了具体的规定，退伙包括正常退伙、当然退伙和强制退伙。有限责任公司与股份有限公司在各种企业形式中拥有最好的稳定性，由于董事会在公司治理中起到了十分重要的督导作用，股东的死亡或退出对企业的连续性基本上无太大的影响。

3. 从权益的可转让性方面进行分析

所有者对于企业的权益是否容易转让决定着所有者财产的流动程度。当利润一定时，创业者都会努力持有流动性高的资产，反之亦然。在个人独资企业里，创业者有权随时出售或转让企业的任何资产。在合伙企业中，除非合伙协议允许或其他合伙人同意，合伙人一般不能出售企业的任何权益。而在有限责任公司与股份有限公司里，股东在出售企业的权益方面有很大的自由。特别是股份有限公司，一般股东可以在任何时间不经其他股东同意就转让自己的股份。当然，由于股权分置等历史原因，我国的公司法对股份有限公司的股份转让规定了某些限制，如：发起人持有的本公司股份，自公司成立之日起 3 年内不得转让。公司董事、监事、经理应当向公司申报所持有的本公司的股份，并在任职期间内不得转让。

4. 从获得增加资金的方面分析

一般而言，新创企业增加资金的机会和能力依据企业形式的不同而有很大的区别。对个人独资企业而言，任何新资金只能来自于一些贷款和创业者个人的追加投资。合伙企业可以从银行借贷，也可以要求每个合伙人追加投资或者吸收新的合伙人。而在有限责任公司与股份有限公司里则有很多途径可以增加资金，要比企业的其他法律形式有更多的选择渠道。股份有限公司可以发行股票、发行债券、发行可转债或者直接向银行贷款。

5. 从管理控制方面分析

在许多新创企业中，创业者希望尽可能多地保留对公司的控制权。每种企业形式都给管理控制和决策责任带来不同的机会和问题。在个人独资企业里，创业者有最大的控制权，可以灵活制订企业决策。在合伙企业中，一般由合伙人根据合伙协议协商解决日常及关键性问题。而有限责任公司与股份有限公司的日常业务控制权掌握在职业经理的手中，但大股东却有权投票决定公司较重要的长期决策。按照公司制的设计要求，法人公司中的管理权和控制权进行了适当的分离。

6. 从利润与损失的分配方面分析

毋庸置疑，利润最大化和损失最小化是创业者的目标，因此利润与损失分配问题也是创业者选择企业法律形式时需要着重考虑的问题。个人独资企业的业主取得企业经营中的所有利润，同时他们也要为经营中所有损失承担无限责任；在合伙企业里，利润与损失的分配取决于合伙人出资的份额或合伙协议；有限责任公司与股份有限公司一般严格按照股东的出资比例分配利润和承担损失。

7. 从对筹资吸引力方面分析

由于个人独资企业和合伙企业对企业的债务承担无限责任，因此任何债务性融资对他们来讲都是一件需要慎重考虑的决策；相比而言，股份有限公司和有限责任公司仅对企业的债务承担有限责任，因此，无论是债务性融资还是权益性融资都对公司的吸引力要强许多，当然，公司实力越优越，筹资就越容易。

三、初创企业的生存法则

（一）以生存为主要目标

新创企业的首要任务是从无到有，把自己的产品或服务卖出去，掘到第一桶金，从而在市场上找到立足点，使自己生存下来。在创业阶段，生存是第一位的，一切围绕生存运作，一切危及生存的做法都应避免。最忌讳的是在创业阶段提出不切实际的扩张目标，盲目铺摊子、上规模，结果只能是"企而不立，跨而不行"。那么如何生存呢？只有赚钱。在创业阶段，亏损，赚钱，又亏损，又赚钱，可能要经历多次反复，直到最终持续稳定地赚钱，才算是度过了创业的生存阶段。创业企业要超越已有的竞争对手，一定要探索到新的成功的生存模式，这是新创创业管理的本质所在。

（二）依靠自有资金创造自由现金流

现金对企业来说就像是人的血液，企业可以承受暂时的亏损，但不能承受现金流的中断，这也是笔者为什么强调"赚钱"而不是"盈利"的原因。什么是企业的自由现金流呢？就是不包括融资，不包括资本支出，以及不包括纳税和利息支出的经营活动净现金流。自由现金流一旦出现赤字，企业将发生偿债危机，可能导致破产。自由现金流的大小直接反映企业的赚钱能力，它不仅是创业阶段也是成长阶段管理的重点，区别在于对新创企业管理来说，由于融资条件苛刻，只能主要依靠自有资金运作来创造自由现金流，从而管理难度更大。新创企业管理要求创业者必须锱铢必较，像花自己的钱那样花企业的钱，千方百计增收节支、加速周转、控制发展节奏。

（三）创业者参与每一个细节

创业过来人大都有过这样的体验：曾经直接向顾客推销过产品，亲自与供应商谈判过扣点，亲自到车间里追踪过顾客急要的订单，在库房里卸过货、装过车，跑过银行，催过账，策划过新产品方案，制订过工资计划，被经销商骗过，让顾客当面训斥过，等等。这才叫创业，要不一切怎么会从无到有？由于对经营全过程的细节了如指掌，才使得生意越做越精。

（四）分工足够明确

新创创业管理是充分调动"所有的人做所有的事"的团队管理方式。新企业在初创时，尽管建立了正式的部门结构，但很少有按正式组织方式运作的。典型的情况是，虽然有名义上的分工，但运作起来是哪急、哪紧、哪需要，就都往哪里去。这种看似的"混乱"，实际是一种高度"有序"的状态。每个人都清楚组织的目标和自己应当如何为组织目标做贡献，没有人计较得失，没有人计较越权或越级，相互之间只有角色的划分，没有职位的区别，这才叫作团队精神。即使将来事业发展了，组织规范化了，这种精神仍在，成为企业的文化。在创业阶段，创业者必须尽力使新企业成为真正的团队，否则是很难成功的。

（五）彻底奉行"顾客至上，诚信为本"的管理方式

创业的第一步，就是把企业的产品或服务卖给顾客，这真是一种惊险的跨越，如果不是顾客肯付钱，怎么收回成本还加上利润？企业是发自生存的需要把顾客当作衣食父母的。经历过创业艰难的企业家，一生都会把顾客放在第一位，可以说是铭心刻骨。再有，谁会借钱给没听说过的企业？谁会买没听说过的企业的东西？谁会加入没听说过的企业？企业靠什么迈出这三步？靠的是诚信，也只有靠诚信。所以，一个企业的核心价值观不是后人杜撰的，是创业阶段自然形成的。

四、管理企业要学会解决问题

在初创阶段，由于往往是瞄准某一市场空白点而来，如果推销工作做得好，企业的成长性往往很好，投资回报率相对于其他阶段要高出许多，企业销售收入能够获得快速增长。由于已有资源不多，企业觉得承担风险的代价不大，勇于冒险，创业者充满了探索精神。由于创业者充满对未来的期望，往往能够容忍暂时的失误，因此这一时期的创业者对未来的期望值大于已有成就，内部结构简单，办事效率较高等，都是创业初期的典型优势。但也正因为以上优势，当企业由小到大快速成长之后，随着人员的膨胀、市场的扩展等，一些管理问题随之而来。

管理创业企业，一定要学会解决问题。解决问题的方法有很多，每个创业者都会在创业的过程中摸索出一套自己的制胜方案。作为创业者，要意识到新企业可能面对的几大问题，从而做好准备。

（一）资金问题

低估对现金和经营资金的需要是较普遍的现象，这源于创业初期创业者典型的热情心态。对于确定所要承担的义务而言，热情很有作用，不可或缺，而对资金需要的客观看法却与这种富有幻想的热情不相容。这种倾向实际上就是把成功的目标定得很高，而低估了对资金的需求。并且，企业的销量越大，出现资金不足问题的可能性就越大。一个企业的平均年销售增长要是超过35％，企业的自有资金一般就不足以支撑这种增长，此时就难免

遇到周转上的困难。

为获得资金，企业常常犯一些基本的错误，如把短期贷款用于较长时间才能产生效益的投资项目；开始用折扣刺激现金流的产生，有时折扣太大以至于不足以弥补变动成本，结果是卖得越多、亏得越大；把股份转让给对"事业"毫无怜悯心的风险资本家，等等。

创业者应该逐渐重视企业的现金流量、贷款结构和融资成本等，必须要有符合实际的经营计划，而且要以"周"为单位来监控现金流量。记账的重点是现金流量，权责发生制会计虽有利于纳税和赢利分析，但对于及时监控企业生存却不见得有利。严格监控应收账目周转率和存贷周转率也是防止经营资金不必要增加的基本手段。

（二）制度问题

创业初期，企业要不断面对毫无准备的各种问题，如顾客投诉、供货商令人不满、银行不愿贷款、工人磨洋工等。由于没有先例、规章、政策或经验可资借鉴，这就产生了企业的行动导向和机会驱动，这也意味着给规章制度和企业政策所留的空间很小。此时的企业正在试验、探寻成功的含意。一旦把成功的内容搞清楚了，就会通过制订规章制度和政策来保证今后能取得同样的成功。这一阶段制订规章制度和政策有可能扼杀满足顾客需求的机会。但缺乏规章和政策，为了获取现金而过于灵活、采取权宜之计，又会使企业养成"坏习惯"。习惯成自然，而且这种习惯会持续到未来，对将来造成影响。

对于初创期的企业而言，这类坏习惯的代价不高、收益不小。但随着企业员工和客户的增加，坏习惯的价值下降了，代价却直线上升。这样的例子比比皆是。例如，为争取到订单，企业会千方百计去满足客户的需要，但随后却可能造成创业者对企业失控。这种情况下，风险很高的大宗合同签订之后，结果可能是巨大的损失。

没有规章和政策，企业的表现就不会稳定。虽然这对初创期的企业而言是正常的，但却使企业非常脆弱、易受挫折，问题常常演变成危机，这种状况把管理人员变成了消防队员。公司的管理也就只能是由危机到危机的"救火"管理。

（三）理性看待创业初期的各种现象

初创期的企业，人们所承担的责任和义务是重叠交叉的。例如，总经理可能既管采购，又管销售，还兼管设计；对销售人员则要承担一部分采买工作；会计有时又是办公室主任。如果企业有一张企业组织系统图，也是到处布满了虚线、实线和断断续续的线。这时的企业是围绕人来组织，而不是围绕工作本身进行组织。企业是按照缺乏规划的方式在成长，它只是对各种机会做出反应，而不是有计划、有组织、定位明确地去开发利用自己所创造的未来机会。

对于初创期的企业而言，事事优先是正常问题，当企业不断成长，并不可避免地犯了一些错误之后，就逐渐学会了哪些事不能去做。这是一个不断试错的学习过程，当初创期的企业出现了大的失误，如损失了市场份额、失去了大的客户，或赔了一大笔钱时，企业就被推入了下一个生命阶段。

美国学者爱迪思认为，初创期成就越大，自满程度越高，所出现的危机就越大，推动企业变革的作用力也就相应的越大。此时企业终于认识到，自己需要一整套规章制度来明确该做与不该做的事情。规章制度的完善表明企业强调管理子系统的急迫性，这时企业过渡到下一个发展阶段。如果没有出现这种强调管理制度的情况，企业就陷入了被称为"创业者陷阱"或是"家族陷阱"的病态发展之中。爱迪思认为初创期出现的问题有些属于正常现象，随着企业的成长会慢慢解决，而有些问题则属于不正常现象，需要尽力避免，两类现象见下表：

表 12－1　初创期企业正常现象与不正常现象

正常现象	不正常现象
所承担的义务没有因风险而丧失	风险使承担的义务消失殆尽
现金支出短期大于收入	现金支出长期大于收入
辛勤的工作加强了所承担的义务	所承担的义务丧失
缺乏管理深度	过早授权
缺乏制度	过早制定规章制度和工作程序
缺乏授权	创业者丧失控制权
"独角戏"——但愿意听取不同意见	刚愎自用，不听取意见
出差错	不容忍出差错
家庭支持	缺乏家庭支持
外部支持	由于外部干预而使创业者产生疏远感

五、了解企业的生命周期

成长和发展是生命的永恒主题。就像任何一个生命一样，企业从诞生之初就有追求成长和发展的内在冲动。企业生命周期理论构成了经济学和管理学对企业成长问题最基本的假设之一。企业在成长过程中会经历若干发展阶段，每个阶段具有相应的特点和驱动因素，这要求企业在各个方面不断变革，与其发展阶段相适应。

在众多企业生命周期模型中，美国学者爱迪思提出的阶段划分最为细致，在理论界和实践界有着广泛影响。如图 12－1 所示，他把企业生命周期划分为 11 个阶段，分别是孕育期、婴儿期、学步期、青春期、盛年前期、盛年后期、稳定期、贵族期、官僚化前期、官僚期、死亡期。盛年期之前是成长阶段，盛年期之后是老化阶段。

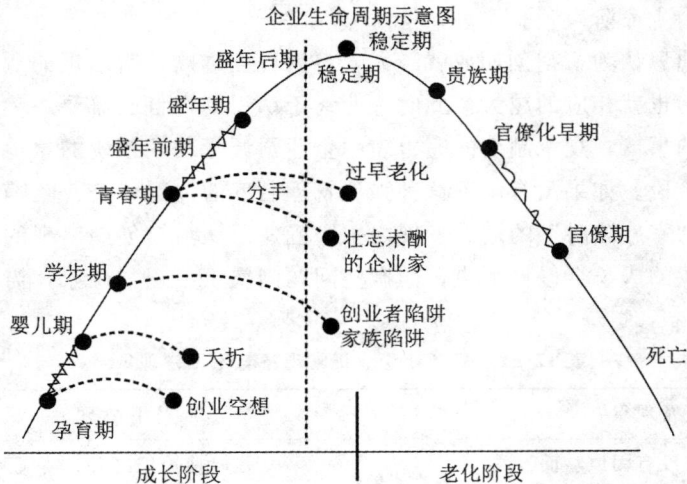

图 12-1　企业生命周期

企业生命周期示意图

稳定期・盛年后期　稳定期　贵族期・官僚化早期　官僚期・过早老化・壮志未酬的企业家・创业者陷阱 家族陷阱・分手・学步期・青春期・盛年前期・盛年期・婴儿期・夭折・创业空想・孕育期　死亡

成长阶段　　　老化阶段

孕育期：孕育期是先于企业出现的一个阶段，即梦想阶段，没有梦想，就不会有后来的企业。此阶段的本质，就是创业者确立自己的责任，并且一直伴随着创业者经历企业的全部生命周期。这种责任的形成标志，不是公司在形式上的成立，而是创业者的创意通过了利益相关人的检验，创业者和加盟人都树立起了承担风险的责任心，风险越高，责任越大。同时，这种责任能够得到经理人、雇员、客户、供应商等利益相关者的支持。成功的企业不仅要有好的创意、市场和资金的支持，更需要那种把自己的全部热情和精力都能投入事业的人。创业者的责任心和凝聚力，决定着资源能否积聚和充分利用。

如果创业者的动机仅是为了赚钱，这种急功近利的狭隘不能支撑建立真正的企业。真正的企业，在创业阶段必须要带一点超凡脱俗的动机，如满足市场需求，创造附加价值，增添生活意义等。创业的责任承诺在后来的兑现过程中，可能产生一些不正常的和病态的问题。创业者在激动状态下，会被迫或者自愿地做出一些不现实的承诺，常见的问题例如慷慨地给加盟者分配股份。在梦想阶段这种股份是不确定的，后来公司有了真正价值使这种股份权益变为现实时，创业者将会倍受折磨。

婴儿期：婴儿期不再有浪漫和梦想，而是实实在在的生存问题。这一阶段能否健康成长，取决于营运资金和创业者承诺的兑现，增加销售量成为头等大事。此时的正常问题是完善产品与扩大销售的矛盾，这将会使企业筋疲力尽。羽翼未丰的企业处处都需要资金，空想清谈不再有用，需要的是行动和销售。这时候必须稳定产品，核定价格，支持销售。但此时企业管理不到位，创业者忙得只能解决最紧急的事，没有明确的制度，缺乏必要的程序，预算相当有限，不足以建立庞大的团队。创业者只能高度集权，承诺过度，日程过满，加班加点，从领导到员工都在忙，没有等级，没有聘用，没有考核。家庭式的小本经营企业都很脆弱，一不留神，小问题就变成了危机，所以，全部人员都全神贯注，决策权高度集中，领导者事必躬亲，只有那种每天工作十几个小时以上而且没有星期天的人才能胜任。

导致婴儿期企业夭折的第一个因素就是现金流断裂。婴儿期的企业总是投资不足，为了避免耗尽企业的流动资金，必须要有现实的商业计划。一旦出现把短期贷款用于长线投资、不恰当的价格打折、将股份转让给不能同舟共济的风险投资家等失误，都会严重到足以毁灭公司。导致企业夭折的第二个因素是创业者失去控制权或者丧失责任心。缺乏规章制度，为了获取现金而采取权宜之计的坏习惯，尤其是为了保证资金链而引进了只求快速收回投资的式控股者，会让创业者渐渐丧失企业的控制权；当追求事业的热情变成了不堪重负的压力之后，特别是在外来投资者不当干预下企业背离了创业者的初衷时，创业者可能会放弃自己的责任。在婴儿期企业中，独断专行的领导风格几乎是不可避免的，这样才能适时处理危机。但这种风格如果不适当地长期持续，就会在下一个阶段阻碍企业发展。

学步期：当公司运转起来，产品和服务得到市场认可的时候，企业就进入了学步期。这一阶段现金流增加，销售提高，就会出现"初生牛犊不怕虎"的自大，最常见的问题就是摊子铺得过大，任何机会都要考虑，任何好处都舍不得丢弃，卷入太多相干和不相干的生意，精力不能集中，多元化遍地开花。公司就像是个微型的企业集团，一个小部门甚至一两个人，就想要撑起一个"事业部"。创业者独断专行，虽然造就了婴儿期的成功，却隐含着学步期的管理危机。老板们沉醉于眼前的成功，相信自己的天赋，充满不成熟的疯狂想法，而那些促销的折扣与奖励，使销售直线上升却没有利润，甚至销得越多赔得越多。

尽管快速增长表面上是好的，然而让销售额直线上涨是危险的，把资金流寄托于未知的市场份额更危险。此时企业应该夯实基础，稳扎稳打，关注预算、组织结构、分工、职责、激励机制等基本制度建设，学会自律，学会放弃。但是，经营现实中这种企业最常见到的情况是一连串的决策失误，碰了钉子才会有些许清醒。所以，学步期实际上是频繁的试错阶段。

青春期：这是摆脱创业者的影响进入经理人治理的阶段，也称为再生阶段，即脱离父母监护的独立阶段，这是一个痛苦的过程。即使创业者本人转变为职业经理人，其中的冲突、摩擦也在所难免。规章制度的建立和授权是青春期企业的必经之路。婴儿期大权独揽不存在问题，而到青春期则必须授权，就像父母对长大的孩子必须放手一样。一旦引入职业经理人，就会发生管理风格的变革和企业文化的转化。对于创业者来说，婴儿期需要冒险，学步期需要远见，而青春期需要的是规范经营。职业化、减少直觉决策、驾驭机会而不是被机会驱使、创建制度、形成责任体系、改变薪酬规定等，都会成为冲突之源。创业者、创业元老、与新经理矛盾冲突不断。青春期的麻烦，实质上是经营目标的转变，由盲目扩大市场份额转向明确追求利润。如果经理人与董事会结成同盟，挤走富有开拓精神却在不断破坏制度的创业者，病态的结果是企业未老先衰，有了"数字化管理"却失去了前瞻眼光，有了组织纪律性却失去了朝气活力，最终会丧失盛年期的收获而直接进入贵族期。完成青春期转变的要害，是创业者与经理人之间的理解、信任与合作。

盛年期：即灵活性和控制力达到平衡状态的阶段，这是企业蒸蒸日上的时期。此时企业经过了青春期的痛苦，实现了领导机制的转变，建立了有效的管理制度体系，梦想和价值观得以实现，合适的权力结构平衡了创造力和控制力的关系。企业明白它要什么不要什么，关注点可以兼顾顾客和雇员，销售和利润能够同时增长，它能预测到即将取得的成效，这时的企业已经成为能够共享某些功能的利润中心组合体，规模经济和显著效益可以让公司多产起来，能够分化和衍生出新的婴儿期企业，也能够扩展到新的事业领域，有了相互尊重和信任的企业文化，可以促进企业的内部整合和团结。

当然，盛年期的企业也有问题。虽然婴儿期、学步期、青春期出现过的问题，有可能在盛年期还会出现，但鼎盛状态下要想持续发展，管理人员的培训不足、训练有素的员工不够，则会上升到首要位置。此时已经进入公司发展有预见可控并具有资金基础的阶段，所以关键的难题是如何以高素质人员来保持兴盛状态。

稳定期：稳定期是企业的转折点，虽然一切欣欣向荣，但是越来越循规蹈矩安于现状，保守处事。决策的隐含准则是保护自己的利益而非公司利益。高管层虽然也能倾听建议，但却不会探索新的领域。琐细的事实、大量的数据和精密的公式在决策中满天飞。稳定期的表象，是企业遇到了增长瓶颈，实际上是发展曲线到了顶点。公司有时也会出现新的构想，但却没有了当年的那种兴奋和刺激。典型的表现，就是对财务部门的重视超过了对营销部门和研发部门的重视，对改善人际关系的兴趣超过了对冒险创新的兴趣，对昔日辉煌的津津乐道超过了对发展愿景和新战略定位的探索，在用人上更乐意用唯唯诺诺者而不愿再见到桀骜不驯者。表面上，这一阶段没有大毛病，高管层更多地会误以为这就是盛年期，但衰败的种子正在悄悄发芽。

贵族期、官僚化早期和官僚期代表着公司越来越走下坡路。这个阶段的企业，不再有真正的长期目标和事业追求，只是为了维持面子而热衷于短期获利和低风险目标。人们为了维护自己的利益而争斗，强调别人造成了灾难，总要有人为错误承担责任，内讧和中伤不断，大家都在争夺企业内部地盘，客户需要无人理睬，那些平时就看着不顺眼的员工（正是这些人往往保存着一些创造力）就变成了牺牲品。有创造力的人，在官僚化内讧中往往不是那些擅长权位者的对手；试图推行变革、扭转官僚化趋势的人，其努力不但无济于事，而且还往往会搭上自己的职业前程，最后不得不走人。官僚化的结局是企业濒临破产，靠企业自身的努力已经无力回天，到处充斥着制度、表格、程序、规章，就是看不到真正的经营活动。企业最终的命运就是走向死亡。

爱迪思对企业生命周期的概括，为研究管理打开了一个新的视窗。必须注意的是，企业所处的生命阶段，不以时间长短来确定，也不以规模大小为前提。就时间来说，有不少百年老店依然"年轻"，也有不少刚刚建立的企业已经"老态龙钟"；就规模来说，有些世界排名领先的巨型企业依然生机盎然，而有些小型企业已经送进了重症监护室。判断企业年龄的尺度，是灵活性和控制力的消长情况。

创业思维 ▶▶

一、创办企业必须考虑的法律问题

问题： 创办一个新企业，必须考虑哪些法律问题？

参考观点：

一个社会的法律规定为其公民能做什么或不能做什么建立了一个框架。这个法律框架同样在一定程度上允许或禁止创业者所做的某些决策和采取的部分行动。显然，创建新企业会受当地法律的影响，创业者必须了解并处理好一些重要的法律和伦理问题。创业涉及的法律和伦理问题相当复杂。创业者需要认识到这些问题，以免由于早期的法律和伦理失误而给新企业带来沉重代价，甚至使其夭折。创业者一般不会有意触犯法律，但往往高估他们所掌握的与创建和经营新企业相关的法律知识，或者缺乏伦理意识。

在企业的创建阶段，创业者面临的法律问题包括：确定企业的形式，设立适当的税收记录，协调租赁和融资问题，起草合同，以及申请专利、商标或版权的保护。在每一个创建活动中，都有特定的法律和规定决定创业者能做什么和不能做什么。一名创业者必须熟悉相关法律法规。但是法律环境对创业的影响并没有到此为止。当新企业创建起来并开始运营后，仍然有与经营相关的法律问题。例如，人力资源或劳动法规可能会影响员工的雇佣、报酬以及工作评定的确定；安全法规可能会影响产品的设计和包装、工作场所和机器设备的设计和使用，环境污染的控制，以及物种的保护。尽管许多可能在某一企业达到一定规模时才适用，但事实是，新企业都追求发展，这意味着创业者很快就会面临这些法律问题。下表指出了影响创业企业的一些基本法律问题。

表 12－2　创业者面临的法律问题

创建阶段的法律问题	经营现行业务中的法律问题
确定企业的法律形式	人力资源管理（劳动）法规
设立税收记录	安全法规
进行租赁和融资谈判	质量法规
起草合同	财务和会计法规
申请专利、商标和版权保护	市场竞争法规

二、新企业的选址策略与技巧

1986 年 9 月，美国著名特许连锁企业——肯德基家乡鸡公司开始考虑打入中国这个世界上人口最多的大市场，时任肯德基东南亚地区副总经理的托尼·王承担了启动中国新市场的重任，选址成为实施肯德基中国战略时所面临的第一大难题。分析天津、上海、广州、北京等四大城市的优劣，虽然从经济角度看，在广州创建第一家"肯德基"连锁店，更容易为当地人所接受，而且成本低、收效快，广州应该是最佳选择。但由于广州不是直辖市，也不是中国的政治文化中心，其影响程度和辐射面相对较小。因此，考虑到北京政治经济地位、大量流动人口和在全国的形象，有助于向其他城市的拓展，决定将北京作为一个起点。

问题：分析肯德基的选址策略；为什么说创办企业，选址很重要？新企业，如何选址？

参考观点：

从世界各地新创企业成功和失败的经验来看，选址的重要性不言而喻。这是因为，企业竞争力的内容具有复杂性和多层次性，一家新创企业的持续竞争力必然受到该地区商业环境质量的强烈影响。可以想象，倘若没有高质量的交通运输基础设施，新创企业就无法高效地运用先进的物流技术；假如没有高素质的员工，新创企业就无法在质量和服务方面进行有效竞争；假如机构繁琐的官僚习气使得办事效率极差，新创企业就难以有效和正常地运作。另外，社会治安、企业税率优惠、社区文化等商务环境因素也都深刻地影响着新创企业。

从深层次上看，选址对于创业成功的重要性还在于区域的竞争优势的独特性和集聚等效应。迈克尔·波特认为，各个地域中能存在的"知识"（Knowledge）、"关系"（Relationship）以及"动机"（Motivation）通常具有难以被其他地域竞争对手所模仿和取代的特性。在一个发达的经济区域中，比地理位置优劣对商务环境更具影响力的因素是，该地区的企业是否集聚在一起并形成了具有竞争力的"团簇"（或称集群），这种团簇"构成了企业竞争中最为重要的微观经济基础"。

新企业选址是一个较复杂的决策过程，涉及的因素比较多。归纳起来，影响选址的因素主要有五个方面，即政治因素、经济因素、技术因素、社会因素和自然因素。

一个科学而行之有效的选址过程，一般遵循市场信息的收集和研究、多个地点的评价、最终厂址的确定等步骤。

创业技能 》》

技能训练一　模拟注册企业

一、学生分为五组，分别模拟创业团队、工商局、税务所、银行、企业注册顾问。

二、各组在活动前，要查阅相关制度和规定，准备好表格、文件等资料。安排好成员扮演各类角色。

三、模拟企业注册、税务登记、银行开户等一系列过程，企业注册顾问组可随时进行帮忙，力求顺利完成注册程序。

技能训练二　描绘企业的成长曲线

一、为学习小组布置任务：通过网络或实地访谈的形式，确定一家你感兴趣的创业企业，针对该企业重点了解其中过去5年是如何实现成长的。

二、引导小组讨论：影响创业企业成长有哪些内外部因素，并进行排序。

三、描绘成长曲线：横轴（x轴）代表时间，纵轴（y轴）代表收入。让学生在空白纸上画出简单的图表。

四、小组分享：解释这幅图是如何画出的，成长曲线有何特点，企业内外部因素对成长曲线的影响，小组成员对企业成长的想法。

五、结论：成长对每家特定的企业来说都是独特的，很少有平滑正态成长曲线；企业在不同时期会因内外部因素的影响而呈现不同的成长模式；影响企业成长的最主要的内部因素是管理、营销及资金。

创业实践 >>

反思创业体验活动

请回忆你参与体验过的某个真实或模拟的创业活动。运用以下问题激发自己在体验中和体验后对自身的表现、感受及想法进行反思。可以用任何自己喜欢的形式自由地写下反思，不必局限于下列问题，可以发表更多见解。

一、我在这次创业活动中的表现如何？哪些方面表现特别突出？哪些方面不如期望的好？我觉得在哪些方面可以做一些改进？

二、在参与活动期间，我与其他人有过哪些互动？我的意图是什么？我的沟通与参与对这次活动或他人产生了哪些影响？

三、在活动期间或活动后，我从他人那里得到了哪些反馈？

四、在这次活动体验中，主要收获有哪些？

五、从这次反思中，我学到了什么？

六、现在，关于自己或创业，还有哪些问题没有得到解决？

创业榜样 >>

"伏牛堂"湖南米粉——实践"互联网＋"销售

2015年5月29日，在清华大学"众创空间主题互动"活动现场，身着黑色T恤的张天一走上讲台，胸前两个大字"霸蛮"引人关注，显示了这个湖南小伙儿的倔强个性。40分钟的精彩演讲，展示了这位90后北大毕业生创业开办"伏牛堂"智慧餐馆的故事。

90后、北大法学硕士、创业卖米粉，几个关键词放在一起，就是张天一这两年来走过的路。

2014年夏天，张天一从北大毕业。学习法律的他本想在北京找一家律师事务所当律师，但是，严峻的就业形势摆在他面前。

"当好几百人去竞争有限的几个工作机会时，却有大量的工作没有人做。就好像我每天上班路过国贸时，看到三环路无论是主路还是辅路，都在堵车。而我骑着我的破二手自行车时，十分轻松地就把一辆辆豪车甩在身后。"张天一坦言，创业对他而言，是一种被动选择，但经历之后，才发现这是自己喜欢的生活方式。

为什么选择卖湖南米粉这条路？张天一说，首先餐饮行业前景广阔，与麦当劳等国际连锁餐饮品牌相比，国内的餐饮连锁还有广阔的发展空间；其次，湖南米粉名声在外，是南方人喜爱的主食，但是在北京却很难吃到正宗的；再次，湖南米粉的准备工作主要在前期，现场做一碗米粉用时不超过 30 秒，有利于标准化生产。

于是，2014 年 4 月，张天一和几个伙伴凑了 10 万元钱，在北京环球金融中心地下室的拐角，拉起了"伏牛堂米粉"的大旗。为了把正宗的常德米粉引进到北京，张天一一回常德就走街串巷寻找口味最好的正宗米粉，配制出"伏牛堂"米粉的独家配方。

手机，引来第一批顾客

店开在地下室拐角，如何吸引客流成为关键。张天一说，我们只有依靠移动互联网将"伏牛堂"打造成智慧餐馆才有生存的可能，事实也的确如此，第一批顾客几乎都是拿着手机找上门来的。

开业之初，小店业绩蒸蒸日上，不到一个星期单日营业额就接近 1 万元，让张天一和他的创业伙伴们欣喜不已。然而，面对越来越多通过移动互联网的口碑带来的"食客"，发米粉、炖牛肉、烧开水等工作让张天一和他的几位伙伴忙得不可开交，难免在服务等方面疏于把关，影响了一些顾客的用餐体验。

为此，四位创业伙伴展开多次讨论，最终形成了统一认识：绝不能为了业绩而违背对品质的坚持。经过周密计算，他们认为，在这家 37 平方米的小店里，为了保证口味、环境、卫生、服务的品质，一天最多接待 120 位客人。当张天一最初在网上宣扬这个理念时，引发了不少人的质疑。

但这并没有阻碍张天一探索"互联网＋"时代智慧餐馆的经营之道，他坚持要做最正宗的湖南米粉。有了好的产品和服务，再利用互联网平台宣传推广，吸引人流、精确定位消费者、保持核心竞争力，米粉店的生意越来越红火。

"例如，有顾客给我们提建议，说你的米粉太辣、太油，但是我并没打算改变。因为我清楚地知道，在互联网时代，我只要精准地在北京找到 30 万到 40 万接受这个口味的人，并坚持做到最好就行了，我并不需要满足 2000 万人的胃。"张天一说，"真正的生机在我们运营三个月时就显示出来，那时我们积累了 8 个 QQ 大群、3 个微信大群，以及微博上将近 1 万人的粉丝群体，这就是我们真正的核心竞争力。"

政策，与天使投资助力创业

目前，国家出台了一系列鼓励创业创新的政策，按照规定，张天一属于毕业年度内自主从事个体经营的高校毕业生，三年内可享受月销售额不超过 2 万元暂免征收增值税等优惠政策。张天一说，税务部门已经和他联系税收减免的事宜。另外，现在工商年检等手续经办也方便了很多。

更重要的是，随着创业环境的改善，关注大学生创新创业的人也越来越多。特别是天使投资的发展，给张天一这样的创业者带来了资金、经营、管理等方面的巨大帮助。在清华大学的众创活动现场，伏牛堂的投资人之一、真格基金的联合创始人徐小平对张天一期许有加。如今，伏牛堂已经获得了包括真格基金、险峰华兴等公司的天使投资，门店也迅速扩展到十余家。

"未来，我们希望伏牛堂能够成为传统餐饮走向'互联网＋餐饮'的一个典型。我们志在成为一个真正的智慧餐馆，通过线上的支付体系、ERP 系统建设，让餐馆更加智能，成为整个行业的标杆。短期目标是今年年底扩大到 20 家门店，社群覆盖 100 万人左右。"张天一对伏牛堂的未来踌躇满志。

创业资源 »

创业邦

网站名称：创业邦：http：//www.cyzone.cn/

资源介绍：创业邦成立于 2007 年，是中国领先的专业创业服务平台，致力于帮助创业者实现创业梦想，推动各领域高成长企业快速发展。创业邦为创业者提供高价值的资讯与服务，推动中国创新创业。旗下拥有媒体互动、创业孵化、融资服务等业务。

参考文献

［1］王天乐．社会体育专业本科人才培养与创业模式研究［D］．湖南师范大学，2014.

［2］邓万金．体育院校学生自主创业及创业教育模式体系研究［J］．山东体育学院学报，2012（02）.

［3］刘振忠，周静．高等体育院校创新创业教育现状及其实践体系的构建［J］．当代体育科技，2012（21）.

［4］陈启湖．体育教育专业创业教育实践平台模式建构［J］．武汉体育学院学报，2011（11）.

［5］步玉可．体育院校武术专业毕业生创业的调查与分析［D］．山东体育学院，2015.

［6］王洪彪，冯琰，赵洪朋．体育院校创新创业教育的现状与思考［J］．辽宁体育科技，2013（06）.

［7］樊贤进，李月红．体育创业试探［J］．体育文化导刊，2013（12）.

［8］周静，刘振忠，康建敏．创新创业文化融入体育院校校园文化建设的思考［J］．河北体育学院学报，2015（02）.

［9］梁林，叶国玺．体育创业型人才培养模式研究［J］．开封教育学院学报，2015（06）.

［10］毛浩波．加强体育管理专业学生的创业教育［J］．中国西部科技，2010（01）.

［11］周传志，喻丙梅，相昌庆．社会体育专业创业人才培养模式的构建［J］．闽南师范大学学报（自然科学版），2015（04）.

［12］徐俊祥．大学生创业基础知能训练教程［M］．北京：现代教育出版社，2014.

［13］张宗恩，朱克勇．大学生创业训练教程［M］．北京：现代教育出版社，2010.

［14］［美］杰弗里·蒂蒙斯，小斯蒂芬·斯皮内利著，周伟民，吕长春译．创业学．北京：人民邮电出版社，2005.

［15］王年军．大学生创业团队的理论与实证研究［D］．武汉理工大学管理学博士学位论文，2012.

［16］李时椿，常建坤．创业基础［M］．北京：清华大学出版社，2013.

［17］王晓文，张玉利，李凯．创业资源整合的战略选择和实现手段［J］．经济管理，2009.

［18］石丹林，谌虹．大学生创业理论与实务［M］．北京：清华大学出版社，2012.

［19］赵伊川．创业基础［M］．大连：东北财经大学出版社，2013.

［20］李家华．创业有道——大学生创业指导［M］．北京：高等教育出版社，2011.

［21］李家华. 创业基础［M］. 北京：北京师范大学出版社，2013.

［22］贺俊英. 大学生创业基础与实训教程［M］. 北京：高等教育出版社，2010.

［23］［美］彼得·德鲁克. 创新与企业家精神［M］. 北京：机械工业出版社，2007.

［24］张耀辉，朱锋. 创业基础［M］. 广州：暨南大学出版社，2013.

［25］李秋斌. 大学生创业指导［M］. 北京：北京大学出版社，2013.

［26］冯丽霞，王若洪. 创新与创业能力培养［M］. 北京：清华大学出版社，2013.

［27］郑晓燕，相子国. 创业基础［M］. 成都：西南财经大学出版社，2012.

［28］田远芬，向辉. 创业之梦［M］. 武汉：华中师范大学出版社，2013.

［29］李北伟. 大学生创业导引［M］. 北京：清华大学出版社，2013.

［30］王庆生，王坤. 大学生创业基础［M］. 北京：清华大学出版社，2013.

［31］吴运迪. 大学生创业指导［M］. 北京：清华大学出版社，2012.

［32］曹德欣，祝木伟. 创业学概论［M］. 北京：中国矿业大学出版社，2013.

［33］李时椿，常建坤. 创业基础［M］. 北京：清华大学出版社，2013.

［34］杨安，夏伟，刘玉. 创业管理——大学生创新创业基础［M］. 北京：清华大学出版社，2011.

［35］张静. 大学生创业实战指导［M］. 北京：对外经济贸易大学出版社，2012.

［36］张福建. 大学生创业基础教程［M］. 北京：现代教育出版社，2013.